琼瑶

作品大合集

我的故事

琼瑶 著

作家出版社

琼瑶,本名陈喆,作家、编剧、作词人、影视制作人。原籍湖南衡阳,1938年生于四川成都,1949年随父母由大陆赴台生活。16岁时以笔名心如发表小说《云影》,25岁时出版首部长篇小说《窗外》。多年来笔耕不辍,代表作包括《烟雨蒙蒙》《几度夕阳红》《彩云飞》《海鸥飞处》《心有千千结》《一帘幽梦》《在水一方》《我是一片云》《庭院深深》等。

多部作品先后改编成为电影及电视剧,琼瑶也因此步入影视产业。《六个梦》系列、《梅花三弄》系列、《还珠格格》系列等,影响至深,成为几代读者与观众共同的记忆。

琼瑶以流畅优美的文笔,编织了众多曲折动人的故事。其作品以对于梦的憧憬和爱的执着,与大众流行文化紧密结合,风靡半个多世纪,成为华文世界中极重要的文学经典。

我為愛而生，我為愛而寫
文字裡度過多少春夏秋冬
文字裡留下多少青春浪漫
人世間雖然沒有天長地久
故事裡火花燃燒愛也依舊

瓊瑤

缘起

一九八八年四月九日,我在离开故园三十九年后的第一次,从台湾飞抵北京。展开了我为期四十天的大陆之行。

当我初抵北京,就有读者和朋友,拿着坊间出版的各种介绍"琼瑶"的书籍来给我看,我这样一看,才知道自己这"浑浑噩噩"的大半生,已被"糊糊涂涂"地报道过了。其中不少"新闻",是我从来都不知道的。在阅读这些刊物的时候,我不禁震动,不禁感动,原来在海的两岸,竟有这么多人对我关心着!当时,我就激动地说了一句:

"回台湾后,我要写一本书,来介绍真实人生中的我!"

回台后,这愿望一直缠绕着我。但是,真实人生中的我,是那样难以下笔啊!镜中的我非我,别人眼中的我非我,未来的我不知何在,今天的我仍在寻寻觅觅……那么,能谈的我只有过去的我!

过去的我是怎样的?当前尘往事在我脑中一一涌现,我真不相信自己已走过这么长久的岁月，历经了这么多的狂风暴雨，目睹过生老病死，体验过爱恨别离。至于人人皆有的喜怒哀乐，在我的生命中也来得特别强烈！我的过去，原来堆积着这么多的汗水和泪水、这么多的痛苦和狂欢、这么多的相聚和别离、这么多的寂寞和挣扎、这么多的矛盾和探索、这么多的错误和抉择……还有，这么多的"故事"和"传奇"！我细细整理，前尘如梦！

我细细整理，为那些关心我、爱护我的朋友们！

且听我"从头细述"！

第一部

一、我出生

我的故事，开始在我出生以前。我必须先从我父母的故事说起。

我父亲名叫陈致平，祖籍湖南衡阳，出生于南京，长大于北京。

我母亲名叫袁行恕，祖籍江苏武进，出生于北京，也长大于北京。

北京，可以说是我父母两个人的第二故乡，他们在这儿长大，在这儿相遇，在这儿相恋，在这儿结婚。他们从相遇到结婚，就带着些浪漫和传奇的色彩。那时，我母亲在北京的"两吉女中"读书，父亲在"两吉女中"教书，就这样结下一段师生姻缘。据说，他们的结合，也经过了一番奋斗和挣扎，因为母亲有个大家族，她是典型的大家闺秀，家教非常严谨。而父亲却独居于北京，生活有些潇洒不羁。外祖父对父亲摸不清底细，对于母亲这段婚事，非常迟疑。远在湖南的祖父知道之后，立刻写了一

封长长的信给外祖父,代子求婚。据说,外祖父一读完这封信,立刻大大叹赏,说:

"虎父怎会有犬子!父亲有这么好的文笔,儿子还会弱吗?"

于是,父亲和母亲结婚了。他们结婚那年,父亲二十七岁,母亲刚刚二十。

年轻时代的母亲,非常好胜,非常要强,学习力也非常旺盛。结婚后,她仍然不想放弃学业,所以进入北平艺专,开始学画。事实上,琴棋书画、诗词歌赋,是母亲自幼不曾间断的家庭课程,她对于绘画和诗词,爱之如命。

我出生前后的许多事,我都只能用"据说"两个字来开始。

据说,母亲和父亲结婚时,就有个附带条件:婚可以结,学业不能停!所以,母亲一点也不想当"母亲",她还要继续念书。可是,母亲的愿望被破坏了,她结婚后没多久,就发现她怀孕了(那并不是我)!据说,母亲当时非常恼怒,一心想要拿掉孩子。但,在那个年代,如此"不道德"的行为和思想,简直是荒唐的!绝不允许的。母亲怀着她的第一胎休学了,实在不甘心,也实在不开心。

就在这种不开心又不甘心的情况下,有一天,父亲和母亲不知道为什么吵架了!这一架吵得惊天动地,天翻地覆。母亲在盛怒中,要离家出走。于是,跑进卧室去搬箱子,这一搬箱子就惊动了胎气,当晚,就把已怀孕五个月的一个成形男胎给流产了!父亲这一下伤心欲绝。在祖母的遗像前掉了一夜的眼泪。

提一提我这位早夭的哥哥,只因为,他在我们家庭的传说中，似乎是永远存在的。

失去了我那位哥哥之后，母亲又继续念书，念了没多久，七七事变发生了。父亲和母亲离开了居住多年的北平，迁移到四川成都。这时候，我和我的孪生弟弟来报到了。

关于我们两个，又有许多传说。其中一个说法是：母亲发现自己再度怀孕时，非常震怒。她还没有准备好要当"母亲"，还准备继续求学呢！一怒之下，她就去医院要求堕胎，医生看了母亲一会儿，安抚地说：

"不忙，不忙，你的胎儿看起来有点不寻常，让我先帮你照张X光片子，看看为什么胎儿会这么大。"

X光片子照出来一看，赫然是两个胎儿，清清楚楚地一正一倒地蜷缩在母体中。医生惊喜地对母亲说：

"你怀了一对双胞胎呀！"

据说母亲一看到片子，当时，所有的"母性"都在一刹那醒觉，她立即爱极了腹中这对未出世的双胞胎！她欢天喜地地回家了，再也不提要堕胎了，开始为双胞胎准备一切小衣服小被包小枕头，一切都是双份。她兴冲冲地告诉我的姨妈和舅舅：

"我会生一对漂亮的双胞胎女儿！想想看，一对一模一样的小女孩儿，像一对白雪公主一样，多么可爱呀！我要给她们梳一样的小辫子，打一样的蝴蝶结，穿一样的小纱裙……带着她们上街逛公园！"

母亲当时的心态，大概多少有点扮家家酒的味道。毕竟，那时母亲还很年轻！但，母亲要生双胞胎的这个消息，却震动了袁家亲人。那时候，外祖父母都留在北京。有些舅舅和阿姨已纷纷移居四川。我父母就和我的五舅及三姨，一起在成都暑袜街布袋巷中租了一幢屋子合住。在我出世以前，我的舅母和姨妈们，都帮着母亲准备双胞胎的衣物——都是粉红色的，而且全是女孩子的用品。因为，母亲坚持说：

"女孩子才好玩，我要一对女儿，不要一对儿子！所以，我'一定'会生一对女儿！"

母亲的个性那么强，自信心又那么重，谁都不敢提醒她，生儿子的可能性也很大。至于我的父亲呢？我们后来一致猜想，他大概是希望生儿子的。一来，他尚有传统的思想；二来，他对前面失去的那个儿子，余痛犹存。可是，当母亲强烈地表示，她要生一对女儿时，父亲可不敢说什么，就怕扫了母亲的兴，又去卧室搬箱子！

这样，在一九三八年四月十九日晚间八点，母亲开始阵痛，住进成都市四圣祠的仁济医院。距离预产期还有一个半月。我们这对双胞胎在母亲肚子里已经挤得不耐烦，竟提前来到世间！

四月二十日凌晨一点多钟，我先出世。母亲正在产床上痛得呻吟不止，当我一出世，母亲第一句话就是：

"是男孩还是女孩？"

"是个女孩！"医生说。

母亲心中大喜，生一对女儿的愿望显然已经实现。她一放心之下，忘了肚子里还有个孩子，就打起瞌睡来。在医生又鼓励又催促下，足足过了两小时，她才又生出了我那孪生弟弟，当医生惊奇地告诉她：

"第二个是男孩！"

母亲这一惊，真非同小可，差点没有晕倒。再仔细一看两个孩子：弟弟皮肤黑，我皮肤白；弟弟头大，我头小；弟弟浓眉大眼，我小鼻子小嘴。两个孩子别说"一模一样"，简直是没有一个地方相像，何况还是一男一女！刚出世的我和弟弟，因为是早产儿，都瘦弱不堪，我只有三斤七两，弟弟略重，也只有四斤六两，看起来又脆弱又苍白。母亲看来看去，真是失望极了。医生安慰母亲说：

"别难过，他们虽然瘦小，看来情况还不坏，尤其这个男孩，大概可以带大，至于女孩嘛，反正是个女孩子……"

医生的意思，女孩先天不足，不带也罢！这一下，激起了母亲所有的母性，怎可放弃这女孩呢？说什么也要把她带大的！一瞬间，母亲忘记了她所有的失望，只想如何带大她这两个娇弱的早产儿！

至于父亲，当他知道他竟在一胎之内，获得了一儿一女，别提他有多高兴了！据我舅母告诉我，好长的一段时间，他都兴致勃勃地说：

"以前失去了一个儿子，现在不是又来了吗？"

这话可有些玄，好像弟弟是我那个哥哥投胎转世而来的。不过，如果世间真有转世之说，我的孪生弟弟，说不定正是我的哥哥，谁知道呢？瞧，我和弟弟的出世，就带着点传奇色彩！

父亲在喜悦之余，就忙着帮我们取名字。因为我们是双胞胎，父亲决定用双并的字来为我们命名。又因为父母相识于"两吉女中"，就把生为长女的我，取名为"喆"，弟弟取名为"珏"。这两个名字，念起来都有点拗口，当下，又为我们取了两个乳名，我是"凤凰"，弟弟是"麒麟"。

这样，一下子，我们家里，凤也有了，麟也有了。只是，我们这两个小东西，却全然不知我们正来到一个多难的人间，和一个多难的时代。我们的父母，在新生命来临的喜悦里，也暂时忘了生活的困难，和战争的阴影，只是全心全意地抚养我们。因为是早产，我们从呱呱坠地，就必须特别照顾。尤其是我，生下来连吃奶都不会，还在保温箱里放了二十天。这二十天中，母亲就忙着选奶妈，她虽然深爱两个孩子，却无法同时哺乳两个孩子。二十天以后，母亲带着我们一对双胞胎出院，也带回家我的奶妈。奶妈姓区，是从一百多个应征的奶妈中选出来的。

我和麒麟满月的那天，父亲在所有的红蛋上，都画了两个娃娃，分送亲友。有位久婚未育的伯母，一口气吃了六个红蛋，想分沾母亲的"福气"。父亲的一位朋友，还为我们这对双胞胎，写下了一首打油诗，虽然那首诗连韵都没押对，仍然被我们全家津津乐道：

一男一女同时生，
喜煞小生陈致平，
待到男婚女嫁后，
一声阿丈一声翁！

我和麒麟，就这样结伴来到人间。

二、四岁以前

从我出生,到我四岁,一直住在成都。

这段童稚的年龄,我几乎没有任何记忆了。所有的事,都是我"听"来的,小时的我,是个安静的、依人的、喜欢听大人谈话的孩子。据父母说,小时的我很"乖",但是,非常害羞,怕见生人,家中一来客,我就会把自己藏起来。我自我分析,童年的我,一定颇有自卑感。

谈起"自卑感",我觉得这三个字,一直到现在,还常常缠绕着我。我常常会莫名其妙就犯起"自卑感"来,此症一发作,总觉得自己一无是处,做什么都错!

童年的我,自认为不是一个很漂亮的孩子。母亲希望她的女儿像白雪公主,我和白雪公主差了十万八千里。我的眼睛不够大,鼻子不够挺,右边额头部分,还有一块胎记。五官中,只有嘴巴勉强合格。所以,小时母亲唯一可以对别人夸耀我的地方就是:

"你们相信吗?凤凰的嘴,小得连乳头都放不进去!"那时,审美观念还停留在"樱桃小口"的时代。

乳头放不进去?想必也有点夸张。不过,我因为不会吸吮,确实用滴管喂奶,喂了将近两个月。小时候,姨妈或舅母常抱着我说:

"糟糕,额头边有块胎记,将来一定嫁不出去!"

后来,我六岁的时候,跟着父母逃日本兵,有一次,坐在一辆木炭汽车中,疾驶在贵州一个荒山上,那山路名叫"七十二道弯",由这名称,就知地形的险恶。我坐在门边,谁知汽车一个急转弯,门竟然开了,我从车中直摔出去。当时,全车人都认为我不死也将重伤,父母都吓坏了。当车子停了,下车去察看时,却惊见我坐在山壁下哇哇大哭,浑身上下,只有鼻子上有好大一个伤口,其他地方都只有擦伤。当时在逃难,荒郊野外,既无医院,也无医药。母亲用牙膏粉扑在我的伤口上,为我消毒。从此,我的鼻子上又多了一道疤痕。亲友们对我更加同情了:

"糟糕,糟糕,脸上有胎记,鼻子上有疤痕,将来一定没人要,一定嫁不出去了!"

小时候,我觉得最严重的事,就是"嫁不出去",感到好悲哀。(后来,随时间的流逝,鼻上的疤痕越来越淡,以至于完全看不见了,额边的胎记,等到有盖斑膏的发明,我就会把它遮盖起来。等到我中年以后,这胎记也越来越淡,现在已经看不出来了!)

话题扯远了,且回到我四岁以前。

我虽然不是个很漂亮的娃娃,但是,我仍然是我母亲的心肝宝贝。因为我和麒麟结伴而来,一般的中国人又比较重男轻女。母亲为了表示她"一视同仁",虽然雇了奶妈,却定下了规矩,我和麒麟两个轮流,一个月我吃母奶,一个月麒麟吃母奶。母亲和奶妈,轮流喂我们两个,以免造成"母亲偏心"的错误观念。母亲想得确实很周到,谁知喂到六个月大,我刚好轮到奶妈喂,要换回母亲的时候,我竟然认起人来,不肯换奶了。因而,我是奶妈喂大的，麒麟是母亲喂大的。

我四岁以前，唯一有记忆的，就是奶妈。而我那位奶妈，更是爱我如命。每次我和麒麟打架了，奶妈总是提着嗓子嚷嚷：

"是麒麟的错，麒麟先打凤凰！"

于是，麒麟会被母亲打手板。而我很"乖"的观念，也是由奶妈灌输给每一个人的。

当我和麒麟两岁的时候，母亲的肚子里又有了小宝宝。这时的母亲，已经认命了。对于"母亲"的身份，也十分熟悉了，这次，竟心安理得地期待着又一个小生命的来临。我和麒麟已经都会说话了。提起说话，母亲总是坚持说，我九个月就会说话，会喊妈妈爸爸。两岁半时母亲因小病卧床，我嬉戏于母亲床前，母亲拿着父亲的教科书，指着"国文"两个字教我认字。据母亲说，我从此就认识了"国文"两个字！这说法实在有些离谱，但母亲言之凿凿，我们也就姑妄听之。

一九四〇年秋天，我的弟弟巧三出世了。巧三的名字也是父亲取的。因为这个弟弟和"三"字十分有缘，他在家中是第三个孩子，出生于阳历的八月十三日、阴历的七月初十，正好是七巧后三天，所以，就取了个小名叫"巧三"。我的姨妈舅舅都认为这名字非常女孩子气。我那远在湖南的祖父，听说又添一个孙子，高兴极了。那时抗日战争已进行到第四年，全国上下，渴望胜利。祖父写封信来给小弟弟命名为"兆胜"，这个名字，阳刚得像个军人。于是，小弟弟有了两个截然不同的名字：兆胜和巧三。他成年后画水墨画，又给自己取了个艺名"陈怀谷"，就像我给自己取了个笔名"琼瑶"一样。

小弟弟巧三出世时重达七斤七两,是个胖小子。长得眉清目秀,非常逗人喜欢。我和麒麟一下子就被这个小弟弟给比下去了。小弟弟从小爱笑,胖乎乎的人见人爱。我和麒麟自幼多病,又瘦又小,和这个胖小弟比起来,简直不够看。父亲从巧三弟一出世,就爱极了这个孩子。母亲坚持不偏心,但新生的婴儿总得到较多的照顾,我和麒麟变成了奶妈的工作。这时,我们两个,已经懂得自己开门出去玩,去门前欣赏油菜花,去巷口叫住卖白糕的小贩,"买"白糕吃,吃完了从不懂得付账,抹抹嘴就回家啦!据我五舅母后来告诉我:

"那个卖白糕的也是个小孩子,只有八九岁,不敢向你们要钱,每次跟着你们回到大门口,就坐在门槛上等,一等就是大半天,等到有人进出时,才拉长了脸说:'双胞胎吃了我的白糕!'"

我已记不得吃白糕的事,记不得在成都的生活,对于成都,我除了记得门前的油菜花以外,就只记得我和奶妈分手时,双双抱在一起,哭得难舍难分的情景。

和奶妈分手,是我四岁的时候。

那时,抗日战争已经打得如火如荼。但是四川省得天独厚,算是大后方,所有其他各省的人,都迁移到四川来,四川一下子变成了人口汇集之地。我们一家,早早就到了成都,原该好端端地住在成都,不要离开才是。如果我们不离开成都,以后许许多多的生离死别、悲欢离合都不会发生。可是,我们却在一九四二年离开了成都,去湖南老家和祖父团聚,这一团聚,才把我们全家卷入了漫天烽火之中。

原来,到了我和麒麟四岁、小弟两岁那年,成都的生活成本，已经越来越高，物价飞涨。父亲当时在光华大学的附中当训导主任，又在光华大学兼了课，还在华西大学附中教课，好几份薪水，仍然不够维持我们这个五口之家。就在这时候，祖父思儿心切，更盼望见到从未见过面的三个孙儿。就三番五次地写信给父母，催促父母早日回湖南老家，让祖孙三代，能有团圆之日。当时，父母分析，抗日战争绝不会打到湖南，在祖父声声催促而成都物价飞扬的双重因素下，就毅然决定，带着我们三个，动身回湖南，去和祖父相聚了！

所以，我必须和奶妈分手了。我只记得，奶妈抱着我，哭得天翻地覆。据说，我也哭得上气不接下气，缠着母亲不停地追问：

"为什么我们不能带奶妈一起走呢？为什么要和奶妈分开呢？我不要和奶妈分开！我们带她一起走！"

我们当然不可能带奶妈一起走的。所以，哭着，哭着，哭着……哭了好几天，我和奶妈终于分别了。**这是我生命中第一次认识"离别"，也是我童年中最早的记忆。**母亲说，以后接下来的许多日子里，我都在半夜中哭醒，摸索着找奶妈。

三、祖父和"兰芝堂"

在我印象中，祖父是个很威严、很有气派的老人。

祖父名叫陈墨西，他有五个兄弟，都住在老家衡阳县渣江

15

镇的一栋祖屋"兰芝堂"里。祖父在家乡小有名气,他曾跟随孙中山先生,留学日本,参加北伐,足迹踏遍东南西北。祖父年轻时,一定是风流倜傥的。因为,他在家乡有原配夫人,又在南京娶了我的祖母。据说,祖母并不知道祖父家里还有太太,直到祖父要带祖母回家乡时,祖母才赫然发现,自己不是原配。祖母一怒之下,拒绝跟祖父回家,竟带着我父亲和伯父,去北京定居了。也亏得祖母个性如此倔强,父亲才会在北京长大,才会遇见母亲,也才有了我和弟弟们。

当我们一家五口,到湖南去见祖父的时候,我的祖母和那位原配夫人都已作古。祖父又纳了一位"许姨"作为老年的伴侣。而且在兰芝堂旁边,盖了一栋小小的房子,和许姨同住。兰芝堂的陈家人,都称这幢小屋为"新屋"。

我们一抵家乡,拜见了祖父之后,整个兰芝堂都震动了。大家抢着看第一次回乡的父亲,抢着看那一口京片子的新媳妇,抢着看一男一女的双胞胎,抢着看那个"会让墨西老人拿着照片偷笑"的巧三!(在这儿,要补充说明,据说,我小弟巧三因为生得乖巧,非常得到祖父的钟爱,祖父把小弟的一张照片,贴身藏在胸前的衣兜里,没事时就拿出来看,看着看着就会悄悄笑起来。如果他心情不好,他也会拿出这张照片来看,看完了,就得意地说一句:"有这么好的孙子,我还有什么事可烦恼呢!"说完,立即就笑逐颜开了。所以,我家小弟未回乡,已先轰动。)

这样,我们一家人都成了兰芝堂的娇客。祖父成天带着我们,拜见这位爷爷、那位奶奶……还有各房的叔叔伯伯姑姑婶婶。祖父的旧礼教很严,拜见长辈,一律要磕头。我和麒麟、小

16

弟这三个孩子，几乎变成了三个小"磕头虫"。就不知道家乡里，怎么会有这么多的长辈！后来，我才弄清楚，祖父虽是陈家长房，原配却没有生儿子，只生了女儿。我的父亲是祖父四十岁时才生的儿子，所以，我们在兰芝堂的同辈，都比我们大了一截。

兰芝堂在我幼小的观念中，是个深院大宅，有好几个院落，有好多好多间房间，我和弟弟们在这些房间中捉迷藏，常常躲得连父母都找不到我们。祖父对我们这三个孙儿，真是爱极了。麒麟从小就有个"大头"，我和小弟常常拍着手笑他：

"大头大头，下雨不愁，人家有伞，我有大头！"

祖父却欣赏麒麟的方头大耳，认为将来必有后福。小弟巧三非常机灵，嘴巴又十分会说话。我们初抵家乡，和祖父一起住在新屋。祖父买了各种糖果饼干给我们吃，又怕我们吃多了，就把饼干盒糖果盒都放在高高的架子上，让我们拿不到。有天，祖父一进房，就发现我那小弟已从厨房偷了很多白糖吃，白糖沾了满脸，像长了白胡子一样，而他还不满足，正爬上高椅子，在那儿够饼干筒。祖父一见，不禁大惊，生怕他摔了，忍不住大喝了一声。据说，我那小弟回头一看，竟面不红、气不喘地说：

"爷爷，我爬上来拿饼干，要给爷爷吃呀！"

祖父这一听，心花怒放，本就疼小弟，这一来更宠爱无比。至于我呢，我是祖父唯一的孙女儿，再加上我比两个弟弟文静多了，常跟着祖父去拜望朋友，带出带进，不吵不闹。所以，我虽是个女孩子，祖父仍然视我为掌上明珠。

和祖父团聚，那种生活真好！祖父有个长工，名叫黄才余，对祖父忠心耿耿。没事的时候，黄才余就带着我们三个去后山上玩,我依稀记得的,是我最喜欢在松林中捡松果。童年的我,没有多少玩具,我的玩具就是松果、竹叶、狗尾巴草。

我们在新屋住了一段很短的时间,父亲就跟着祖父一起去南华中学教书,连母亲也在南华中学教国文。于是,我们一家五口和祖父,都搬到学校的宿舍里去住。南华中学在衡山的山坳里,风景优美。

回湖南家乡这段时间,是我童年生活中比较幸福的日子。在兰芝堂的院落中,我曾奔来跑去享受大人们的疼爱。在家乡的后山上,我捡松果找鸟窝玩得不亦乐乎。在南华中学的校园里,我学着放风筝和认方块字……但是,好景不长,漫天烽火已逐渐逼向湖南。学校里的气氛一天比一天紧张,大人们的脸上,失去了笑容,堆上了层层阴霾。祖父和父母亲常常聚在一起商讨大计,满面忧愁。

那是一九四四年,中日战争席卷了整个中国,在我初解人事的时候,我的童年就被战争的火舌一下子卷走了。所有的欢乐和幸福,全在一夜间化为灰烬。

四、小锦旗

孩子的记忆力是很奇怪的,他们会忘记一些很重要的事,却记得一些芝麻绿豆般的小事。在我印象里,与战争第一个有关联的记忆,是一面小锦旗。

　　锦旗是父亲的一个同事送我的。一天,学校里开运动会,那些彩色缤纷的小锦旗,悬在操场中随风飘扬,在阳光照射下,闪耀着艳丽的光泽。我迷惑了,缠着母亲,固执地要求给我一面小锦旗。母亲不允,父亲斥我胡闹,我哭哭啼啼,只是要一面小锦旗。父亲的一位同事(不记得姓什么,反正是位好伯伯)取下一面锦旗对我说:

　　"你跳一支舞,我就送你一面锦旗。"

　　童年的我,是腼腆而羞涩的,要我跳舞,比登天还难。但是,那面锦旗光滑艳丽,带着那么强烈的诱惑力对我闪耀着,我的占有欲胜过了羞涩感,我跳了一支《弟弟疲倦了》,换得了那面锦旗。

　　得到了这面锦旗,我的快乐简直难以言喻,似乎我整个人的喜悦,都被这面锦旗所包裹着,我终日拿着这面锦旗,爱不忍释。可是,战火蔓延过来了,学校解散了,我们全家几度迁移,东藏西躲,我仍然随身携带着我的锦旗。一天夜里,我从熟睡中被炮火声惊醒,我爬起床来,看到父母和祖父都聚在窗边,满脸凝重地遥望着衡阳城——那城市已被一片大火吞噬了,连黑夜的天空,都被火映成了红色。

　　第二天,我们所居住的地方是一片混乱,母亲匆忙地收拾着箱笼,告诉我说,这些箱子要寄放到农家的阁楼上去,因为日本散兵已遍布四周,所有财物,随时可能遭遇洗劫。我望着母亲收拾箱子,想起我的小锦旗——我真担心日本人会抢走我的小锦旗。于是,我郑重地把那面锦旗交给母亲,要她帮我锁进箱子里去，免得被日本兵抢走。母亲把锦旗收进了箱子里，我亲眼看到祖父的长工黄才余，把那几口箱子搬到农家的阁楼上去。我很安慰，觉得我的锦旗已到了世上最安全的所在。因为，母亲说，日本兵不会去抢农舍——农舍中除了鸡鸭猪狗外，只有一些稻谷。

那夜，我睡得很甜，半夜里，却被母亲仓皇地摇醒了。我睁眼一看，父亲正手忙脚乱地给麒麟小弟穿衣服，满屋子的人奔来奔去。我胡乱地下了床，怔忡不已。然后，我听到了枪声，此起彼伏，惊心动魄。我跑到窗户边一看，不得了，农庄中到处都是火光。人声、枪声、追逐声、鸡鸭犬吠声乱成了一团。我还没从睡梦中完全清醒，这时，吓得完全呆住了。父母和祖父已急忙拉着我们三个孩子，匆忙地说：

"嘘！不要出声音，我们要躲到山里去！"

我不知道为什么要躲到山里去，但，已完全体会出周围的紧张气氛。于是，我们摸黑离开了居住的农家。父母扶着祖父，抱着小弟，拉着我们这对双胞胎。大家跌跌冲冲地走入山里。山中遍是荆棘和杂草，我们刺到了，割伤了，却没有人敢哭。一直摸到一个山谷里，大家藏在巨石堆中，紧紧拥抱在一起。整夜中，我们看到火焰冲天，处处都冒着火舌，天空都染成了红色。

慢慢地，天亮了。枪声逐渐远去。当黎明终于来临，四周变得特别地安静。然后，我们听到黄才余的声音，在呼唤着、找寻着我们。我们从躲藏的地方跑了出来，黄才余找到了我们，见我们完好无恙，又惊又喜。接着，却又哭丧着脸告诉我们：一队日本兵连夜侵袭了农庄，他们果然没有抢劫农舍，却很干脆地放了一把火，把整个农庄烧成了平地。烧掉了阁楼，烧掉了我们全部的箱笼，也烧掉了我的小锦旗。

于是，我失去了心爱的小锦旗，于是，我也失去了童年的欢乐和喜悦——在记忆中，这是一连串苦难的开始。

五、在山沟里

接下来，日军大量地涌到了乡间，洗劫村落。他们所过之地，杀人放火，搜刮一空。据说，日本兵最恨知识分子，凡是搜到读书人，一概杀无赦。我们家，祖父、父亲和母亲都在教书，又都是积极的反日分子。平时在教室中，祖父和父母都不厌其烦地灌输学生民族观念，此时，想当然耳，会成为日军杀戮的目标。事实上，那时日军铁蹄践踏之处，生灵涂炭，满目疮痍，不论老弱妇孺、士农工商，都惨遭杀害，又岂是读书人而已。但，读书人，尤其是教书的，确实更难幸免！

因而，我们一家六口，祖父、父母，和我们三个孩子，有一段时间，完全藏在深山里。我记忆最深的，是一条山沟。

这条山沟原来是有泉水的，现在水已经干了，我们用油布铺在地上，露天席地而坐，已经坐了整整三天。山沟的出口处直通山下的小路，黄才余砍了许多松柏树木，伪装地种满了那出口，遮住外界视线。我们就待在那窄小的泥土沟中，靠黄才余冒着生命危险，每天送食物来给我们吃，并报告我们外界的消息，那消

21

息一定越来越坏，因为父母的眉头是越皱越紧了。

我真不知头两日是怎么挨过去的，只记得麒麟总是哭，总是吵肚子饿了。母亲为了安抚他，把皮包里的钥匙链、发卡、口红套子、小梳子、小镜子……都搬出来给他玩，他藏了一口袋的叮叮当当，仍然又哭又闹。小弟才只有四岁，更是无法讲道理的年龄，他爱动物，抬起头来，他就研究松树里有没有鸟窝，低下头去，他就在草丛里猛抓蚂蚱，他唯一的好处是爱睡，一无聊就哭，哭哭就睡着了。三个孩子里我最安静，坐在那儿，我一直在追悼我的小锦旗。

第一天，我们全家只吃了黄才余送来的两大碗白饭。第二天，仍然只吃了两碗白饭。第三天，长工一直没有出现，我们饥肠辘辘，麒麟和小弟又开始哭。我听到父亲在悄声对祖父说，他真担心黄才余的安危。时间从清晨一直挨过去，太阳从山沟的那一边移向山沟的这一边，在饥渴交加之下，最安静的我也不能安静了，麒麟叫饿，小弟叫渴，我开始抽抽噎噎地哭。一时间，我们三个孩子闹成一团，父亲喝骂着，祖父直摇头叹气，母亲左手搂着弟弟，右手搂着我，不住口地安慰，整个山沟里都是我们的声音，就在此时，山沟外面，忽然传来一声清脆的枪响，接着，有一个人影从掩护着我们的松柏外面闪过去。我们全吓怔了，忘了哭，也忘了叫，瞬时间，山沟中寂然无声，我从松树的隙缝里望出去，正好看到那奔跑着的人——一个平凡的农人，腿上滴着血，一跛一跛地飞跑着逃走，然后，就是一阵日本人的呼喝声，又一排枪声，那农人倒了下去。我呆住了，第一次了解死亡是怎样突然就能来临的，第一次看到鲜血从一个活生生的人体里流出来。

母亲的脸色雪白，她紧搂着麒麟，用手按住他的嘴，阻止他哭出声来，小弟的头全埋在父亲的长衫里，吓得身子发抖，祖父的嘴唇颤动，在那儿不出声地诅咒。时间似乎过了有一世纪那么久，然后，那批日本兵从山沟出口的松柏掩护之处，一个个地走了，居然没有人发现我们。

目送那群日本兵走得看不见了，母亲长长地吐出一口气来，脸色依然发青，麒麟挣出了母亲的手心，坐在地上直喘气，也忘了吵肚子饿了，小弟抬起头来，那对又黑又亮的眼珠骨碌碌地转着，嘴里结结巴巴地叽咕着：

"枪，枪，好长……好长……的枪！"

母亲伸手要去抱小弟，小弟仍然结巴着：

"枪，枪，有枪！有枪！"

母亲的脸色猛然间僵住了，我们都不由自主地抬头向上看，这才发现，居高临下，一排日本兵站在山沟外，俯身注视着我们，一管管长枪，正对着我们。我和弟弟挤在一堆，全倚进母亲怀里。有几秒钟，山沟里的我们，和山沟外的日军，大家彼此注视着，都没有出声。然后，一个戴眼镜的日本军官，跳进了山沟，拿枪对着祖父指了指，用中文说："站起来，给我检查！"

祖父不得已地站了起来，那军官在祖父的口袋里搜出了钱、名片、钢笔、校徽……一大堆东西，他收起了钱，紧盯了祖父一眼：

"教书的，嗯？"

祖父拒绝答复，那军官也不再问，同样地，他又搜查了父亲，洗劫了父亲身上的钱，母亲早已悄悄地把皮包塞进了草丛中，站起身来，她主动地拍了拍自己的身子，她只穿了件旗袍，实在无处可以藏钱。

那军官仍然握着枪，望着手里的校徽、名片等物，犹豫地看着父亲和祖父。山沟里的空气僵着，母亲的嘴唇越来越白，忽然间，我那孪生弟弟麒麟排众而出，大踏步走到那军官面前，昂着头，清清楚楚地说：

"你不用检查我，我身上的东西，都给了你算了！"

他从口袋里，叮叮当当掏出他那些钥匙链、口红套、梳子、小镜子、发卡、弹珠，还有些小石头子儿，全递给那个军官。一时间，那军官怔着，接着，一丝笑意忽然掠过他的嘴角，同时，山坡上的日军，也发出一阵哄笑。在这突然爆发的笑声里，那军官跳出了山沟，对他的部下挥了挥手，示意离去。显然，祖父和父亲的命是捡回来了。那些日本兵正要走开，其中却有个身材高大、相貌粗鲁的大汉，突然蹿了出来，用日本话吼了几句，就一下子跳进了山沟，直奔母亲而来。这一下变生仓促，我们全呆了，母亲慌忙说：

"我身上没有钱！"

那日本大汉敞着胸前的衣服，军装上一个扣子也没扣，手里没有拿枪，却握着一根大木棒，他咧着嘴，面目狰狞而凶恶，一伸手，他抓住了母亲的手腕，用生硬的中文，口齿不清地说：

"跟我走！"

说着，他就死命地把母亲向山沟外面拖，一向文质彬彬的父亲，立即爆发了，他陡然间冲过来，抱住母亲，对那日本兵大吼大叫：

"放手！你这禽兽！放手！"

一切发生得好快，我看到那日本兵举起木棒，对父亲拦腰一棒，父亲站立不稳，那山沟又是一个往下倾斜的斜坡，父亲摔了下去，顺着斜坡，就一直往下滚。祖父忍无可忍，也冲上前去，日本兵再一棒，把祖父也打落坡下，然后，他继续拉着母亲，往山沟外面拖去。母亲用手抓紧了山沟两壁的青草，哭着往地上赖。我眼看父亲和祖父挨打，母亲又将被掳走，恐惧、愤怒和无助的感觉一下子对我压了下来，我用双手扯住母亲的衣服，放声大哭。同时，麒麟和小弟都扑了过来，分别抱住母亲的腿，也放声大哭。我们三个孩子，这一哭哭得惊天动地，我们边哭边喊着：

"妈妈不要走！妈妈不要走！"

我们哭，母亲也哭，那日本大汉却用日文大声咒骂，顿时间，哭声、喊声、咒骂声，闹成了一片。而母亲的身子，逐渐从我们手中滑了出去，我和弟弟们惊恐之间，哭得更加惨厉。就在这时，那戴眼镜的日本军官似乎动了恻隐之心，忽然用日文喝叫了一声，那大汉立即松了手，抬头和那军官争执着，军官叽里咕噜地讲了一大串，一面用手指着哭成一团的我们，脸色非常严厉。终于，那大汉悻悻然地一甩手，跳出了山沟，背着他的木棒，扬长而去。我们惊惶之余，都扑进了母亲的怀里，母亲用双手紧抱着我们，都哭得上气不接下气。好半晌，才发现那日本军官并没有走，一直站在那儿望着我们发愣。等我们哭声稍歇，他就跳进山沟，把小弟拉到他身边，我们以为他要掳走小弟，又都

25

惊恐地扑过去抓小弟，谁知，他却用手帕拭去了小弟的泪痕，转头问母亲：

"他几岁？"

母亲颤声回答：

"四岁。"

那军官仰头看了看遥远的云天，若有所思地轻声说了句：

"我儿子和他一样大！"

说完，他转身走出山沟，手一挥，带着他的队伍，头也不回地走了。我们惊魂未定，实在不相信就这样渡过了一场大难。我那时还不能了解，即使是日军，也有妻儿，也有子女，在他们残杀无辜的当儿，也会有几个无法全然泯灭"人性"的军人。这个戴眼镜的日本军官，想必也是个知识分子吧！

当时，父亲和祖父都从山坡下爬了上来，一家人我望望你，你望望我，刹那间已恍如隔世。父母执手相看，惊吓未消。我们三个孩子，用手臂紧拥着父母，仍呜咽未已。祖父用拐杖一跺地，毅然地对父亲说：

"湖南不能待下去了。我已经老了，不拖累你们，你们还年轻，给我趁早离开！你们到后方去，想办法回四川去！走！一定要走！"

父母和祖父在山沟中默默相对，彼此心中都明白，大难已在眼前，分离是必然的事。只是当时，谁也无法就去面对这个事实！

六、在柴房中

　　从山沟到柴房，这两个不同地点所发生的事，之间到底隔了几天，还是一星期？我已经完全记不清楚。童年的记忆，往往只是一些片段的"面"，而不是一条清晰的"线"。只记得那些日子里，日军整日在乡间搜刮抢掠，杀人纵火之事，更是每个村子中都经常遭遇的。我们一家东迁西徙，到处躲避日军的耳目。主要的，仍然因为父母是"读书人"的缘故，日军可以放过一般农民，却杀掉了无数的知识分子。

　　似乎在离开山沟后没几天，我们一家就和我表叔一家会合在一起了。表叔是父亲的表弟，年纪很轻，表婶在我记忆里是个娇小玲珑的小美人，他们有个一岁大还抱在襁褓中的儿子。我那小表弟长得白白胖胖，面貌清秀可人。很明显地，他是我表叔和表婶的命根子。当我们结伴迁移的那些日子中，他们最关心和保护的，就是那个怀抱中的小儿子。

　　那天，我们到了祖父以前的一位老佃农家中，这位老农夫自己有田有地有农庄，是个敦厚朴实善良的典型农人。他的房子占了一个极好的地理环境，是建造在一座竹林的深处，因为单独隐蔽在密林之中，极难被外界发现。更妙的是，这屋子背后就是一座未开发的山林。万一给日军发现，往这深山里一躲，那就更难被找到了。所以，我们投奔到这老农夫家里来。

　　到了老农夫家里，我们才发现那儿已成为附近所有知识分子及乡绅们的避难所。老农夫热情而慷慨，来者不拒，家里早就

挤满了人。这是父母所始料未及的,而最没料到的,是这"避难所"早被日军所发现,据老农夫说:

"昨天一天,来了三批鬼子,到处抓人。我早派了人守在竹林外面,一有鬼子来,我就叫大家躲,十分钟之内,所有的人都可以疏散到山里去。所以,日本鬼子一个人也没抓到!"湖南人称日本人,都称"鬼子"。

那老农夫一股得意样儿,他的太太是个憨厚的老太婆,老夫妇俩对祖父和我们招呼得无微不至,细心地告诉我们如何躲藏,如何走捷径入山,如何在山里找山洞树洞,等等。我们这才知道,他们几日之内,已救了无数人。而那些其他的避难者,也早对入山之路,熟悉万分了。

那是午后,我们走了许久的路,抵达老农夫家里时已又饿又累。老农夫对我们指示完了,就立刻弄了一桌子的饭菜,招呼我们吃饭。我们都饿得头发昏,坐下来就开动,谁知才拿起筷子,就听到门外一阵吆喝,马上就是一阵人来人往、大呼小叫的混乱之声,我们还没弄明白是怎么回事,那老太婆已冲进屋子,对我们挥着手叫:

"快!快!快!去山里!鬼子来了!快快快!"

父母丢下筷子,七手八脚地来抱我们,孪生弟弟麒麟赖在饭桌上不肯下来,小弟弟塞了一嘴的炒鸡蛋。表叔表婶同时扑到床边去抱他们那才睡着的宝贝孩子……混乱中,老农夫也冲了进来,口齿不清、脸色仓皇地喊:

"来不及了,没时间进山里了!鬼子来得好快!找地方躲一躲,快找地方躲一躲!"

说得容易，农家的房子家具简陋，房间都一目了然，我们两家老老小小有九个人，什么地方可以躲？我们正犹豫间，农夫的儿媳妇又冲了进来：

"鬼子已经进来了！这次来得凶，看样子知道我们家藏了人！别人都躲进山里去了，只有陈家……"

再没时间耽误，老太婆当机立断，招手把我们带出屋子，绕到农庄后面，把我们两家老小，全塞进了一间堆柴的柴房，仓促地对我们抛下一句叮咛：

"千万千万不要出声音！"

说完，她带上房门，匆匆而去。

我们挤在那小房间里，大家面面相觑，呼吸都不敢大声，我记得，麒麟手里，还紧握着一双筷子，嘴里叽里咕噜地唠叨着：

"我饿了，我要吃饭！"

母亲用手蒙住麒麟的嘴。父亲试图把柴房的门闩起来，这才发现，这柴房根本没有门闩，乡下人堆柴的房间也实在不需要门闩。而且，那简陋的木板门上有着手指一般粗的隙缝，从内往外看，可以把农庄天井看得清清楚楚，可想而知，从外向内看，也不难发现我们这群妇孺老小。这个"藏身地"，实在是糟透糟透！父亲挥手要我们远离门边，但是，天知道！那柴房一共有多大，挤了我们两家人，已经是密不透风了，还能退到哪儿去？

我们紧倚着柴堆站着，孩子们都瑟缩在母亲的怀里。很快地，我们听到日军走进农庄的声音，一阵大声的吆喝，日本兵立刻分散在农庄各处，显然在大肆搜寻，有个发号施令的军官，似乎就站在柴房外的天井里，在用日语大声下令。于是，我们听

29

到，日兵在每个房间每个房间地搜查，有箱笼倒地声，有桌椅翻倒声，有日军呼喝声，有老农夫喊叫解释声……在这一大片混乱声中，还有日兵在抓老农夫的鸡鸭宰杀，于是鸡飞狗跳，人仰马翻，闹得天翻地覆。而那些挨房搜查的日兵，已逐渐走近了柴房……

我们倾听着那日军的靴声，沉重地敲击在晒谷场上，发出重重的声响，我们听老太婆在赌咒发誓，呼天抢地地乱喊：

"什么人都没有！鸡也快杀光了，狗也给你们杀了，你们还要什么……"

外面很闹，柴房里却静得出奇，母亲紧紧地搂住麒麟，因为这些孩子里，麒麟最会闹。可是，我们却没算到表叔的小儿子，那个在襁褓中的婴儿，会忽然间放声大哭起来。

这婴儿的哭声把我们全体都震动了！表婶也无法避讳，立即解衣哺儿，想堵住他的哭声，谁知那孩子拒绝吃奶，却哭得更加厉害，表婶急了，用手去蒙他的嘴，但是，却蒙不住那哭声，孩子的脸涨得通红，哭得更响了，祖父长吸一声说："命中注定，该来的一定会来！"

表叔的脸色在一刹那变得惨白，他迅速地对我们全家看了一眼，这一眼中包含了太多的意义（在以后很多年很多年后，我才能体会到表叔那一眼的深意）。然后，忽然间，表叔从表婶怀中抢过了孩子，迅速地用手勒住了孩子的脖子，死死地握住，孩子不能呼吸了，脸色也变了，表婶扑过去抢，哭着喊：

"你要做什么？你要弄死他了！"

"是的，我要勒死他！"表叔哑声说，"可以死他一个，不能死我们全体！"

"你疯了！你疯了！你疯了！"表婶忘形地大嚷，眼泪流了一脸，她发疯般扑过去抢孩子，一面哭着喊，"要勒死他！你先勒死我！"

"你要识大体！"表叔叫，"我不能让这一个小小婴儿，葬送了我们两家的性命！尤其是连累表哥一家人……"

"你要杀他，先杀我！先杀我！"表婶是疯了，她的头发披散了，泪流满面，喉咙嘶哑，居然拼命地抢过了孩子，孩子能够呼吸，就更大声地哭了起来，父亲立刻抱住表叔，表叔还要挣扎着去抢孩子，父亲沉着嗓音喝阻着："够了！如果日军要发现我们，这样一闹，他们已经发现，你杀他也没用了！"

真的，在这一时间，孩子哭叫，大人吵闹，表婶狂喊，表叔怒吼……什么声音都有过了，我们大家彼此注视着，父母脸上，都有着听天由命的平静。而忽然间，那婴儿却止住了哭声，柴房里顿时又鸦雀无声了。同时，靴声清脆地停止在柴房的前面。

"打开门！"是日军的日本腔汉语。

"啊呀，老天爷！"是老农夫的太太，那从没受过教育的老太婆，在唉声叹气地叫着，"连茅厕都要检查呀！"她用手推门，声音又平静又自然："门都没有闩，能藏得住什么人？"

（我至今还在想，那老太婆真该得最佳演技奖。）

门已经开了一条缝，我们的心怦怦跳。但是，像奇迹一般，那日军用日本话叫了一句什么，就径自掉头而去。我们几乎不能相信那日本兵是真的走了。难道我们那一阵哭叫和喧闹，他们会听不到？这是不可能的事！父母和祖父以及表叔和表婶都瞪大了眼睛,不信任似的彼此注视着。然后,又一阵鸡飞狗跳,那些日本兵抓了许多鸡,一个军官一声令下,这队日军居然不可思议地走了,不可思议地放过了我们。

好半天,当外面完全平静了以后,老太婆推门走了进来,这时却苍白着脸,又嚷又叫地说:

"老天爷!你们怎么弄的呀!小的哭大的叫,我放了一笼子鸡出来,赶得它们满天飞,才掩过你们的声音呢!"

我们彼此凝视,又一次厄运被逃过了,又一次灾难被避免了!我太小,还不能了解那种死里逃生的滋味。但是,当表叔知道危机已过,立刻就抱住表婶,不顾一切、疯狂般地吻她,又抱过那差点死去的儿子,含着泪、满头满脸地乱吻时,我才第一次体会到,人类的"爱",是多么复杂、多么珍贵的东西!如果说我是个早熟的孩子,大概就由于我自幼体会了太多的东西吧!

七、"中国人"

接下来的几天,我们不知怎的,又和表叔一家分开了。父亲知道老佃农之处已不是藏身之地,事实上,整个衡阳县的境内几乎没有一块净土。我只记得,父母和祖父常彻夜商量,如何越过日军的封锁线,并且讨论又讨论,祖父是否和我们同行的问题,因为祖父已年近八十高龄,如何能承受颠沛跋涉之苦?可是,把耿直的祖父留在沦陷区，父亲却怎样也不放心。

这问题最后终于有了结论，祖父留下，我们走。于是，我们先要把祖父送回老家渣江去。记得我们全体化了装，穿着老佃农给的衣服，打扮成一家乡下人。不过，尽管父母都穿上了粗布短衣，但父亲的文质彬彬，和那近视眼镜，母亲那北平口音，以及风度举止，都很难掩饰原来面目。不管怎样，我们又离开了佃农家，冒着被日军捉住的危险，往老家走去。

这天是倒霉的一天！

这天是充满了风浪与戏剧化的一天！

这天也是我记忆中很深刻的一天！

我们大约在动身后两小时，遭遇了第一批日兵。

"站住！检查！"日军吼着。

我们全站住了，这大约是日本兵来中国之后"必修"的一句中国话。以后我们遭遇了几次日军，都是用这句话来喝止我们的。

带队的日本军官大踏步对我们走来，上上下下地打量我们，父母都不说话，以免暴露身份。那军官指着祖父，对手下的士兵命令了一句，大约是要搜查祖父。祖父的眼睛要喷出火来，却无法阻止日本兵在他浑身摸索。因为我们都化了装，那日本兵主要是想搜查有没有武器。既然找不到武器，他洗劫了祖父身上所有的钱，然后，就轮到了父亲。

这批日本兵没有为难我们，只是，他们把祖父和父亲身上所携带的金钱全洗劫一空，就挥手命令我们离去。我们默默地走着，祖父、父亲和母亲都那么沉默，使我们三个孩子也静悄悄地不敢吵闹。那时，在我们童稚的心灵里，只觉得日军是一群令人

33

恐怖的劫掠者。但，对于父母们那种受异族迫害的耻辱及愤怒却无法深深体会（直到我长大后，童年点点滴滴的回忆，才带给我更深的感受）。

中午时分，我们遭遇了第二批日军。

"站住！检查！"

同样的一句话，同样是日本兵，同样第一个搜查祖父，同样再搜查父亲。所不同的，是祖父和父亲身上找不到金钱了。但，那日军却在祖父身上找到一张写了十行字的纸，他看看，显然并不懂中文，又对祖父那身老农的装束仔细打量了一番，似乎找不到什么嫌疑，他就抛开那字条不管了。叽里咕噜地，他用日本话骂了一大堆，就带着队伍扬长而去。父亲透过一口气来，才对祖父说：

"爹，你那首诗就丢了吧！"

"不！"祖父简单而固执地说，把那张写满字的纸又郑重其事地揣回了怀里（后来我才知道，那是祖父所作的一首长诗，主题是忧国哀民、咒骂日军的。如果落在一个懂中文的日军手里，我们必被枪杀无疑）。

午后，我们"运气"真好，又碰到第三批日军。

"站住！检查！"

父亲忍无可忍了，他翻开自己所有的口袋，把口袋底都拖了出来，愤愤地说：

"你们要检查几次？身上的东西，早被前面检查的人拿走了，再也没有东西了！"

那日军不见得懂中文，但是，他懂得了父亲的意思，知道我们已不是第一次遭遇日本兵，更明显地，是知道我们这疲倦的、老老小小的一家人，身上确实没有值钱的东西可以搜刮了，于是，他又放走了我们。

一天里遭遇三批日军，使我们深深明白，整个乡间已遍布日军了。对我们来说，这天还是幸运的，因为这三批日军都志不在人而在财，除了抢劫以外，没有发生在山沟里那种掳人的恐怖事件，也没有被识穿本来面目，在不幸中，这已是万幸了。

黄昏时分，我们已走得又饿又累又渴，再加上随时可能听到那声"站住！检查！"的声音，使我们都精神紧张而心力交瘁。小弟弟开始哭，父亲只得背着他走。当夕阳衔山，晚风拂面的时候，我们才发现已经越走越荒僻了，乡间四顾无人，只有山林树木，四周安静得出奇。在遇过三次日军的吆喝与跋扈之后，这份"安静"居然也使人惴惴不安，尤其是在这暮色渐浓、山树模糊的景象里。

我们走了一大段山路，什么人都没有碰到，连个农家和茅屋都没有，父亲怀疑我们已迷路了。大家彷徨四顾，犹豫不决是否往前走，尤其，前面是不是没有日军占领？正在磋商而举棋不定时，忽然间像天神下降般，我们迎面走来了一个乡农，这农夫一目了然就是湖南乡间那种最老实憨厚的乡民，他大踏步而来，手上拿着一枝竹枝，背上背着两个叠起来的竹篓，通常，是农夫们用来装鸡鸭或红薯的。

父亲和祖父都兴奋了。有什么事比迷路在荒郊野外——遍布日军的荒郊野外——时，遇到一个自己的同胞、一个中国人，更令人兴奋和快乐的呢？祖父拦住他，几乎是喜悦地问：

35

"你从前面来,有没有遇到鬼子呀?"

那农夫瞪眼望着祖父,似乎不了解祖父在说什么。湖南人一向称日本人为"鬼子"。父亲怕那乡下人误会我们的来路,又重复了一句:

"前面是什么地方?我们在躲鬼子,前面有没有日本人?"

那农夫的眼光从祖父身上移到父亲身上,他没有笑容(湖南民风憨厚,最爱交友,对陌生人也是笑容满面的)。他慢吞吞地放下背着的竹篓。父亲觉得不对劲了,拉拉祖父,说:

"我们走吧,别问他了!"

那农夫迅速地拦住了父亲,用标准的国语,厉声地说了一句:

"不许走!站住!检查!"

父亲母亲都呆了,祖父的脸色也顿时大变。我们三个孩子,虽然懵懂无知,对这"站住!检查!"四个字已经十分敏感,就也都怔住了,呆呆地望着那个农夫。在这一瞬间,我们都明白了,这农夫和我们一样化了伪装,他不是普通的乡下农民,而是"知识分子",为日本人做事的知识分子。是的,他是中国人,比日本人更可恶更可怕的中国人,日本人到底是为他们的天皇打仗,这中国人却为日本人来打中国人,这是一个——汉奸!

那"农夫"用手指着祖父:

"你站住,我先检查你!"

每次都是先检查祖父!祖父瞪视着那"农夫",忽然间爆发了,他高昂着白发萧萧的头,坚决而果断地说:

"不行!我不给你检查!日本人检查我,我无可奈何。你,中国人!不行!我不给你检查!"

那"农夫"脸色立刻变得铁青,把地上那垒着的竹篓打开,里面没有鸡鸭,没有红薯或任何收成,只有一堆稻草,稻草上,赫然是一把手枪!

"很好,"那"农夫"拿起手枪,对祖父扬了扬,"听你的语气,就知道你的身份,农人?你是个老农夫吗?不给我检查?你身上藏着什么吗?"

祖父的脸色更难看了,父亲和母亲交换了一个眼神,空气好沉重好紧张,我想着那张写着字的纸,望着祖父和父母,我知道,他们也在担忧那张纸,一个中国人,他会认得中国字!

"你不许碰我!"祖父严厉地说,"今天我们已被三批日本鬼子检查过!我再也不被中国人检查!"

那"农夫"大大地发怒了,他吼着:"不检查,也行,我马上枪毙你!"他舞动着手枪,样子是完全认真的,绝非虚张声势。

祖父挺直了腰,更坚决、更固执地说:"你枪毙我,我也不给你检查!"

那"农夫"举起了枪,父亲立刻扑过去,拦在祖父面前,急急地说:"爹,让他检查吧,你就让他检查吧!"

"不行!"祖父斩钉截铁地说,"我宁可死,也不给他检查!"他望着那"农夫"说:"你枪毙我吧,放掉我儿子和孙子们!"

"你是个顽固的老头,嗯?"那"农夫"有些困惑地看着祖父,"我只要检查你,并不想要你的命,你对检查比生命还看得重?"

"是的,你可以枪毙我,就是不能碰我!"祖父越来越固执,"你开枪吧!"

那"农夫"再度举起枪,脸色严厉,看样子,祖父的生命已系之于一发,小弟弟首先"哇"的一声吓哭了。立刻,父亲对祖父跪了下去,含泪乞求:"爹,让他检查吧,请您让他检查吧!"

"检查了是死,"祖父低语,"不如维持尊严,让他枪毙我,你们给他检查,你们到后方去!"

"爹,"母亲看父亲跪下了,就也对祖父跪下了,"要死,就全家死在一块吧!"

小弟弟素来是祖父所钟爱的,此时已明白这"坏人"要打死祖父,就哭着跑过去抱着祖父的腿,一个劲儿地叫:"爷爷不要死!爷爷不要死!"

我和麒麟也熬不住,扑过去,和父母们拥成一团,也抱着祖父,哭着叫"爷爷"。一时间,我们三个孩子哭声震野,祖父只是用颤抖的手紧搂着我们,却依旧固执地嚷着:"不检查!不检查!不检查!"

那"农夫"大概被我们这一幕弄傻了。半天都直瞪着我们没说话。然后,他忽然粗声吼了一句:"别哭了!还不快走!"

"走?"父亲愣了愣,站起身来,望着那"农夫","你不是要检查我们吗?"

那"农夫"凝视着父亲,轻轻地摇了摇头,哑声说:"检查过了,你们走吧!"

"全体?"父亲不信任地问。

"全体。"那农夫说,忽然叹了口气。低下头来,他用手中的竹杖,在地下的泥沙中,写下"中国人"三个字,指了指自己,又指指我们。接着,他又写下"日本人"三个字,指了指西北方,轻声说了句:

"往东边去吧！"

说完，他迅速地用脚扫掉了泥沙上的字迹，背起地上的箩筐，头也不回地往前走了。

好半晌，我们还呆站在那儿，好半晌，父母都无法恢复神志。最后，我们走了，走往东方。那夜，我们是露宿在一座小山林里的，没有再碰到日本兵。第二天，我们找到了路径，回到了乡间的老家。把祖父平安地送回了"兰芝堂"。

很久很久之后，我还记得那泥沙上的"中国人"三个字，我总是迷惘地想着，那"农夫"是好人还是坏人？是没天良的"汉奸"，还是个有人性的"中国人"？他为何在最后关头放了我们，而且指示我们正确的方向？

于是，我知道，即使一个"坏人"，也有一刹那的"良知"，即使是"汉奸"，也不见得完全忘了自己是"中国人"。

我的国家民族观念，就是在这枪口下建立起来的。所以我常说，别人童年的教育来自学校，我童年的教育，却来自战争。

八、夜半，穿越火线

终于到了那一夜。

父母和祖父殷殷话别，我们孩子们一个个地吻别了祖父。门外，夜色深沉，天空中有几颗寒星，和一弯冷冷的月亮。乡下人都睡得早，这时早已入梦，四周鸡不鸣，犬不吠，寂静得令人心慌。

院子里，我们白天雇用的两个挑夫正在等待着，他们每人挑两个大箩筐，箩筐中，只有一个装着我们全家的衣服（是乡农们的衣物，我们仍然化装成乡下人），另外三个箩筐，却是为我和弟弟们准备的。这是一次长途的跋涉，按父母的意思，要从湖南走到四川，这漫长的旅程，不知道要走多久。而正在稚龄的我们，却无论如何禁不起这种步行之苦。因此，竟采取了乡下人的办法，把孩子挑着走。

自幼，我坐过各种交通工具：轿子、车子、轮船、手推的"鸡公车"……而乘坐箩筐旅行，这却是破天荒的第一次。对那箩筐的好奇冲淡了我对祖父的离愁，但是，当我看到父母和祖父都满眶泪水、执手无言之时，我才蓦然兜上一股难解的酸楚，第一次体会到那种"生离死别"的滋味。

我们出发了。盘腿坐在箩筐里，我和麒麟被一个挑夫挑着，小弟和行李被另一个挑夫挑着。我们要"夜行晓宿"。四周早已被日军包围封锁，我们必须连夜穿过敌人的火线，如果被发现了，连挑夫带孩子，一个也别想活着走出沦陷区。我和弟弟们早被父母再三叮嘱，路上绝不可说话、咳嗽，或发出任何声音。事实上，我和弟弟们已被这些日子的各种遭遇惊慑住了。早就知道日军是随时可以出现，刀枪都不再是"玩具"，而生死之间，只有一线之隔。不用父母叮嘱，我们也不敢轻易出声了。大家"静悄悄"地"摸黑"行进，没有火把，没有灯笼，也没有乡下人用的风灯。父母、挑夫和我们孩子都穿着全黑的衣服。

不敢走大路，我们穿小路往前走。两个挑夫显然对路径很熟悉，对日军驻扎的区域也很熟悉，大约他们并非第一次送人出沦陷区。这次我们雇用他们，却不止于送出沦陷区，还要一直把我们送到广西境内，听说，到了广西，就有难民火车，可以到桂林。我们的路线，是乘湘桂黔铁路的火车，越过广西，穿过贵州，再赴四川（多么一厢情愿的打算！我们怎么知道，这条路竟整整"走"了一年之久！当我们在一年之后，终于抵达重庆时，正是家家鞭炮、户户欢声，大街小巷一片旗海，抗战胜利的时候了）。

在暗沉沉的夜色里，我们这一行人悄悄地、小心翼翼地往前移进。许多时候，我们根本不走在路上，而是穿过一人高的稻禾，从田里面走过去，那分开稻禾的沙沙声，以及偶尔踩到一块碎木的破裂声，都足以使我们胆战心惊。从衡阳沦陷起，我们似乎一直有逢凶化吉的运气，这穿越火线的一关，是不是也能安然度过？我想，父母一点把握也没有。支持我们做这样"壮举"的只是父母的那份决心与勇气而已。

那种"夜遁"的日子只有几天，白天，我们会被好心的乡农留宿，夜里，又继续我们的行程。在箩筐里的旅行一点也不舒服，两腿盘坐久了，就酸麻无比。因而，一路上，我们孩子们总是要求"下来走一走"，孩子的腿短步子又小，进度缓慢。所喜的，是这段路程，我们始终没有遇到过日军。但，我们所经之地，已遭日军蹂躏过的村镇却不在少数。记忆中最难忘的，是一

41

个劫后余生的小女孩——小娟。

怎样"捡"到小娟的,我已经记不很清楚。好像是我们听到哭声,追踪而至,她正躺在田里哭泣。她大约和我差不多,或者比我还大一点。父母把她抱起来,她衣衫褴褛,遍体鳞伤,在简短的对话里,我们已知道她父母双双遇害,他们遭遇到一批残暴的日军,在乡间滥杀无辜,她侥幸逃开毒手,孤身飘零,而饥寒交迫。她带哭带说,浑身泥泞,我却大大地"激动"起来,自幼,我就是个感情丰富的孩子。

"妈妈,我们带她一起走!"我说。

那女孩用一对渴求的眸子望着母亲。至今,我对那乌黑的、期望的、无助的眼神仍念念不忘。母亲叹口气,没说什么,却把那孩子揽进了怀中,为她拭净了嘴脸,又找出东西给她吃。我把这种举动看成了"默许",于是,我兴高采烈地让出了我的箩筐(反正我已坐得腿发麻)。我在她身边走着,悄声地、絮絮叨叨地安慰她,在我的心目中,她已经成为我们家庭中的一员,将会永远跟我们在一起了。因为,她已没有家了。在战争中,收留捡到的孩子是常有的事。

一夜之间,我和小娟已成为好友、姐妹及亲人。凌晨,我们投宿在一个农家。母亲给她洗了澡,换上我的衣服,受伤的地方也搽上了药。于是,我和她躺在一张床上,我挽着她,头靠着头,肩并着肩,就这样亲亲热热地睡了。

那天我睡得不安稳,依稀恍惚地听到,父亲母亲一直没有睡觉,而在研究路线,似乎,当夜我们就可以穿出日军的火线,走出沦陷区了,因而,他们特别紧张,也特别兴奋。然后,他们在讨论捡到的女孩,讨论了很多很多,什么人性、现实、经济、自身难保……我听不懂,后来,我睡着了。

迷糊中,我被母亲摇醒了,我坐起身子,母亲轻嘘了一声,示意我不要吵醒小娟。我睡眼蒙眬地被穿好衣服,带出农舍,天上无星无月,又是一个暗沉沉的夜!直到我坐进箩筐中,我才陡然惊醒了过来。我挣扎着站起身子,惶惑地嚷着:

"妈妈,你们忘了小娟了!"

母亲按住我,她试图对我说明白:

"凤凰,我们没有办法带小娟一起走,我们要走的路太长了,已经自顾不暇,实在没办法再多带一个小孩!这家农人认得小娟的舅舅,我已经留了钱,托他们把小娟送到她的亲人家里,这是我们唯一可以做的事。"

"可是,妈妈……"我慌乱地喊,"小娟以为我们会带她一起走的!你也答应了的……"

"孩子!"母亲长叹了一声,满脸凝肃,"你要懂事一点!"

我不敢再说话了。坐在箩筐中,我们开始了前进。箩筐颠簸着,四周寂然无声,我们涉过小河,穿过稻田……夜风带来深深的凉意。我瑟缩在箩筐里,悄悄地哭泣着。孩子的感情多么奇怪,离开祖父时我没哭,离开小娟时我却哭了。我哭了很久,因为,我总是想着,当小娟醒来后找不到我们,将多么伤心和绝望呢!(事后很多很多年,我才能体会父母毅然留下小娟的那份无可奈何。战争中,生死聚散,原是那样身不由己的事!)

黎明时,我们穿过了火线。

中午时分,我们见到了第一队军人,看到了第一面旗帜,在父母的欢欣雀跃中，我以为，前面都是光明大道了。怎料到前面还有重重困厄，和更多更大的风浪呢！

无论如何，我们结束了"夜遁"的时期，恢复了"晓行夜宿"的生活，开始一段长途的跋涉。那一路上，我始终依依怀念着那女孩——直到如今。

九、曾连长

曾连长，那是我一生难忘的人物！

曾连长，那是我们这一次逃难中，命运安排给我们的最大的奇迹！

曾连长，如果我们没有遇到他，我们一家人的历史都必须改写！

曾连长，曾连长是怎样的一个人呢？

当我们穿出了日军的封锁线之后，眼见的是宽敞的大道、耀眼的阳光，和一队队南下的军队。我们不必再偷偷摸摸躲日本兵了，不必再担心被捕和枪杀，天知道我们有多高兴！那些日子，我们孩子们依然被挑夫挑着，沿湘桂铁路的路线往广西走。但是，才走了几天，我们就发现情况完全不像我们想象的那样简单。

首先，这条路上已经少有难民，老百姓要走的早就走了，剩下的农民是根本不预备离开乡土的（湖南人乡土观念极重，轻易不离故乡）。我们这挑着孩子，打扮得不伦不类的一家人，显得非常特殊。其次，我们正赶上了抗战史上的"湘桂大撤退"，各路驻守军队，正撤离湖南，因而整条马路上，有骑兵，有辎重，有步兵，有伤兵……一队一队，不知道有多少人马。这些军人行军速度极快，我们这家人却进度缓慢，杂在军队中前进，难免会妨碍行军。于是，牵牵绊绊、推推拉拉，我们一直被前面的军人往后挤、后面的军人往前推，经常弄得进退失据而狼狈不堪。

母亲生平没有受过这样的罪，没多久，就走得双脚都起了水泡，再两天，水泡磨破了开始出血，一跛一跛的，显得极为痛苦。两个挑夫不堪负荷，也开始抱怨和提出辞意，父亲竭力挽留，一再提高他们的待遇。我们孩子在风吹日晒之下连日奔波，也逐渐困顿了下来。这样，我们的速度是越来越慢了。

就在这艰苦的行程里，日军的轰炸机出现了，经常是一阵隆隆机声，由远而近，然后呼啸着从我们头顶掠过。军人们虽在撤退中，仍然纪律严明，他们背上都背着掩护用的稻草，轰炸机一过来，他们就地一滚，就只看到一片稻草。日本飞机很少投弹（它们多半是奉命去炸城镇的），却偶尔会来上一阵扫射，那就相当可怕而触目惊心了。

危机越来越重，几天后，我们得到消息，日军正沿湘桂铁路追打过来，军人奉命保全实力，尽量撤向广西，而避免正面交战。于是，军队的行军速度更快，我们夹在军队中，也更加行动不便。军人作战之余，饱受风霜之苦，难免都脾气暴躁而易怒，当我们妨碍了行军时，各种吆喝也纷纷而至：

"让开！让开！老百姓别挡住军队！"

"你们不会走小路？一定要妨碍行军吗？"

"你们懂不懂，军队为你们老百姓打了多少仗？你们还在这儿碍事！"

我们被推前推后，说不出有多狼狈。

这样，一天中午，敌机又隆隆而至，军人们都伏下身来，辎重和马匹也被牵往隐蔽的地区。我们一家人没有掩护，就都避向山腰底下的一棵大树下面，站在树下，眼看那些敌机一架架地掠过头顶。

在那大树底下，并不是只有我们一家人，还有几个军官，带着辎重也在那儿掩蔽。其中有一个军官，一直对我们不住地打量着，他手里牵着一匹马。说实话，我对那军官的注意力远没有那匹马来得多。那马是褐色的，高大而魁梧，鼻子里不停地喷着气。

父亲看着敌机掠过，看着满路的军队，又看看委顿不堪的我们，忽然叹口气说：

"不甘异族迫害，要付出多少代价！"

穿着一身农装的父亲，一句话就泄了底牌。那军官把马绑在树上，对我们大踏步走来，望着父亲，他问：

"你们不是普通农民吧？"

对中国军官，父亲不需要掩饰身份，他坦然回答：

"我是一个教员。"

"教书的老师？"那军官眼睛一亮，又望望母亲，"那是你太太？"

"是的，她也是个教员。"父亲说。

"哦！"那军官黝黑的脸庞上涌起了一片肃然起敬的神色，他看看父亲又看看我们，简单明了地问，"你们要到什么地方去？"

"四川！"

"四川？"那军官像听到了什么稀奇古怪的话一般，讶然地大叫了起来，"你知道那有多远？"

"我知道，"父亲冷静而坚决，"离开家乡，我就知道这是条多远的路，但是，我必须走！我不能留在沦陷区，让日本人侮辱！"

那军官紧紧地盯着父亲。我这才注意到他，方面大耳，浓眉大眼，身材高大，肩膀宽阔……他看来和他那匹马一样，雄赳赳，气昂昂，一个典型的、粗壮的军人！一个典型的、抢枪打仗的军人！他对父亲不解地注视着，我想，他一生也没看过像父亲这种书呆子。好半天，他才问：

"你预备就这样挑着孩子，走到四川吗？"

"有难民火车，就搭难民火车，没车，就走了去！"

那军官重重地摇头。

"你们走不动！"

"走不动也要走！"

那军官又蹙眉又怀疑，他仔仔细细地看父亲，又研究着我们，忽然说：

"你们读书人真奇怪，我没念过书，生平就佩服读书人！这样吧，让我指示你们一条路。像你们这样混在军队里乱走根本不是办法，我注意你们已经很久了，目前我们在撤退，军队情绪坏、脾气坏，你们迟早要惹麻烦！现在唯一的办法，你们找广西军队，让他们保护你们往广西走，广西军队的路线和你们相同，有军人保护，你们不至于受欺侮，也不会落后，这样，或者能走

47

到目的地！"

"广西军队？"一直不说话的母亲插了进来，"这么多军队，我们怎么知道哪一队是广西军队？"

"我就是广西军队。"那军官推推帽子，忽然朗声地说，"你们如果愿意，我保护你们到广西！"

这一下，父母都呆了，他们面面相对，彼此交换着眼神。乱世之中，人心难测，父母必须面临一个决定，这军官，是好人，是坏人？很快地，父亲下了决心，他伸出手去，坦然地、诚恳地说：

"我姓陈，陈致平，我们诚心接受您的帮忙。感激您的热心！"

那军官用大手一把握住父亲的手，热烈地摇着，爽朗而愉快地说：

"我姓曾，名彪，第二十七团辎重连的连长！"

这就是曾连长！从此，我们成了他保护的老百姓，跟着他的军队走，吃他的军粮，喝他水壶里的水……曾连长，他改变了我们一家人的命运！

十、骑马

和曾连长同行的那段日子，是令人刻骨难忘的。

首先，曾连长发现母亲的脚跛了，父亲也步履蹒跚，他立即命令手下一位排长把他的马让给母亲骑。那排长姓王，是位和气而服从的好军人。他把马牵了过来，母亲一看那又高又大、直甩头、鼻子里直喷气、蹄子直踹土的庞然巨物，就已经吓坏了。拼命摇着头，母亲说：

"我走路！我宁愿走路！"

"不行！"曾连长皱着眉，命令地嚷着，完全把母亲当成他手下的"军人"，他横眉竖目，十分威严，"非骑马不可！上去！"

母亲不敢不"听命"，只好压抑着恐惧心，乖乖地往马背上爬，她才碰到马鞍，那马认主人，一声长嘶，吓得母亲回头就跑。军人们忍不住都笑了，曾连长却丝毫不笑，对母亲严厉地看着。于是母亲又乖乖地走回那匹马身边，在王排长的扶持帮忙之下，好不容易总算爬上了马背。可是，才坐直身子，那匹马又一声长嘶，背脊一耸，前蹄直立，吓得母亲尖声大叫，抱着马脖子，死命不放。这一下，连曾连长也忍不住笑了。他摇摇头，示意王排长把母亲搀下马背，拉过他自己的马来，他简单地说：

"换马！"

原来他自己那匹马十分驯良，母亲坐上去之后，它丝毫没闹脾气。但是，母亲仍然战战兢兢，脸色发白，于是，连长又派了一个士兵，帮母亲牵马，并且说："负责保护陈太太的安全！"他自己却骑了王排长那匹烈马。后来，我们才知道，曾连长对他自己那匹马，是十分珍爱的，轻易不肯让给别人骑。

我们就这样跟着曾连长走了。两个挑夫仍然负责挑我们孩子和行李。一经上路，我们才发现行军的速度和我们那慢吞吞的走走停停完全不同，他们可以一连走数小时不休息，而且包括"夜行军"。深更半夜，也可能突然开拔。这样走了两天，两个挑夫开始怨声不断，对父亲表示，他们决定不干了。父亲只是软言相求，希望他们忍耐一点，无论如何要挑下去，两个挑夫猛烈地摇头，不停地说：

"我们不去了，我们要回家了！这笔钱不好赚，我们不干了！"

父亲怎么说好话都没用，两个挑夫执意不做，就在纠缠不清的时候，曾连长大踏步走来，一声怒吼，大嚷着说：

"不干了？谁允许你们不干？事先讲好到广西，没到广西之前，你们敢不干！"

两个挑夫看到曾连长就害怕，畏缩着不敢多说什么，其中一个仍然在念念叨叨地低声诉苦，曾连长"啪"的一声，手重重地按在腰间的手枪上，竖着眉毛问：

"哪一个要不干？"

两个挑夫再也不敢开口了。当天，我们仍然往前行走着。黄昏的时候，我们停下来吃饭。军队都有伙夫，专管做饭，随时随地，就可以搭起炉灶来煮饭吃。吃饭时，一个挑夫露出他肩头的肌肉来察看，父亲才赫然发现他肩上已磨掉了一层皮，正流着血。父亲不禁恻然满面。曾连长站在一边，也看到了，他连眉毛都没皱一下。当军队再度要开拔的时候，曾连长却牵了一匹马过来，对父亲说：

"陈先生，你带你女儿骑马，挑夫的负担必须减轻！"

父亲欣然从命，不为了自己，而为了挑夫。于是，父亲也被送上了马背，我仰头望着父亲，对他骑马的姿势不太信任，他颤巍巍地坐在那儿，样子一点儿也不"威武"。曾连长把我抱到父亲前面，让我坐在父亲怀里，问：

"行不行？陈先生，你会不会骑马？"

"没问题，"父亲愉快地说，"我不是我太太……"

父亲的话没完，那匹马突然一甩头，又一撅屁股，我只听到父亲大叫一声"哎哟！"就抱着我从马背上直滚了下去，我尖声大叫，接着就重重地摔在地上，父亲在我身边直叫哎哟，我却吓得放声大哭，母亲慌忙抱住我检查有没有受伤，而四周的军人却爆发了一场哄然大笑。还好，我没摔伤，只是吓坏了，父亲也没摔到什么筋骨，站起身来，他讪讪地对曾连长说：

"看样子，这马对我没什么好感！"

曾连长哈哈大笑：

"陈先生，念书，你行！骑马，你不行！"

说完，他翻身上了马背，对我说：

"跟我骑马吧！"

我拼命摇头，往母亲怀里缩。

"我不像你爸爸，我不会摔着你！"曾连长对我嚷着，下了马，不由分说地一把抱住我，就又跃上了马背，我连怎么上去的都不知道，就已经稳稳地倚在他怀里了。他用手臂环绕着我，对我说："怎么样？很稳吧？"

我不说话。在我童年的印象中，这位曾连长是个使我又敬又畏的人物，他威武而神勇，粗犷而凶猛，我实在有些怕他。他不再问我什么，一拉马缰，他大喝一声：

"准备——开拔！"

就带领着整队人马，往前行去。我坐在那儿，山风吹着我，马背上一颠一簸，腿伸得直直的，说什么也比坐箩筐舒服。想想麒麟和小弟都想骑马,曾连长却选了我,我心里不禁得意起来,把刚刚摔的那一跤也忘了。悄悄地,我回头去看曾连长,立即,我接触到他的眼光,原来他正对着我笑呢!

"我有两个儿子,"他对我温和地说,"就是少个女娃娃!所以,我喜欢女娃娃!"我笑了,没说话,童年的我又安静又害羞。

"以后,你都跟我骑马!"

于是,从这天起,我不再坐箩筐,我都跟曾连长骑马,羡煞了小弟,气坏了麒麟。而,这一项安排,竟使我和弟弟们,在以后的一个大变故中,扮演了不同的角色!

十一、大风坳

后来,我们开始翻越"大风坳"!

大风坳是一个山的名字,这名字在我的记忆中,留下极深刻、极惨痛的印象。

那时候,我们已在湖南边境,正朝向广西进军,虽然有好几条大路可去,但路途遥远,并且日军又节节进逼,情况十分危急。曾连长细细研究地图后,翻越大风坳是到广西的一条捷径。

军队中有向导,但他们也没有翻越这座山的经验,当地人用"上七下八横十里"来描写这座山,这句话到底什么意思,没有人真正知道,只知道这是一座奇怪的山、荒芜之至的山、毒蛇猛兽密集的山，总之是一座没有人能翻越的山！

但曾连长所决定的，绝不改变！

他把马队集中起来，他领先率马队在前面开路，步兵和辎重跟在后面。我母亲本来也有一匹马骑的，那时候，也得把马让出来，给精于骑术的兵士前去开路。

我还是骑在曾连长的马上，一马当先，走在最前面，我颇有些骄傲和兴奋，因为不必像弟弟们那样盘膝坐在箩筐里，可以坐得正正的，任两腿伸得直直的，并且还是开路的先锋呢！

但一上山，我的骄傲与兴奋一下子全给扑灭了！山上长满了比人还高的野草，曾连长和其他骑士穿了长裤和高高的马靴，我穿的是短裙，裸露的两腿被锋利的草缘割出无数伤口。曾连长全心带路，当然不会注意到这件小事，我虽然疼痛不堪，却强忍着夺眶而出的眼泪，咬着牙，哼也不哼。**我觉得，骑在马背上的人是不能流泪的。**

我们从清晨出发，虽然据说上山只有七里路，但走了好几小时，还没到达山顶。烈日当空，人人汗流浃背，军人们的制服都被汗水湿透。山上遍布荆棘石砾，没有水源。大家随身携带的水壶都已喝光了。山路越来越崎岖，越来越陡峻，烈日越来越炙热……有位士兵晕倒了，引起一阵骚动，曾连长这才下令停下来休息一下。

他把我抱下马来，吃惊地发现我两腿上的伤痕，他大感不解地瞪着我说：

"被刺成这样子，怎么话都不说一声？"

他永远不会了解，在我当时的心目中，他像个神。我怎能在一个"神"的身边,还呻吟叫痛?

　　他叫医官为我敷药,又解下他的水壶给我喝水。他的水壶还是满满的,一路上,所有的士兵都把自己的水壶喝干了,只有曾连长,始终没动过他那个水壶。我喝了两口水,知道此时水比什么都珍贵,不敢多喝,就把水壶还给了他。他还是没喝,把水壶递给了我父母和两个弟弟,他们也只喝了一两口。曾连长再把水壶递给那晕倒的士兵,等水壶终于传回来的时候,里面的水已涓滴不剩!

　　曾连长,这奇怪的军官,给了我太深刻的印象。以后,有好长一段时间,我所崇拜的男子汉,都是曾连长这种人物。若干若干年后,我写《六个梦》,其中有一篇《流亡曲》,就是以曾连长为范本来写的。

　　话说回头,那艰苦的行程,又开始了。

　　山更陡,无路的荒山上横亘着无数大石块,大家连走带爬,马的进度往往比人还慢。士兵们不叫苦,但都已委顿不堪。曾连长已经下了马,牵着马走,马上坐着我,还有一些行囊。此时,有个身背辎重的工兵,眼看着步伐蹒跚,又快倒下去了,曾连长一句话也没说,走过去卸下那工兵的辎重,回头看看已不胜负荷的马背,他就把那份辎重,全背到自己背上去了。

　　下午,终于,我们到达了山顶。

　　我们站在山峰的最高处,居高临下,望着山的下面,大家都怔住了。接着,所有的军人,全都欢呼起来了!

　　原来,山下已是广西境。"桂林山水甲天下"这句话,只有见过广西"山水"的人才能了解。这大风坳一山之隔,竟是两个世界。

山下,一望无际的平原上,布满了一座座的石峰。那些石峰形状怪异、嵯峨耸立,有的陡峭尖利,有的圆秃光润,一座又一座,全散布在平坦的、绿草如茵的大草原上,真怪极了,也真美极了。但,让军人们欢呼的,并不是这"甲天下"的风景,而是水!好久看不到的水!大家渴求已久的水!原来,在那些石峰之间,一条蜿蜒的河流,正盘旋着一直流经山脚下,水声淙淙,都清晰可闻!

这一下,大家都疯了!

忘了军纪,忘了疲惫,大家狂喊着,蜂拥地往那山下冲去。曾连长第一次没有约束他的队伍,他一任士兵们连滚带爬地冲下山,冲向河流。

不知道是怎样的,我也冲进河水中了,我和父母、麒麟、小弟,我们一家人全在河里。我们泼着水、溅着水,又叫又嚷。流亡以来,这是第一次,全家都笑得好开心。河水又清又凉又舒服,我们人人都浸得透湿透湿。

那天晚上,我们就在水边扎营。

那夜有星有月,那夜有山有水,那夜的一切都很美,但是,那夜以后呢?

十二、弟弟失踪了

第二天，又开始行军。曾连长的部队不是作战部队，而是辎重部队，沉重的装备，不足的人力，在人疲马乏的情形下，行走那些崎岖的小路，仍是十分艰苦。那天的目的地是广西边境的一个大城东安，但走到东安前的一个小镇，那小镇有个奇怪的名字，叫"白牙"。到了白牙，大家实在疲乏得寸步难行，更何况黑夜早已来临，大家已摸黑走了很久。于是，曾连长下令在白牙的镇外扎营。

曾连长尽量不在城镇中扎营，尽量不使老百姓受到任何骚扰，也避免士兵在城镇中受到物质的引诱而犯纪。记得有一晚我们驻扎在一个小镇，半夜里突然被两声枪声惊醒，一时还以为日军追杀而来，后来才知道是曾连长处决了手下的一个士兵，因为那士兵窃取了农家的一根甘蔗，被曾连长发觉，当场枪决。我父亲为此事深表不满，向曾连长抗议，说一条人命怎可低于一根甘蔗呢？这种处分不太重了吗？曾连长大不以为然，他说行军而不守纪律的话，所到之处，必然像蝗虫过境，为老百姓带来极大灾难，日本人蹂躏人民，还不够吗？还容得了我们自己的军队去骚扰？一根甘蔗事小，但这是一个原则，一个不容许违反的规定！曾连长真是一个奇怪的人物！

话说回头，我们那晚在白牙扎了营，不久后伙夫们已煮好了又烫又香的稀饭，来叫我们吃。接下来，那晚的一切，都清晰得如同昨日。母亲为我装了稀饭，就去招呼弟弟们也来吃稀饭，发

56

现他们不在身边，就高声喊叫他们的名字，竟然没有人答应！

"麒麟！小弟！麒麟！小弟！"母亲的叫声越来越高亢，越来越恐惧，越来越惊惶，"麒麟！小弟！你们在哪里？你们在哪里？挑夫！挑夫！两个挑夫呢？孩子呢？孩子呢……"

父亲加入了呼唤，声音更急更凄厉：

"小弟！麒麟！你们在哪里？"

没有回答。

箩筐不见了，挑夫不见了，我的两个弟弟也不见了！

整个队伍都惊动了，曾连长也赶了过来。因为行军的队伍很长，两个挑夫前前后后混杂在队伍里，不一定随时在我父母视线以内，我父母已对他们很信任，又觉得有军队在保护，不怕他们开小差。可是，现在，连挑夫、行李、箩筐，带弟弟们，一起不见了！

我父母几乎要发狂了。他们抓着每一个士兵问：

"有没有看到挑夫？有没有看到孩子？"

曾连长立刻派了两个人，全队搜查，并分别到前后各路去找寻，回报都说，开拔后就没人见过他们。

弟弟们丢了！弟弟们失踪了！我父母急得快疯了。

"别急！"曾连长镇定地说，"我们的目的地是东安，临时决定在白牙停留下来，一定是挑夫走得快，先到了东安，说不定，他们正在东安找我们呢！不要慌，明天我们早一点到东安，保证一找就找到！"

曾连长自有一股镇定人心的力量，我父母听了，大概也觉得言之有理。虽然惶急得坐立不安，粒米难下，也只得眼巴巴地等天亮。

那一夜实在太漫长了！父母和我，都整夜没有合眼，母亲急哭了，一直自怨自艾没有看好两个弟弟，父亲不住地安慰母亲，自己的眼眶也红着。我咬着牙默祷，天快一点亮吧！弟弟们一定在东安城里，一定在东安！

终于挨到天亮，终于大队开拔，终于到了东安城！

一进东安城，父母和曾连长，就都怔住了。

原来，东安是个很大的城，居民很多。但是，东安在政策上，准备弃守，所以，城里的老百姓，早已在政府的安排下，完全撤走了。我们现在走进去的东安城，已没有一个居民，所有的民房都敞着大门，城里驻扎的全是国军。各师各营各连的国军都有，这根本是一个大军营！

城里哪儿有两个挑夫？哪儿有两个弟弟？

曾连长叫来几个士兵，走遍全东安城找！

找不到！根本没有人看到过两个挑夫挑着两个孩子！

父母亲伤痛欲绝，连一向镇静的曾连长，也开始不安起来。他又说，可能他们还在白牙。我们从大风坳山下到白牙走的是小路，路较近，如果挑夫走了大路，或在中途休息，那么可能比我们较晚才到白牙。也可能从白牙到东安走了一条与我们不同的路，尚在路上。于是，他一面安慰我们，一面分派两批快骑，分两路向白牙赶去！

第一批快骑回报：没有踪迹。

我们把希望寄托在第二批快骑身上，等待中时间变得特别缓慢，焦虑也越来越重，然后，第二批的王排长快马跑回来了，他大声叫着说:"我们找不到陈家的娃仔,却与一批日军遭遇上了,他们向我们放枪,我们也向他们放枪!我想找娃仔事小,回来报告日军的动向更重要!"

据说,政府为了保持抗战的实力,不愿意作无谓的消耗战,军队都奉命退守到各地。东安既不是迎战的战场,又知道日军加速进逼,于是,顿时间,东安城乱成一团。各路军队都纷纷提前向各自目的地开拔。曾连长率领的是辎重部队,更不能不与其他部队一起撤离!

眼看别的部队都已撤离,曾连长不能再犹豫,一面大声下令自己的部队撤退,一面飞快地把我抱上马,对我父亲大叫着说:

"陈先生,年纪轻轻的,还怕没儿子吗?生命要紧,快走吧!"说着便拍马疾驰。也许在他想来,只要把我带走,我父母也就会跟上来了!

这些日子来,我一直跟着曾连长骑马,也因为跟着曾连长骑马,我才没有和弟弟们一起失踪。曾连长马背上的位子,我都坐熟了。可是,这次,我惊惶回顾。只看到我那可怜的爸爸妈妈,呆呆地站在路边,像两根木桩,动也不动。我心中大急大痛,那位子就再也坐不稳了。我嘴里狂叫了一声:

"妈妈呀!"

一面,就挣扎着跳下马去,曾连长试图拉住我,我早已连滚带跌地摔下马背,耳边只听到连长那匹骏马一声长嘶,再回头,那马载着曾连长,已如箭离弦般,绝尘而去。我没被马踩死,真是古怪!

我从地上爬起来,跌跌冲冲地爬到母亲身边。

母亲用双手紧拥住我,父亲愣愣地站在旁边。我们一家三口,就这样呆呆地、失魂地,眼看着军队一队队飞驰而去。

一切好快,曾连长不见了,所有的驻军都不见了,只有滚滚尘埃,随风飞扬。

偌大的东安城,在瞬间已成空城。城里只有我们三个人。四周变得像死一样寂静。

风吹过,街上的纸片、树叶、灰尘……在风中翻滚。家家户户,房门大开,箱笼衣物,散落满地。

我们伫立在街边上,听而不闻,视而不见,心里想的,只是那两个现在不知流落何方的弟弟!

十三、投河

我不知道我们在东安城里站了多久。只知道,最后,我父母终于开始走动了。他们牵着我的手,一边一个,很机械地、很下意识地、很安静地向城外走去,没有人说一句话。

我从马背上摔下时,把鞋子也滑掉了。跟着父母走出东安城,在那种摄人心魄的肃穆气氛下,我想也没想到我的鞋子。出了东安城,地上满是煤渣和碎石子,我赤足走在煤渣和碎石子上,脚底彻骨地刺痛,但我咬紧牙关,不说也不哼。父母的沉默使我全心酸楚。虽然我那么小,我已深深体会出当时那份凄凉、那份悲痛，和那份绝望！

城外有条河，叫作东安河，离城要经过东安河上的那座桥——东安桥。

我们像木头人一样，慢吞吞地走上桥，母亲走到桥的中央，便停下步子，站在桥栏杆边，痴痴地凝视着桥下的潺潺水流！

我还不知道母亲要做什么，父亲已闪电般扑过来，一把抱住母亲，他们虽然没说一句话，但彼此心中已有默契，父亲知道母亲要做的事。

"不行！"父亲流着泪说，"不行！"

"还有什么路可走吗？"母亲凄然问，"两个儿子都丢了！全部行李衣服也丢了！凤凰连双鞋子都没有。曾连长走了，日本军人马上就要打来……我们还有路走吗？孩子失去，我的心也死了！而且，日本人追来了我们也是死路一条，与其没有尊严地死在日本人手里，不如有尊严地死在自己手里！"

父亲仰天长叹：

"好吧！要死，三个人就死在一起吧！"

母亲俯下身来，对我说："凤凰，你要不要跟爸爸妈妈一起死？"

那时候，我只有六岁，但是已经看过了很多死亡。我知道，死了就不能动了，不能说话了，不能站起来了……至于"死亡"的真正意义，我还是懵懵懂懂的。可是，我既然跟定了爸爸妈妈，爸爸妈妈要"死"，我焉有不死的道理。我只觉得心里酸酸涩涩，喉咙里哽塞着，眼眶里充满了泪水。我想麒麟，想小弟，我知道他们丢了，我们再也不会见面。

所以,我回答说:"好!"

说完,我哭了。

母亲也哭了。

父亲也哭了。

我们一面哭着,一面走下桥来,走到岸边的草丛里,我亲眼看到父母相对凝视,再凄然地拥吻在一起,然后从岸边的斜坡上向河中骨碌碌地滚去,一直滚进了河水。

河水并不很深,我看到父亲把母亲的头按在水中,我不知道他为什么这样做。母亲不再动弹,父亲也不再动弹,河水不能使他们沉没,但已使他们窒息。

我开始着急,我不知道父母是否已死,我既然答应说也愿意死,当然也得一死,我不知道怎样才会死。既然父母说要死便滚进河水,谅必要死就得下水。

因此,我一步一步地向河水中走去,慢慢地挨向父母。水流很急,我的身子摇摇晃晃只是要跌倒,我也不知道为什么还要维持身子的平衡。河水逐渐浸没了我的小腿,浸没了我的膝盖,当河水没过我的腰时,我再也无法站稳,就坐了下去。这一坐下去,河水就一直淹到我的颈项了。这样一来,恐惧、惊吓和悲痛全对我卷来,我本能地就放声大哭,边哭边喊:

"妈妈呀!爸爸呀!妈妈呀!爸爸呀!……"

我泪眼迷糊地看到,母亲的身子居然动了,接着,我感到母亲的手,在水底摸到了我的脚。

原来,母亲并没有死,她只是被水淹得昏昏沉沉,这时,被我一阵呼天抢地的哭喊,竟然喊醒了。她母性的本能还想保护我，伸手在水底摸索，正好握住我的脚。顿时间，她醒了，真的醒了。

我看到母亲挣扎着从水里坐起来，又去拉扯父亲，父亲也没死，从水中湿淋淋地坐起来，怔怔地看着母亲。母亲流泪说："不能死！我们死了，凤凰怎么办？"

一句话说得我更大哭不止。于是，三人拥抱着，哭成一团。突然间，父亲和母亲决定不死了。

我们三个，又从水里爬上岸。

那天，有很好的太阳，我们三个人，从头发到衣服都滴着水，除了身上的湿衣服以外，三人都两手空空，别无长物。离开家乡以来，这是第一次如此"一贫如洗"。我们还真是入水"洗"过了。顶着满头的阳光，我们大踏步地往前走去。因为我没鞋子，父亲心疼，常常把我背在背上，我对亲情的感受从没那时来得深厚。尤其，失去了两个心爱的弟弟！

父母都走得很安静、很沉默，也很轻松，因为他们真的一点"负担"也没有了。他们似乎连顾忌和害怕也没有了。对一切都不在乎了（事实上，以后许多年，父母都常谈起这次"死后重生"，认为那是一生中最"海阔天空"的一刹那，将生与死、得与失，都置之脑后）。

我们就这样又"活"过来了。

十四、老县长

一家五口，现在只剩下三个人。我喉咙中始终哽着，不敢哭，只怕一哭，父母又会去"死"。

以往，我们的旅程中虽然充满了惊险，也曾在千钧一发的当儿，逃过了劫难。但是，总是全家团圆在一块儿，有那种"生死与共"的心情。现在，失去了弟弟，什么都不一样了。麒麟爱闹，小弟淘气，一旦没有他们两个的声音，我们的旅程，一下子变得如此安静，安静得让人只想哭。

我们忍着泪，缓缓而行，奇怪的是，一路上居然一个人也没有碰到，连那队被王排长所遭遇的日军，也始终没有追来。

东安城外，风景绝美，草木宜人，花香鸟语，竟是一片宁静的乡野气氛。谁能知道这份宁静的背后，隐藏着多少的腥风血雨！发生过多少的妻离子散！我们走着，在我那强烈的对弟弟的想念中，更深切地体会到对日军的恐怖和痛恨！

平常我也常和弟弟们吵嘴打架，争取"男女平等"（湖南人是非常重男轻女的）。而现在，我想到的，全是弟弟们好的地方。我暗中发过不止一千一万次誓，如果我今生能再和弟弟们相聚，我将永远让他们、爱他们、宠他们……可是，战乱中兵荒马乱，一经离散，从何再谈团聚？他们早已不知是生是死，流离何处。

那一整天，我们就走着，走着。母亲会突然停下脚步，啜泣着低唤弟弟们的名字。于是，我和父亲也会停下来，一家三口，紧拥着哭在一起。一会儿，我们就继续往前走。在我的记忆中，从没有一天是那么荒凉,那么渺无人影的。郊外,连个竹篱茅舍都没有,国军都已撤离,日军一直没有出现……**仿佛整个世界上,只剩下了我们这三个人。**

我们似乎走过一座小木桥,似乎翻过了一座小荒山,黄昏的时候,我们终于听到了鸡声和犬吠,证明我们已来到了人的世界!加快了脚步,我们发现来到了一个相当大的村庄。

那村庄房屋鳞次栉比,像一个小小的市镇(可惜我已忘记那村庄的名字),在村庄唯一入口的道路上,却站着好几个身强力壮的年轻人,像站岗般守在那儿。我们跋涉了一天,在剧烈的哀痛中,和长途步行的劳累下,早已筋疲力尽而饥肠辘辘。再加上一路上没见到一个人,现在,看到了我们自己的同胞,心里就已热血翻腾,恨不得拥抱每一个中国人。我们感慨交加地往村庄中走去,谁知道,才举步进去,那站岗的年轻人就忽然拿了一把步枪,在我们面前一横,大声说:"什么人,站住,检查!"

我们愕然止步,父亲惊异和悲伤之余,忍不住仰天长叹,一迭声地说:

"好!好!好!我们一路上听日军说这两句话,想不到,现在还要受中国人的检查!只为了不甘心做沦陷区的老百姓,才落到父子分离,孑然一身!检查!我们还剩下什么东西可以被检查!"

父亲这几句话说得又悲愤,又激动。话才说完,就有一个白发萧萧、面目慈祥的老人从那些年轻人后面走了出来,他对父亲深深一揖,说:

"对不起,我们把村子里的壮丁集合起来,是预备和日军拼命到底的。检查过路人,是预防有汉奸化了装来探听消息。我听您的几句话,知道您一定不是普通难民。我是这儿的县长,如果您不嫌弃,请到寒舍便饭,我们有多余的房间,可以招待您一家过夜!"

老县长的态度礼貌而诚恳,措辞又文雅,立刻获得父母的信任和好感。于是,那晚,我们就到了老县长家里,老县长杀鸡杀鸭,招待了我们一餐丰盛之至的晚餐。席间,老县长询问我们的来历和逃难经过,父亲把我们一路上的遭遇,含泪尽述。老县长听得十分动容,陪着父亲掉了不少眼泪。最后,老县长忽然正色对父亲说:

"陈先生,您想去后方,固然是很好,可是,您有没有为留在沦陷区的老百姓想过?"

父亲不解。老县长十分激昂地说:

"您看,陈先生。中日之战已经进行了七年,还要打多久,我们谁都不知道。日军已向东安进逼,打到我们村里来,也是弹指之间的事,早晚,我们这里也要像湖南其他城镇一样沦陷。我已经周密地计划过了⋯⋯"他完全把父亲引为知己,坦白地说,"我把附近几个村庄联合起来,少壮的组织游击队,发誓和日军打到底。老弱妇孺,必须疏散到深山里去,我们在山里已经布置好了,只要日军一来,就全村退进深山,以免被日军蹂躏。那深山非常隐蔽,又有游击队保护,绝不至于沦入敌手。可是,我一直忧虑的,是我们的孩子们,这些孩子需要受教育,如果这长期抗战再打十年八年,谁来教育我们的孩子?谁来教他们中国的文化和历史?谁来灌输他们民族意识?陈先生,您是一个教育家,您难道没有想过这问题吗?"

父亲愕然地望着老县长,感动而折服。于是,老县长拍着父亲的肩膀,热烈地说:

"陈先生,留下来,我们需要您!您想想,走到四川是一条漫长的路,您已经失去了两个儿子,未来仍然吉凶难卜!与其去冒险,不如留下来,为我们教育下一代,不要让他们做亡国奴!"

老县长的话显然很有道理,因为父亲是越来越动容了。但是,父亲有父亲的固执:

"为了逃出沦陷区,我已经付出了太高的代价,在这么高的代价之下,依然半途而废,未免太不值得了!不行!我还是要走!"

"留下来!"老县长激烈地说,"留下来比走更有意义!"

"不行,我觉得走比留下来有意义!"

那晚,我很早就睡了,因为我已经好累好累。可是,迷迷糊糊地,我听到父亲和老县长一直在争执,在辩论,在热烈地谈话,他们似乎辩论了一整夜。可是,早上,当老县长默然地送我们出城,惆然不乐地望着我们的时候,我知道父亲仍然固执着自己的目标。父亲和老县长依依握别,老县长送了我们一些盘缠,他的妻子还送了我一双鞋子,是她小脚穿的鞋子。我只走了几步路,就放弃了那双鞋。我至今记得老县长那飘飘白发,和他那激昂慷慨耿直的个性。长大之后我还常想,一个小农村里能有这样**爱国和睿智的老人,这才是中国这民族伟大和不朽的地方!**

我记下老县长这一段,只因为他对我们以后的命运又有了极大的影响。我们怎知道,冥冥中,这老县长也操纵了我们的未来呢?

和老县长分手后,我们又继续我们的行程,在那郊外的小路上,行行重行行,翻山涉水,中午时分,我们抵达了另一个乡镇。

这个乡镇并不比前一个小,也是个人烟稠密的村庄,我们才到村庄外面,就看到一个三十余岁的青年男人,正若有所待地站在那儿。看到了我们,他迎上前来,很礼貌地对父亲说:

"请问您是不是陈先生?"

父亲惊奇得跳了起来,在这广西边境的陌生小镇上,怎会有人认得我们而等在这儿?那年轻人愉快地笑了,诚恳地说:

"我的父亲就是您昨夜投宿的那个村庄的老县长,我父亲连夜派人送信给我,要我在村庄外面迎接您。并且,为了我们的孩子们,请您留下来!"

原来那老县长的儿子,在这个镇上开杂货店,老县长虽然放我们离去,却派人送信给儿子,再为挽留我们而努力。父亲和母亲都那么感动,感动得说不出话来。于是,我们去了这年轻人的家里。

在那家庭中,我们像贵宾一样地被款待,那年轻人有个和我年龄相若的女儿,他找出全套的衣服鞋子,给我重新换过。年轻人不住口地对父亲说:

"爸爸说,失去您,是我们全乡镇的不幸!"

父亲望着母亲,好半天,他不说话。然后,他重重地拍了一下桌子,下决心地说:"好了!你们说服了我!我们留下来了!不走了!"

于是,我们在那不知名的乡镇里住了下来。

这一住，使我们一家的历史又改写了。假若我们一直住下去，不知会怎样发展。假如我们根本不停留，又不知会怎样发展。而我们住下了，不多不少，我们住了三天！为什么只住了三天？我也不了解。只知道，三天后，父亲忽然心血来潮，强烈地想继续我们的行程，他又不愿留下来了，不愿"半途而废"。虽然，老县长的儿子竭力挽留，我们却在第四天的清晨，又离开了那小镇，再度开始了我们的行程。

这三天的逗留，是命运的安排吗？谁知道呢？

十五、难民火车

我不知道有没有人记得抗战时期的"难民火车"，我不知道坐过那火车的人能不能忘记那种经验。

我们离开那小乡镇后，翻过了一座荒山，就第一次看到了去桂林的难民火车！初听汽笛的狂鸣，初次看到那么多的人，车厢里，车厢顶上，车厢下面……人叠着人，人挤着人……我们兴奋得大叫。有火车，我们不必再走路了！有火车，我们就安全了！有火车，可以把我们带往四川！于是，我们爬上了车顶，挤进了人潮里。

在我记忆中，那难民火车有"上""中""下"三等位子。"上"位是高踞车厢顶上，坐在那儿，无论刮风、下雨、大太阳，你都浴在"新鲜"的"空气"中。白天被太阳晒得发昏，夜晚被露水和夜风冻得冰冷。至于下雨的日子，就更不用去叙述了。"中"位是车厢里面，想象中，这儿有车厢的保护，没有风吹日晒雨淋的苦恼，一定比较舒服。可是，车厢里的人是道道地地地挤沙丁鱼，男男女女、老老少少，混杂在一个车厢中，站在那儿也可以睡着，反正四面的人墙支撑着你倒不下去。于是，孩子们的大小便常就地解决，车厢里的汗味、尿味、各种腐败食物的臭味都可以使人生病。何况，那车厢里还有一部分呻吟不止的伤兵和病患。"下"位是最不可思议的，如今回忆起来，我仍然心有余悸。在车厢底下，车轮与车轮的上面，有两条长长的铁条，难民们在铁条上架上了木板，平躺在木板上面，鼻子顶着的就是车厢的底，身侧轰隆轰隆旋转的就是车轮。稍一不慎，滚到铁轨上去，就会被碾为肉泥。

这，就是难民火车。

我和父母还算幸运，我们在"上"位上找到了一块位置。我想，三种位子里还是上位最好。但是，当时选择车顶的人比选择车厢的人仍然少得多。因为车顶上极不安全，一根凸出的树枝可以把你扫下车子，电线可以挂住你，打个瞌睡，也可能滑下车子。所以，每个动作都要小心翼翼，坐好了就不能移动。

我们有了"上位"，本以为是一段"徒步跋涉"的终止，谁知道，搭上了车，我们才发现高兴得太早。姑不论坐在那种车顶上有多少限制和恐惧，那车子是烧煤的，阵阵煤烟，随风而至，车子开了没多久，我们也都成了黑人，而且被煤烟呛得咳个不停。再加上，时时刻刻，可以听到一阵惨呼或哭叫，使我们明白又发生了一件"意料之内"的"意外"。在一个大的战乱里，生命是那么渺小而不值钱。

过了没多久，我们又有个新发现，这难民火车并不是挨站停车，而是"随时"停车，高兴走的时候走，高兴停的时候停，停多久也不一定。因为燃料的不继，常常一停就停上好几小时，又因为火力的不足，常常会把整节车厢抛下来不顾了。我们就这样坐在车顶上，走一阵，停一阵，再走一阵，再停一阵……白天，黑夜，黎明，黄昏……一日又一日。

我们坐在那儿想弟弟、想未来、想那早就该到达而始终未曾到达的桂林城。母亲常常啜泣，我用手紧紧地环抱住母亲，父亲再用手紧紧地环抱住我们。父母和我都知道，我们再也不能分散。因而，在那几日搭难民火车的时间里，我们要下车就三个人一起下，要上车也三个人一起上，生怕车子忽然开走，又把我们给分散了。

这难民火车越走越慢，越停越久，我们相信，如果是步行的话，我们早已到了桂林。这火车的速度比步行还慢，可是，母亲的脚创未愈，我的脚上更是伤痕累累，坐车总比走路好，所以我们也就一直搭着那辆火车。

这样，我们居然又遭遇了一件奇迹！

这天早晨，车子又停了。和往常一样，停下来似乎就没有再走的意思。停了一个多小时以后，我坚持下车走一走，因为我又两腿发麻了。父母带着我下了车，怕那火车说走就走，我们沿着车厢，在铁轨边走来走去，活动着筋骨。就在此时，忽然有个声音在大叫着：

"陈先生！陈先生！陈先生！"

我们循声看去，在一个车厢顶上，有位军人正对着父亲又挥手又挥帽子，大呼大叫。我们跑过去，那是个负着轻伤的伤兵！看来似曾相识，那军人上气不接下气地、急促地嚷着：

"陈先生！我是曾连长的部下！你快去找我们的连长，你家的两个娃仔，被我们连长找到了！"

不相信我们的耳朵，不相信我们的听觉。父母一时之间，竟呆若木鸡。然后，是一阵发疯般地狂喜及雀跃，父母忘形地大跳大叫，夹杂着父亲紧张、兴奋、语无伦次的询问声：

"真的，你亲眼看到吗？他们好吗？但是……但是……你的连长在什么地方？"

"连长在桂林！他今天才去的桂林！你们去桂林找他！孩子们找到了！找到了！他们好好的！我亲眼看到的！"那军人和我们一样兴奋，"快去桂林！快去！"

桂林！啊！桂林！父母相对注视了一秒钟，看了看那毫无动静的难民火车。同时，他们做了一个决定，举起手来，他们对那军人感激涕零地嚷着：

"谢谢！谢谢！谢谢！"

然后，父母一边一个，拉着我的手，我们放开脚步，就沿着铁路，向桂林城的方向狂奔而去。

十六、弟弟找到了

桂林！桂林！桂林！

我想，父母和我，都从未这样发疯般地狂奔过，我们跑得上气不接下气，跑得无法呼吸时才停止，休息一两分钟，又再度狂跑，这样，我们一直跑了好几小时。那难民火车，始终没有开上来。

从早上跑到中午，我们终于到了桂林城！

抵达了桂林城，天知道我们有多焦急、多兴奋、多迫切！一进城门，我们就呆住了！

仿佛又回到了当日的东安城，满桂林都是各路驻军，街边上、民房中，全是军人，老百姓几乎找不到，只见到满城满街的驻军。桂林比东安大，这么大一个城中，在成千成万的驻军里，哪儿去找曾连长？父亲顾不得避嫌，看到任何军官就问：

"请问您知道二十七团辎重连连长曾彪驻扎在什么地方吗？"

"不知道！"

不知道！不知道！不知道！没有人知道！父亲越问越急，这消息显然有些靠不住，曾连长确实在桂林城吗？父亲焦灼得满街乱闯：

"你知道曾连长吗？"

"你认识二十七团辎重连连长吗？"

一个军官拦住了父亲。

"老百姓为什么要打听军队？"他狐疑地问，"你的身份是什么？"

父亲惶急地解释着，就在这时，一声熟悉的大吼忽然传了过来：

"陈先生！陈先生！陈先生！"

我们一抬头，迎面大踏步冲来的，正是曾连长！父亲忘形地狂叫了一声：

"曾连长！"

冲过去，他们紧拥在一起，父亲顿时泪如雨下。曾连长急急地说：

"好了！好了！这下好了！我正准备今天下午，把你的两个儿子送到乡下我的老家里去，交给我的老婆抚养，如果你们晚来一天，就见不到这两个孩子了！"

"他们好吗？"母亲哭泣着，"你怎么找到他们的？他们没受伤吗？"

"两个小家伙又壮又结实！"曾连长笑着，"怎么找到的？说来话长！我们一直以为两个挑夫落在后面，谁知道他们早已出了东安城，走到前面去了。那两个挑夫准是发现落了单，就不安好心，商量着开了小差了。把两个孩子遗弃在一条小路上！事有凑巧，我出了东安城，就选了这条小路，王排长听到有孩子哭，找了过去，两个孩子正爬在一口荒井上哭呢！说爸爸妈妈不要他们了！"

母亲想笑，却一直哭，父亲也泪盈满眶。曾连长带着我们往他驻扎的院落里走去，一面说：

"我曾经派人奔回东安城去找你们，却没有找到，我想，战争总有一天会结束，结束后，我要在四川、湖南，各大报登启事找你们，把孩子还给你们，如果找不到，这两个孩子，就是我自己的儿子了！"

没有言语可以说出我们对曾连长的感激。我那时虽如此稚龄，却也能体会到父母那刻骨铭心的感谢和激动。

这样，在一间小小的平房里，我们又见到了我那失踪多日的两个弟弟！

至今记得当时的情景：

小弟弟一看到母亲，就"哇"的一声放声大哭，扑奔过来，用手紧紧箍住母亲的脖子，把脸埋进母亲的怀里。麒麟手中有一把玩具小手枪，大约是王排长找来给他的。看到了我们，他瘪了瘪嘴，红着眼睛，举着枪，对我们瞄准，说：

"砰砰砰！打你们，你们好坏，为什么不要我们了？"

父亲跑过去，把他抱进怀里，于是，他也哭了。我跑过去，加入了他们，我也哭了。

我们一家人拥抱着，哭成一团，抱得好紧好紧。什么叫"喜极而泣"，什么叫"悲欢离合"，我在那一瞬间全了解了。

我们哭了好一会儿，然后，父母拉着我们三个孩子，转身对曾连长跪了下去。这是我这一生中，第一次看到父母亲这样诚心诚意地跪倒在一位恩人的面前。

我们和弟弟，前后整整分散了七天。在一个大战乱里，分散七天而又重聚，像个传奇，像个神话，像个难以置信的故事！后来和曾连长谈起来，我们才知道，曾连长是当天才到桂林的，如果我们早到桂林一天，碰不到曾连长，晚来一天，弟弟们已被送到遥远的地方去了！

是谁安排我和父母遇到那热心的老县长，在那小镇莫名其妙地逗留了三天？为什么是三天而不是四天？是谁安排我哭醒父母，从河中爬起来继续求生？是谁安排我们搭上那班难民火车，刚好遇到连长的部下？人生的事，差之毫厘，就谬以千里！从此，我虽是无神论者，却相信"命运"二字！我和弟弟们的故事，我只能说："命运"太神奇！

所以我常说，人生的故事，是由许多"偶然"造成的，信不信？

十七、别了！曾连长！

在桂林城中，和弟弟们重逢之后，我记得，我们并没有停留多久。因为战火的蔓延，桂林城中，早已重兵驻扎，而日军环伺左右，桂林城早晚要成为一个战场，绝不是个可以停留的地方。

那两天，父母亲和曾连长有谈不完的话，我和弟弟们都三跪九叩地拜倒在曾连长面前，正式认了曾连长为干爹。本来，和曾连长重逢，我们原可以又像以前一样，在连长的保护下往前走。谁知道曾连长奉命"死守桂林"。既有"死守"二字，就等于与桂林共存亡了。曾连长一面部署他的队伍，一面安排我们全家的去路。他用充满信心和希望的语气对我们说：

"你们先去后方,我们把日本鬼子赶走,胜利之后,再好好地团聚!喝它两杯酒,来回忆我们的认识经过!"

我不知道父母心里怎么想,我对曾连长,却已有那份孺慕之情,总记得跟着他骑马翻越大风坳的日子,总记得喝他水壶中的水的情景,总记得他把我失去的弟弟们带回给我们的那种奇迹!可是,我们终于离开了曾连长!

我们是搭难民火车离开桂林城的。曾连长在找到弟弟们的同时,也找到了被挑夫们抛弃的行李,所以,我们的行李,又都回到我们身边了。连长预先派他的部下,在难民火车的车厢中,给我们占了一块不算很小的位置,于是,一天清晨,我们全上了火车,倚着车窗,含泪望着站在月台上的曾连长。

车子终于蠕动了,曾连长仍然站在那儿,一身军装,威武挺拔。他不住地对我们挥手,我们也不住地对他挥手,车子越开越快,越开越远,曾连长的影子就越来越小,终于再也看不见了。

别矣,曾连长!

这是我们最后一次见到曾连长。在我们以后的流亡生活中,不断打听桂林的消息,知道桂林终于失守。但是,我们都很有信心,曾连长一定等着和我们"举杯话当年",只是,茫茫人海,一别之后,就杳无音讯了。

(胜利后,我们曾经多方寻找曾连长的下落,可惜一直没有找到,这是我们全家都引以为憾的一件事。)

和曾连长告别,搭着难民火车,我们的目标是先入贵州,再往四川。当时,是遵照曾连长的指示,走一条入山的小路,从桂林往西边走。

记忆中，这一段路程相当模糊。难民火车似乎只搭乘了一小段路，就不知道为什么又开始徒步而行了。失去了挑夫，我们不但每个孩子都要步行，而且，连六岁的我，背上都背着包袱，行行重行行，每日徒步三十里路。

只记得那条路上，满坑满谷都是难民，拖儿带女，扶老携幼，是一次大规模的流亡。至今闭上眼睛，还能回忆出那条崎岖山路中的难民群，和那幅背井离乡的凄凉景况。我们走得苦极了，小弟弟总是哭，可是，我们一家人是团圆的！弟弟的哭声也变得可爱了！我想，在那么多难民中，可能只有我们家，在凄凉之余，还有一份劫后重生的喜悦吧！

可是，好景能维持多久呢？喜悦又能维持多久呢？战乱中朝不保夕，我们的生命力，又能有多强？

十八、打摆子

我们沿途的食物和住宿，都是依赖身边仅有的一点盘缠。和曾连长分手时，曾连长又坚持送了我们一点钱。靠这有限的一点资金，我们流亡到了贵州的融县时，终于分文不名了。

融县（不知是否如此写法，记忆已经模糊）是个相当大的县镇，当时也挤满了难民。我们投宿在一家小客栈中，父亲发现城里居然还有当铺，于是，我们的衣物，母亲收藏在内衣中的一些仅有的小首饰，就一一进了当铺。这样，只能勉强日换三餐、夜换一宿。然而，就在这最艰苦的时候，母亲终于病倒了。

当时，贵州、广西一带，都像瘟疫般流行着疟疾，病势凶猛，患者忽冷忽热。普通疟疾都隔日发作一次，而贵州的疟疾，却每日发作，来势汹汹，而且持久不退。当时在难民群中，死于疟疾的人非常多。当地的人称这个病为"打摆子"，几乎人人听到打摆子就变色，因为这种病可以缠绵数年或数十年，而治疗此病的奎宁药片，又十分昂贵。我们真是"屋漏更遭连夜雨"，母亲竟染上了恶性疟疾，病倒在小客栈里了。

没有钱，没有医药，没有食物，举目无亲而前途茫茫。那困守在小客栈中的日子真是凄惨万分。母亲躺在那张木板床上，终日呻吟不绝，父亲每天抱着一些已没有当铺肯接受的衣物，出去想办法，只希望能换得几片药片。我印象中最深刻的就是那间小木板房，我每日守在母亲病床前面，听着母亲一声又一声的呻吟，我心中越来越慌张，越来越恐怖。自从流亡开始，我早就已经体会出"死亡"及"离别"的意义，这时候，当父亲出外奔走，而把照顾母亲的责任交给我的时候，我那么害怕，"死亡"的阴影，似乎笼罩在整个房间里。

一天，我又在这种情绪下守着母亲，那小屋里空气极坏，我一直头昏昏的，心里又急又怕，母亲的呻吟使我紧张得浑身都痛。忽然，母亲睁开眼睛望着我，含着满眼眶的泪水对我说：

"孩子，如果妈妈死了，你们怎么办？"

我再也撑持不住，"哇"的一声，我放声痛哭，我这一哭，把母亲也吓了一大跳，她慌忙搂住我，安慰我，不绝口地说：

"别怕！别怕！妈妈吓你！"

可是，我哭不停了。哭着，哭着，我浑身抽搐而晕倒了。等我醒来，医生在屋里，我躺在母亲身边，头上压着冷毛巾，浑身滚烫……我早已感染了疟疾，只是硬撑在那儿，现在是完全发作了。

这样，在那小客栈里，母亲和我都病倒了。那"打摆子"的滋味，至今还深深刻在我记忆中，它忽而热得你满身大汗，忽而又冷入骨髓，使你周身抖颤，再加上剧烈的头疼和浑身酸痛。六岁的我，毕竟无法忍受这些，我开始哭泣，不停地哭泣。（后来，这病曾折磨我好几年，忽好忽发，直到胜利后复员到上海，才完全治愈。）

一家五口，病倒了两个。请医生的钱再也筹不出来了，客栈的住宿费也欠了很多，客栈老板生怕我们母女死在他的客栈里，不住地催我们搬走。到了这步田地，真正是已经山穷水尽，一家五口，挤在小房间里，彼此面面相觑，不禁都凄然泪下。这时，我们全家，除了身上的衣服之外，都早已典当一空，再也没有东西可以卖了。

眼看全家要结束在这小山城里，母亲显然已放弃了希望，她常常和父亲谈起死亡。我病得昏昏沉沉，总是回忆起在东安河里的情形，当时何以不死？今日难道会死？这样，"奇迹"又再度来临了。

这天，父亲和往日一样，又出去"想办法"。我和母亲都躺在那暗沉沉的房间里呻吟等死。忽然，门开了，父亲带着一个年轻人走了进来，兴奋地对母亲嚷：

"你瞧！我遇见了谁？"

同时，那年轻人直扑床前，激动地喊：

"陈师母，你们怎么会狼狈到这种地步？"

原来，这是父亲教过的一个学生，姓萧（名字叫什么，我已记不清楚）。当时，萧先生正在广西大学当助教，而广西大学正好疏散到融县。父亲满街乱窜时，竟遇到了这位萧先生！

当时，萧先生一看我们母女都已病得半死，弟弟们也都饿得半死，他毫不迟疑，立即跑出去，请医生，买药，买食物，结清欠客栈的钱……他马不停蹄地为我们全家奔走，那份热心及热情，真令人感动。我们一家，总在危急关头，有这样的奇遇，也实在是很费解的事。或者，患难之中，人与人之间，更容易发扬潜在的互助之情吧！

我们的难关，终于在萧先生的全力协助下渡过了。疟疾也被药物所控制了。但是，我们已身无分文，而前面的路还长着呢，如何继续下去呢？为了解决我们以后的问题，萧先生又把父亲介绍给广西大学。当时，广西大学的教授职员，都已经走的走了，散的散了，学校当局，正为师资缺乏而焦虑，虽在战争中，学校仍有复课的信心。他们和父亲一谈之下，认为父亲是难得的人才，立刻聘用了父亲。于是，我们做梦也想不到，在融县那个小地方，只因我们母女一病，父亲竟进入了广西大学，有了职业，有了薪水，解决了我们以后许多困难。

于是，我们跟着广西大学，集体行动，继续往贵州撤退。第一步，就是搭乘一条小木船，沿着山间的一条激流融河，往贵州的榕江前进。在这小船中，我们又度过了惊险刺激的二十天。

十九、融河二十日

我们坐的小船,正像国画中老渔翁垂钓江边的那种小船,细细长长的,中间有一个半圆的篷,是用竹片编成的,篷的两头是船头和船尾,篷下便是"船舱"。在图画中,这种船是很诗情画意的,但你必须乘坐这种小船,挨过二十天的激流逆行,就简直苦不堪言了。

广西大学一共租下了二十多条这种小船,编成了一个船队。每两户人家共乘一条船。我们当然也与另外一家人共同使用一条船。"船舱"的中间挂起了一条布幔,作为藩篱。这一半的"船舱"有多大呢?在我的记忆中,比一张方桌大不了多少。白天,我们一家大小五口,围坐在一起,中间用一床棉被盖住腿,说说笑笑,倒也容易挨过。到了晚上,面积怎么也不够五个人平卧下来,必须有两个人轮流睡到船头的"甲板"上去——至少有两个人的头或脚,必须暴露在"船篷"以外——天晴,倒也罢了,到了下雨刮风的天气,可真惨不忍睹。风浪太急的时候,江水也会溅得衣襟尽湿,露水也会浸得你彻骨冰冷。

记忆中,我常常轮到睡在"甲板"上!(也许父母认为我比弟弟们年长一点,比他们更能忍受一点风寒。)记忆中,我常常被冰凉的雨水、河水、露水冷醒!记忆中,我还是倦极而入眠。

那么长时期的"煎熬",居然没有生病,也可说是奇迹了!

船舱的面积,已不够我们容身,炊事只能发展到船头上去。伙食当然是愈简单愈好,早餐稀饭,用点红糖拌一下就打发过去了，午晚餐，用白饭拌点猪油和盐，就可以充饥了。我们经常就这样没有佐菜下饭的。可能隔一天才有一道"美味"打牙祭——几颗辣椒炒豆豉。那一小瓶辣椒豆豉，实在太珍贵了，全家食用时，定量分配，每人只能分几颗，我记得那几颗辣椒豆豉，比山珍海味还可口，必须在口中嚼上老半天，才舍得吞下肚去！

有一天，船队停泊下来的时候，有些船民，煮了新鲜的玉米来兜售。我们实在抵制不了这么大的诱惑，孩子们吵翻了天，要求父母买玉米。事实上，我们穷得不应该有这样奢侈的享受，但是父母还是狠下心买了一根玉米，像分珍珠一样地大家分食。如果辣椒豆豉是山珍海味的话，那一根玉米，不啻是龙肝凤肉了！

我们这条船，是由父子二人来操纵的，那父亲才三十来岁，儿子只有十岁左右，还是一个孩子，所以实际上，只能算一个半人。这样满满的一船人，这样漫长的路程，由这样一个半人来操纵，前途如何真不可想象。

开船以后，比我们想象更坏。

融河，也称融江，两岸都是千仞峭壁，江水湍急，处处有暗礁，时时有漩涡，真是危机四伏。这种船当然没有机械动力，也没有风帆，全靠父子二人合力用竹篙、用木桨，与江水奋斗，所以船速缓慢，并且只能在白天行舟，入晚就停泊在岸边。为了怕江水把船冲散，停泊时二十多条船都用绳子串联在一起。如果停泊的地方无法上岸，大家只能枯守一夜，如果停在一个大站，有码头可以上岸，这可是一大乐事，就可以去补充一点必须补充的用品，也可以上岸伸展一下手脚。当然，孩子们只许在岸边玩玩，不许走远。我记得我最喜欢在岸边捡各种颜色的鹅卵石。有一天，我捡到一些白得晶莹可爱的石块，人家告诉我是打火石，可把我乐极了。我常常蹲在船头用打火石碰击着玩，看点点火星飞耀，觉得美极了、快乐极了，也帮助我度过不少这些难挨的日子。（后来我常用"火花"形容自己，说不定就是这些打火石打出的小火花，在我脑中种下了的深刻印象。）

有一天，我又蹲在船头玩打火石，船一个颠簸，便把我颠到江水中去了，江水湍急，眼看就要小命归天，幸好船夫眼疾手快，他的泳术是何等高明，一下子就把我救起来了。虽然命是捡回来了，但我失去了这些宝贵的打火石，难过极了。当时，我觉得这些打火石比生命更可贵！我的童年没有什么玩具，可是到现在我还记得清清楚楚，我的小锦旗和我的打火石！

后来，我又掉进水中好几次，几乎每个人都有掉进水的经验，因为我们每个人必须在船舷解决一些"大事""小事"，掉进江水的机会是很多的。好在船夫十分机警，每一次都被他救起来，然后，大家就"有恃无恐"了！

但不幸的事件，终于又发生了，我们生命的保障——那位年轻力壮的船夫突然病倒了，是潜伏的疟疾症发作。英雄只怕病来磨，何况一打起"摆子"，任凭你钢筋铁骨，也禁不起折磨。

虽然，他咬了牙"主持大局"，不过划船、撑篙的重任，也就落在他儿子身上，也就是说，我们两家人的性命，操纵在一个孩子手中了！

船速愈来愈慢，终于脱离了船队，无助地在激流中漂流。

船夫和他的儿子——加上船上其他成人们手忙脚乱地帮忙，勉强把船靠到了岸边，船夫上岸买药。那时候，这条船的主宰就完完全全落在这个十来岁大的孩子身上。

水流太急,绷断了绳缆,船便向下流漂去。孩子用尽了浑身解数,设法把船稳住,他虽然"身怀绝技",毕竟力气不够,最后,他实在没有办法了,只能用双手抓住岸边的杂草,全船的人也都纷纷抓住可抓的东西——一块大石,或一根树根。

总算在筋疲力尽的时候,救星出现了,船夫买了药回来了,靠着他的经验和技巧,把船稳住。

第二天,我们终于又赶上了船队,大家都不相信我们会归队。已经有两条船离失,而从此失去了踪影。

经过了这次"大难"以后,我们更能忍受生活方面的痛苦。对这条小船,也增进了不少信心,不再羡慕那些坐"大船"的人们了。

对了,这些小船是我们这种贫穷的难民坐的,富有的人家,可以包大船,船舱宽大舒敞。几十个纤夫在岸上拉纤,再由两排船夫在船上撑篙,配合着前进。

我记得那些纤夫躬着身子,拼命地向前一步步迈进,绳子都好像快要嵌进肉里去了。他们那些深沉的呼叫声,单调的、重复的、凄怆的,有韵律的嗨哟、嗨哟的呼叫。这不是歌,这是为生存而挣扎的呐喊。拉纤的在岸上每喊一声,船上的船夫们就应一声。

我中学时学会了一支歌《拉纤行》:

前进复前进,
大家纤在手。

顾视掌舵人，

　　坚强意不苟。

　　骇浪惊涛中，

　　前进且从容。

　　无涯终可至，

　　南北或西东。

曲子是洪亮动听的，歌词是快快乐乐的，中间所谓的"骇浪惊涛中，前进且从容"与我小时候目睹的景象完全不同，那前进绝不"从容"，而是"沉重"。我觉得我们宁可多吃一点苦坐上这条小船，而不愿坐那些把舒适建筑在别人痛苦上的大船。

终于，我们愈来愈耐得住苦楚了。

终于，我们到达目的地——榕江。

但是，榕江并不是我们的真正目的地，我们真正的目的地是重庆。从榕江到重庆，还有好长好长的一段旅程。

到了榕江，广西大学本身发生了财务困难，既无法发放薪水，也无法继续整队向内地疏散，于是大家纷纷各奔前程，无形中解散了。父亲又失业了，而我们的生活，仍然要继续下去，行程，也要继续下去。

二十、糍粑与红薯

贵州当地人最常吃的一种食物是糍粑,用糯米磨粉做糕,油煎而成。

另一种比糍粑更廉价而足可果腹的食物是红薯,那时候天气太冷,两手拿着蒸得软软热热的红薯,边走边吃也真是乱世中的一大享受呢!

我父母一商议,卖这两种"价廉物美"的食物,可能是最好的生计;再一商议,决定双管齐下——我父亲去卖红薯,我母亲去卖糍粑。全家分成两组,我是归入父亲的一组。因此,母亲卖糍粑的经过,我没法目睹,父亲卖红薯的故事,却使我记忆犹新。

当时的榕江,挤满了难民,大家又都各谋生计,父亲卖红薯,有更多的人也在卖红薯,大家卖红薯,又叫又吼的,生意兴隆。我这位爸爸大人啊,平常在讲台上是滔滔不绝的,在市场上,却真呆若木鸡,完全不知道如何去招揽顾客。他悠闲得很,潇洒得很,姜太公钓鱼,愿者上钩,静待顾客上门。顾客偏偏不上门,一个问津的人都没有,他既不急又不恼,只是静静地等下去。

终于皇天不负苦心人,等到别的红薯摊把红薯卖得差不多后,总算有一条鱼儿自动上钩来了。我们好高兴地招呼这位"贵人"——他要买半斤红薯。

我这位"好好先生"似的父亲兴高采烈地到锅里去捞红薯,锅中的红薯一直用火炖着,所以烫得很。他可不知道如何把如此滚烫的红薯捞出来,好不容易一面捞而一面掉地捞出了一些红薯，包了起来用秤来称，糟了，他不会认秤，不知道怎样才算半斤。称来称去称了半天，也不知道是多重，他满头大汗地对我说："凤凰，怎样才算半斤？"天啊，我那时候才六岁，怎会认秤，后来还是旁边的摊贩实在看得忍不住，帮他称好了半斤红薯。当他把红薯从秤上拿下来的时候，那些红薯全部掉到地上去了。

那位顾客已经忍无可忍，我父亲心一横，干脆把秤往地上一扔，把锅盖一开，对那位顾客说："你自己拿吧，你爱拿多少就拿多少！"

这是唯一的一笔交易。我妈妈卖糍粑的经过如何，不得而知，却只记得以后几天，我们的一天三餐不是红薯，便是糍粑。

二十一、瞿伯伯

然后，我们认识了瞿伯伯。

在我们这一路的流亡生涯中，真认识了不少奇异的人物，像曾连长，像老县长，像萧先生……现在，我们又认识了瞿伯伯。

瞿伯伯是个"人物"！

瞿伯伯原是广西大学的一位职员，大约四十岁，带着太太和三个女儿，一家也是五口。他们跟着广西大学撤退到榕江，广西大学解散了。有的教职员留在榕江，有的就近去投奔亲友，而我父亲呢，却坚持要携家带眷，走到四川去！虽然我们现在已到贵州，离四川还有段距离呢！带着稚龄儿女，要翻山越岭，仍然不是一件简单的事。我父亲执意要走，无独有偶，瞿伯伯也执意要走！

瞿伯伯说，我们两家合起来一起走，彼此都有个照应，就不那么孤单了。瞿伯伯说，两家孩子，还可以交朋友，说说笑笑，就走到四川了。瞿伯伯还说，他有很多谋生技能，不怕没饭吃！瞿伯伯最后又透露，他有一项秘密本领，可以逢凶化吉，遇难呈祥，还能治百病……原来他笃信我佛如来，会念《大悲咒》，还会念《金刚经》！

于是，我们一家就和瞿伯伯一家，联合在一起，继续了以后这段行程。

这段路线是怎么走的，我已经都不记得了，只记得沿途妙事一件接一件地发生。有瞿伯伯在，几乎没有任何时候是"乏味"的。

这一路上，难民极多，大家都是把行李扎好后，连锅盘餐具用扁担挑在肩上走，这样，才能随时随地停下来烧锅煮饭。

我父亲本来不可能去挑担的。但是，人家瞿伯伯都挑了，我父亲就不得不挑了。何况，瞿伯伯在旁边一个劲儿地鼓励：

"挑担有什么难？只要是男人都会挑！用一点体力而已！你尽管挑，我帮你念《金刚经》，有我念《金刚经》，你一定挑得平平稳稳！"

于是，我父亲就挑起担来了。挑担这玩意儿，说来容易，事实上可不简单，打包要技术，重心要平衡，我们真担心父亲一介

89

书生，是不是能吃得了苦！但是，他真的把担子挑起来了，也真的走了不少路，只是人家走五步，他走十步，人家走直线，他走曲线。走得我们全家提心吊胆，走得瞿伯伯嘴中喃喃念经念个没停。

好不容易走到黄昏，到了一家废弃的大院子。许多难民都到这院子里去过夜。院子的围墙有个大缺口，可以从缺口处抄近路直接进院子，否则就要绕好长一段路从大门进去。那缺口堆满砖头瓦片，高低不平。我们前面有个挑担的难民，为了走缺口而摔了一大跤，把瓶瓶罐罐都摔碎了。所以，母亲叮嘱父亲说：

"你不要逞能走缺口，我们还是走大门吧！你瞧，人家都摔了！"

"人家摔！我不会摔！"我父亲居然"神勇"起来了，"你看我一路不是挑得好好的吗？"

"是啊！"瞿伯伯在一边吆喝，"你尽管走缺口，有我呢，我帮你念经！"

于是，我父亲就大踏步地跨上缺口，瞿伯伯大声地念经，说时迟那时快，扁担的两头摇晃得像个疯狂的钟摆，只听到一声"哐啷啷"的巨响，父亲已倒在破砖残瓦中。我们真吓坏了，都扑过去扶父亲，他哎哟哟地爬了起来，居然没有摔伤，只是我们唯一的那个饭锅，已破成两半，碗啊筷啊的碎了满地。瞿伯伯在旁边惊魂甫定地拍着胸口说：

"你瞧！幸好我帮你念《金刚经》，全身都没伤着，否则，不摔断一条腿才怪！"

那晚，我最后的记忆，是母亲用半片锅炒菜给我们吃，我们用半片碗盛饭吃。

二十二、捡柴

　　碗盘都摔碎之后,对父亲而言,倒是减轻了一项大负担,他不需要再挑担了。

　　我们把行李化整为零,每人——包括我,背上背一个小包袱,其余的剩下东西,扎一个大包里,挂在父亲的脖子上(父亲的背上,常常要背我小弟弟,所以只好挂在脖子上)。

　　这样的行程,既慢又苦,对我印象最深的,莫过于常常要我们孩子们去捡柴。这真是一件十分艰难而又痛苦的事——至少对我这样一个六岁大的女孩而言。不是找不到合适的,往往找到了又抢不过别的大孩子,即使捡到了也常被男孩子们抢了去。我在捡柴的任务中,屡屡败北。

　　但是我知道,我非捡到柴不可,否则就煮不了饭!没有饭,大家就得挨饿,所以我常常拼命地去完成任务!

　　记得有一天,经过了一个锯木厂,父母叫我去捡废材和木屑,但是也有很多别的孩子在抢那些废材。我实在捡不到柴,正在着急,却发现一堆劈得好好的木柴,不管三七二十一就拿。但拿不了多少,就被人逮住了。那人很生气、很凶,问我为什么要偷他的木柴,我吓坏了,却不肯把柴还给他,那人看我可怜,动了恻隐之心,他说:

　　"只要你唱一个歌、跳一个舞给我看,就把这些柴送给你。"

　　我全身都没有音乐细胞,也没有跳舞的细胞,但是我还是一面跳舞,一面唱歌:

弟弟疲倦了，眼睛小，

眼睛小，要睡觉……

这是我童年中唯一会唱的歌，我一面唱，一面忍住泪。

我在前面的故事里曾经提到过一面小锦旗，当初为了要那可爱的小锦旗，我记得也曾在我父亲的同事们面前唱歌，唱的也是这首歌。不过那时候，唱得很高兴，唱完了大家鼓掌，我真快乐。唱完后，得到那面锦旗，更是乐不可支。

尽管唱的是同一首歌，我这次的感受可真难过极了。唱的时候，又想起了那面失去的小锦旗，和失去的欢笑，唱着唱着，终于唱哭了。哭得那个人也不忍心再逗我，才放了我！

这小小的故事，在我的童年中，印象极为深刻。我曾经写了一篇短篇小说，题名叫《舞》，就是写这段遭遇和心情。

二十三、一个猪头大家啃

捡柴是孩子们的事，找食物可是大人们的工作，事实上，兵荒马乱的时候，这可真是难如登天的工作，我父亲和瞿伯伯总是分头去找，找到什么吃什么。

记得有一个晚上，我们到了一个十分荒凉的小村，大部分人家已弃屋他去，留下两三户人家，也是门窗紧闭，给我的印象仿佛到了一个鬼村。

父亲和瞿伯伯把两家妻小安置在一个破烂的土地庙里，就分头去找吃的。那时候，天昏地暗，他们又没有什么手电筒，点了"火炬"，眼看着他们的火炬愈离愈远，真是担心极了，恐怖极了。

不知等了多久，好像等了一辈子似的，总算瞿伯伯回来了，火炬已熄，大家听到叹息声，心中都知道他已徒劳而返。

大家既担心我父亲，却又把希望寄托在我父亲身上，瞿伯伯又开始一个劲儿地念经，什么《大悲咒》《金刚经》，一遍又一遍，没完没停，如果那些经声真能充饥的话，足以撑死我们这一群人！

在瞿伯伯的经声中，在焦急的期待中，我父亲翩然出现了，看他那副兴奋昂扬的样子，就知道他大有收获。

父亲抱回了一个大大大大的猪头！

记得我从小就会念一首儿歌：

巴巴掌，油馅饼，
你卖胭脂，我卖粉，
卖到泸州蚀了本，买个猪头大家啃，
啃不动，丢在河里乒乓砰！

那个猪头可真不容易啃，（等不及煮得很烂啊！）但大伙儿怎舍得把它丢在河里，大家还是啃得津津有味，在我的印象里，至少那锅汤是鲜美极了！我一生中很少尝到这样鲜美的汤！

大家始终不知道父亲怎样弄来的那个猪头，至少他的功劳大极了！但是瞿伯伯认为是他念经念来的！

瞿伯伯真是一个大大的好人，既幽默又风趣，但信佛可一点儿也不含糊，他相信虔诚可以解决一切问题。

例如：他有一个十岁大的女儿，患了牙痛，腮帮子肿得红红的，痛苦不堪，瞿伯伯发现了，把女儿叫过来，很有信心，也很有权威地说："牙痛？！没关系，我替你念经！"

他在她腮帮子上画了符就大声念起来，念了半天，问他的女儿说："不痛了吧？"问得很有信心，很有权威。

我眼见他女儿痛得龇牙咧嘴，腮帮子肿得愈高了，她还是含着泪，喃喃地说："好点了，好点了！"

瞿伯伯这下子可乐了，笑着说："我说嘛，只要诚心念经，什么都可以解决！"

二十四、强盗与县长

我们在贵州的流浪生涯中，一直有瞿伯伯做伴，使我们此行中，多了许多乐趣。在这段行程里，偶尔我们也会搭上一辆木炭汽车，我前面所记载，我曾摔下车子把鼻子上摔了一个大伤口，就在贵州境内（现在回想，我居然没有摔死，可能和瞿伯伯念经有关）。但，绝大部分时间，我们都是步行的。

有一天晚上，我们到了一个小镇，寄宿在一个民家，饭后大家聊天，那民家的人问我们第二天要去哪儿，父亲说计划翻过一个山到另一个叫"剑河"的小县城去。

那家人说："山上有土匪，翻山很危险呢！"

父亲问："我们都是难民，逃难逃得那么惨，身无分文，还有什么可抢的！"

那家人说："其实有些难民把金子、首饰缝在破棉袄里，不一定都是一贫如洗的！"

瞿伯伯除了念经外，最爱说笑话，他说："对，对，对！别看我们这些打满补丁的破棉袄，里面可真缝了不少宝贝呢！"

"那么说，你们明天可要小心，别翻那座山了！"

"强盗有什么可怕的！"瞿伯伯说，"我念经就把他们念跑了！"

第二天，我们还是决定翻那座山，反正我们什么也没有，有什么可怕呢！

更何况瞿伯伯会念经！

那座山真的十分荒凉，十分可怕，一上山就觉得不对劲，在草长及膝的小径中行走，真不是滋味。使我想起遍是荆棘的大风坳。

瞿伯伯一路上很认真地念经，又是《大悲咒》，又是《金刚经》，愈念愈大声。

突然，听到一声大喝，草丛中跳出了五六个彪形大汉，不用说，瞿伯伯念经没有把强盗念掉，他们在等着我们呢！（事后我们猜想，头一晚我们大概就投宿在强盗窝里。）

他们非但把各人的包裹抢去，连每人身上打满补丁的破棉袄也被逼脱下来抢了去。

等他们呼啸而去,我们每人穿着单薄的衣服,在山风中发抖。

瞿伯伯说,假使不是念经,强盗不会让我们留下单衣穿,也许还会把我们统统杀了!

所以,他又念起经来了,不过,在念经声中,夹杂不少愤怒的"不平之鸣",他倒不是骂那些心狠手辣的强盗,他骂的是剑河县的县长,怎可容许在他县境里有强盗出现!

"等我们到了县城,我要到县政府去控告县长渎职!"他十分生气地说,并且意志十分坚决,"到了省城,我还要到省政府去告,到了四川,我还要到中央政府里去告!"

眼前的问题是:天渐入晚,大家又十分寒冷,绝对翻不完这座山,于是在山上捡了树枝,生了火,大家围坐一圈,度过了又恐怖又寒冷的一晚。

第二天太阳出来后,大家赶着下山,到了剑河。

瞿伯伯真的怒气冲冲地找到县政府,告了县长一状。

县长接见了我们,瞿伯伯声色俱厉地责备了县长一顿,说他失职,更可恶的是,在他这样努力念经的情形下,那批强盗居然还敢出现!如果县长不处理这件案子,他要到省政府去告状。

这位忠厚的县长,一再道歉,一再安抚,一面招呼我们吃饱,一面又去找来些衣服,又去找了一幢旧房子,把我们安顿下来。

这样瞿伯伯的怒气,总算又消了一点。

县长真的去追捕那批强盗,但捉了好久,也没有捉到强盗。

那时候,我们再度一贫如洗,又不能一辈子靠县长接济,总得设法活下去。

天无绝人之路，瞿伯伯说，我们得想办法。

在抗战时期，话剧是很流行的，也着实出现了不少优秀的剧作家和演员。

瞿伯伯说，人家爱看戏，我们就演戏给他们看。他居然异想天开地计划演话剧了，而且，他"居然"凭他的三寸不烂之舌，说动了我保守的父母，大家热烈地筹备演出了！

二十五、《红薯熟了！》

好戏开锣了！

"舞台"在一条街口搭起来了，我不知道舞台是怎么搭起来的，也许本来就有这么一个舞台，抗战时代的后方，话剧是人人入迷的娱乐。

男主角是我爸爸，女主角是我妈妈。

瞿伯伯是真正的幕后英雄——他是制作人、前台经理、后台经理、布景、道具、效果、配音、服装、灯光，总之，一切的一切，由他一手包办。

当然，更重要的是，他是编剧，兼导演！

现在回想起来，瞿伯伯真的颇有一些戏剧天才。这出话剧，实在"极具水准"呢！

大人们忙于演戏，孩子们可就乐极了。戏开演前，没有人管我们，我们大可尽情地玩乐，戏开演，更乐，看自己父母在台上演戏，那是多么光彩、多么过瘾的事。

我一直是最忠实的观众，他们演出几场，我看几场，看得我把台词都记得滚瓜烂熟。

我记得那出戏叫作《红薯熟了!》。

故事讲一个小家庭，丈夫要出征，与妻子话别，妻子依依不舍，对丈夫说我正在煮红薯，等红薯熟了，吃了红薯再走。

窗外征集的号角响了——瞿伯伯的配音。

丈夫虽然很焦虑，但还是与妻子滔滔不绝地互诉衷情。

婴儿的哭声传来（当然是瞿伯伯的配音），妻子进去哄孩子。孩子哄睡了，妻子又出来情话绵绵。

号角又响了，妻子说我进去看看红薯熟了没有，等了一会儿出来，说:"红薯还没有熟，但是快熟了!"

号角又响了! 一会儿孩子又哭了，妻子焦躁地进进出出，但红薯一直没有煮烂。

征集号角更响更急了! 出征的丈夫，实在不忍心再待下去，不忍面对离别的场面，等妻子再进厨房的时候，越窗而去。

妻子手里捧着一盘滚烫的红薯上场，嘴中喊着:"红薯熟了! 红薯熟了!"但是发现已经人去楼空，泪满眶，手一松，盘子破了，红薯落满一地。

婴啼声、号角声、马蹄声、啜泣声中幕下。

这出戏非但写出了夫妻深情，也把当时抗战的气氛写得淋漓尽致，小故事看大时代，实在是很成功的呢!

观众倒也十分踊跃，观众的反应也十分热烈，但是在看完戏后，大家就快乐地、满足地一哄而散，很少有人自由乐捐一些演出的经费。

因此，演了几天的戏，非但不能赖以赚出一些家用，连每天必须打破的盘子，和那盘红薯都无法筹钱去补充，也就只好真正落幕了。

我们这一路的"逃难"，实在是高潮迭起，好戏连台。只会教书和念书的父母，为了谋生，简直使出了浑身解数。红薯、糍粑卖过了，粉墨登场也试过了。到此时，已经一筹莫展。这是我们无数次"山穷水尽"后，又面临一次"行不得也"的困境。

好心的县长，看我们戏又演不成，强盗也抓不到，觉得我们弄到这个地步，确实与他管理不善有关。当下，就急忙替父亲和瞿伯伯安排了两份工作，热心地对我们说：

"不要再走了，留下来吧！"

事实上，我们已经走得太累了，经过县长一挽留，大家真的在剑河停留下来。

这一停留，居然留了半年多。

二十六、抗战胜利了！

在剑河停留的一段日子，大概是我们流亡以来，最平静的日子了。母亲在这段日子中学会了做鞋子，我们三个孩子都有新鞋子穿了。父亲呢，他依旧忙忙碌碌的，有天，从邻居家抱回一个大牛角，原来他拜了个金石师父，学起刻图章来了。

父亲刻了一大堆牛角图章，兴犹未尽，有天，他砍了一段竹节，用竹根做了个笔筒，他在竹筒上面，精心雕刻了两个大字：

劲节

是这两个大字触动了父亲的心事吧，那些日子，他闷闷不乐，连瞿伯伯的笑话，也不能逗他笑了。于是，母亲明白了，她说：
"你还是想去四川吧！"
"是啊！"父亲长叹着，"一百里已经走了九十里了！现在停下来真没道理。"
"可是，我们没钱哪！"
"从东安河里爬出来的时候，我们有钱吗？"父亲问，"比起那时候，现在不是强多了！"原来，在剑河，父亲还有些小收入呢！

于是，那几天，父母商量又商量，终于决定了：我们要继续走下去，一直走到四川，一直走到重庆。这次，瞿伯伯不肯跟我们一起走了，他坚持要捉到强盗以后再走。但他祝福我们。当我们全家动身的那一天，他依依不舍地直送到城外，并为我们虔诚地念经祝祷！

我们又开始走了！

行行重行行，翻不完的山，走不完的路。

终于，我们到达四川省境内了。

记忆中，进入四川后，我们就开始在翻山越岭。

走山路是很苦的，那些山虽然荒凉，却常有土匪出没。我们一来要担心毒蛇野兽，一方面要担心土匪。虽然我们身上都没财物，但是，如果像上次一样，被土匪连换洗衣服都抢了去，我们又没有个瞿伯伯会念经告状，那岂不是灾情惨重！

这样，有天，我们在山中走着。走啊走的，突然前面出现两个壮丁，抬着个担架，担架上，一块白布连头带脚地盖住那躺着的人，默默地经过我们身边，走进深山里去了。父母有些疑惑，也不敢问什么。再走一会儿，又出现两个人，抬着蒙了白布的担架，走进深山里去。片刻，第三次，担架又出现了……

山风吹在人身上，突然变得凉飕飕的。那沉默的抬担架的人，那白布，那担架……不知怎的，一直让我们背脊发冷，这景象太诡异了。

终于，当又一个担架出现时，父亲忍不住问：

"怎么回事？有人生病吗？"

"生病？"抬担架的人瞪了父亲一眼，"死了！都死了！抬到山里去埋！"

原来，这些都是运尸人，那白布下都是尸体，再经探询，才知道这整个山区，都正在流行霍乱，每天都要死一批人，每天都有更多的人倒下。山区贫困，抗战时药物又缺乏，只能眼看一个个人死去！昨天抬尸的，今天可能就成了被抬的！

父母毛骨悚然，面色凝重，带着我们小心地趋避着那些尸体。整天，我们不停地遇到抬尸人，我和弟弟们，到底年纪小，见多了也就见怪不怪了。

到了黄昏时,我父亲背着我小弟弟,已走得上气不接下气,我和麒麟这对双胞胎,看到已经是下山路了,就手牵手冲下山去。父母都落在后面了。到了出山口,我们两个,早已饥肠辘辘,放眼看去,正好看到一个小贩在路口卖担担面,有个担架放在路边,两个抬担架的正在吃担担面。面香扑鼻而来,我和麒麟禁不起诱惑,就走过去,加入了那两个抬尸人,坐下来,各要了一碗担担面,我还很聪明地告诉小贩,母亲随后即至,会帮我们付钱。

我和麒麟,就这样大吃特吃起来,也不管这是疫区,也不管身旁就是尸体。等母亲赶来一看,吓得尖叫起来:

"啊呀!完了!完了!你们不要命了!万一传染了霍乱,连救都没法救!"

母亲又急又气,拉起我就打了我一掌,又给了麒麟一掌,麒麟每挨打就哭,这时扯开喉咙,就哭个不停了。母亲骂,麒麟哭,旁边的小贩在发愣,有个尸体躺在脚边……就在这种怪异而混乱的情况下,突然,一阵"噼里啪啦"的巨响,连珠炮似的响了起来,震动了整个山边。

"土匪来了!"母亲本能地喊,一把抱住麒麟。

"是枪战!"父亲说,"难道日军已攻到四川了吗?不可能的!"

话没说完,又一阵"噼里啪啦"的巨响。小贩吓得蹲下身子,用四川话和抬尸人大吼大叫,抬尸人站起来,开始往山下的小镇中跑去……眼前一片混乱,我们吓得呆呆地站着,动也不敢动。

然后,有一群人从小镇里跑出来了,他们叫着,笑着,手里

高舞着一面旗帜,同时,在放着鞭炮,原来那"噼里啪啦"的巨响是鞭炮声呢!那群人一面放炮,一面大声嚷着:

"抗战胜利了!我们胜利了!日本人无条件投降!无条件投降!"父母呆怔着,不敢相信。

好半天,父亲才抓住一个年轻学生细问。

"真的,收音机已经转播了,抗战胜利了!"学生说。

父亲大叫起来,抱着母亲狂跳,母亲又哭又笑,我们孩子们绕在父母脚前,也跟着大笑大叫……在那一瞬间,兴奋把什么都淹没了,连对瘟疫的恐惧也没有了,全家人疯狂地拥抱着,疯狂地笑着、哭着、叫着:

"胜利了!胜利了!胜利了!"

是的,我们终于走到了四川,终于赶上了胜利!

我实在描写不出那时候欣喜若狂的心情,杜甫有一首七律《闻官军收河南河北》:

剑外忽传收蓟北,初闻涕泪满衣裳。
却看妻子愁何在,漫卷诗书喜欲狂。
白日放歌须纵酒,青春做伴好还乡。
即从巴峡穿巫峡,便下襄阳向洛阳。

还有什么句子比这几句话来形容我父母当时的心情更恰当呢?好一句"剑外忽传收蓟北,初闻涕泪满衣裳"!好一句"白日放歌须纵酒,青春做伴好还乡"!

还乡?不!虽然抗战已经胜利,虽然我们"逃难"的日子总算告一段落，虽然我们全家都欣喜若狂，但是，我们距离"还乡"的日子，却还远着呢！

二十七、泸南中学

我们一家人终于到达四川，抵达重庆。在万民腾欢中，迎接着胜利。但是，经过这样一年的长途跋涉，我们一家五口，除了身上穿的破衣服以外，真是一无所有，狼狈极了。幸好，重庆有我母亲的堂兄堂妹，我前面就写过，袁家是个大家族。这时，我三舅和三舅母收容了我们。其他在四川的舅舅阿姨也闻讯赶来接济。母亲是袁家长房的女儿，原是极尊贵极娇宠的千金小姐，如今竟然历经这么多风霜。一时间，大家围绕着父母，详问我们"逃难"的经过。人人听得目瞪口呆，简直不相信这么多的"故事"，会一桩桩、一件件地发生在我们身上！

那些日子，父母总是不厌其烦地说，说到伤心处，说的人掉泪，听的人也掉泪。我总是坐在人群中，听父母一遍一遍地说，我就一遍又一遍地重温这段惊涛骇浪、悲欢离合的岁月。所以，虽然当年我才六岁，这些往事已深深地铭刻在我内心深处。

"逃难"终于成了"过去"。"未来"将何去何从，就又成为父母必须面对的问题。这时，父亲不知道接受了哪个学校的聘书，要到一个名叫"李庄"的县城去教书。因为是战后，百业萧条,那学校连家眷宿舍都没有,只能安排父亲一个人的住宿。父亲虽然极不愿意在抗战刚胜利、我们阖家庆团圆的时候,却抛妻别子去李庄教书!但,分离事小,失业事大。何况我们三个孩子都年幼,嗷嗷待哺。所以,父亲决定去李庄教书。至于母亲和我们三个孩子,将怎么办?这时候,我的勋姨出来说话了:

"一点问题都没有,三姐和孩子们,全跟我到泸南中学去!我正缺少语文教员,三姐不是在湖南也教书吗?现在就去帮我当教员!"

勋姨是母亲的堂妹。母亲在长房中行三,所以勋姨称母亲为三姐。当时,我的勋姨和姨夫在四川的泸县,办了一所私立中学,一切刚刚草创,确实缺少师资。

就这样,我们和父亲暂时分离,跟着母亲,去了泸南中学。

泸南中学(我在《剪不断的乡愁》一书中,曾略略提起过这个学校和我的勋姨),在我印象中,那是一个非常有趣的地方。它是由一座大庙改建为学校的。教室就是庙宇中的大殿,所以每间教室里都有菩萨。我们住的宿舍,是以前和尚修行之处,简单而朴素。

经过了那么惨烈的一段"逃难",现在,我们在泸南中学定居下来,真像到了天堂。

我的生活,一下子整个改变了。在我记忆中,那一年真是快活极了。母亲的学生们,都成了我的大哥哥(这里,要有一点小小说明,当时的四川,是很保守又很重男轻女的。女孩子全要在家中帮忙做事,没有父母肯把女儿送来读书。即使是男孩子,也是我勋姨和姨夫去一家一家说服,争取他们来念书的。所以学生

105

都是男生，而且年龄很大，十八九岁的大男孩，往往还在念初一。而初一的学生，往往又连小学的学历都没有，母亲教他们，真是教得辛苦极了。但是，他们都是些又憨厚又热情又善良的青年，全成了我的"大哥哥"）。这些大哥哥们会带着我玩，教我养蚕，把我扛在肩上去采桑叶，带我到河边去捡鹅卵石……我童年中失去的欢笑，在这儿又一点一滴地找回来了。

也是在这个时期，母亲忽然发现我对文字的领悟力，在惊喜之余，开始教我念唐诗。我也初次体会到文字的魅力，开始兴奋地在文字中找寻乐趣了。

母亲的这个"发现"，是相当"偶然"的。

经过是这样的：母亲那些学生，年龄都已不小，但，不知怎的，念起书来就是不开窍。母亲常常一遍又一遍地讲解，那些大哥哥们依然听不懂。而我呢，从小就很依恋母亲，当她上课的时候，我总坐在教室的门槛上"旁听"，有一天，她在教《慈乌夜啼》，其中有这样两句话：

夜夜夜半啼，
闻者为沾襟。

因为有三个"夜"字，这些大哥哥们全糊涂了。母亲讲得舌敝唇焦，大家还是摇头听不懂。母亲有些怀疑自己的教书能力了。一急之下，发现坐在门槛的我，把我一把拉进教室里去问：

"凤凰，你知不知道这两句话的意思？"

"知道呀！"我答得干脆，母亲都愣了。

"那么，你说说看！"母亲大概是抱着姑且一试的心理。

我说了。据说，我解释得丝毫不差。从这天起，母亲太得意了，她开始教我李白、杜甫、白居易。我也认真地学习起来，从此，背唐诗取代了儿歌，我七岁已熟读了"梁上有双燕"和《慈乌夜啼》。我想，我后来会迷上写作，和这段背唐诗的日子大大有关。

在泸南中学的时期，我们家还有件大事。那就是我小妹妹的出世。原来，母亲在胜利后，就怀了我的小妹妹，对于这个小生命，母亲充满了期待之情。战争已经过去，苦难也应该随之而去。虽然目前的生活仍然艰辛，夫妻还不能团聚。但，远景是非常美好的。母亲自己也承认说，她孕育小妹这段时间，心中充满了甜蜜和喜悦。

一九四六年二月，我的小妹妹来到世间，参加了我们这个家庭。小妹长得很像母亲，皮肤细嫩，面目姣好，五官端正，脸上毫无瑕疵。她一出世，就成了我们全家的心肝宝贝。母亲爱她，我们做哥哥姐姐的也爱她。那年我已八岁，八岁的女孩子正是玩洋娃娃的年龄，我不玩洋娃娃（也没有洋娃娃可玩），我抱我的小妹妹。我真高兴母亲生了妹妹而不是弟弟，那时的我，已经和男孩子有段距离，我衷心盼望有个妹妹与我为伴，这愿望终于实现了。

远在湖南的祖父，早已知道我们这一路惊心动魄的故事。现在风平浪静，家中又喜添孙女，就忙着给孙女取名字。因为妹妹生在繁花似锦的春天，取了个小名叫"锦春"，父母觉得这名字有点儿俗气，但，是祖父取的，也就用了。不过，在我们家里，我们都叫她"小妹"而不叫名字，正像叫"小弟"而不叫"巧三"一样。

我们家里的四个兄弟姐妹，全部到齐。

第二年，父亲接了上海同济大学的聘书，我们全家终于团聚了。离开了泸南中学，我们一家人迁居到上海，开始了另一段迥然不同的生活。

二十八、在上海

从四川的乡间，到十里洋场的上海，这两个地方，实在有太多太多的差距。我初到上海，看到鳞次栉比的高楼大厦，看到满街穿梭不停的车水马龙，简直看得眼花缭乱。童年的我，从成都，到湖南，经广西，越贵州，回四川，再来上海，我真走了一条漫长的路！这条路不仅漫长，而且充满了狂风巨浪。

终于来到了上海，我们流浪的日子应该结束了吧！父母带着我们四个孩子，开始在上海布置起一个全新的家！

"全新的家"很小，只有一间房间，在上海市外白渡桥的一栋大楼里。这栋大楼有个很洋化的名字：礼查大楼。

礼查大楼是栋五层楼的楼房，很可能以前是个旅馆什么的。因为，它每层楼都有很长很长的走廊，走廊一面是天井，另一面就是一间一间的房间，每个房间都一模一样。房里附带一个极小的浴室,奇怪的是,浴室里有洗澡盆而没有马桶,"大事""小事"都要到走廊尽头的公用厕所里去。

这礼查大楼,是同济大学的教职员宿舍。我们分配到的这间房间,在四楼。一家六口,大大小小就挤在这一间房间里生活。房里有一张床一个大书桌,白天父亲在书桌上改考卷,晚上铺上棉被就是床,我和弟弟们在上面睡觉。至于那间小浴室,母亲在浴盆上面架上木板,买了炉子烧锅煮饭。每隔几天,移开炉灶,孩子们集体洗澡。

似乎从我出世开始,贫困一直是我们家的问题。这会儿到了上海,情况丝毫没有好转。上海生活成本高,小妹嗷嗷待哺,奶粉贵得惊人。我们三个大的,正在飞快地长大。衣食住行,样样需要钱。父亲那份微薄的薪水,显然无法支持我们这六口之家。但是,在上海,我却有嫡亲的大舅舅、小四姨等。

这个时候,我的外祖父母都已与世长辞。母亲的大哥当律师,生活很宽裕,住在亚尔培路一栋非常讲究的房子里。兄妹已经许多年不曾见面,此时一见,不禁抱头痛哭。大舅看到我们一家,如此穷困潦倒,孩子们都面黄肌瘦。当下,就力劝父亲改行,不能再教书了,再教下去,孩子们都会饿死了。一篇谈话,把我那固执的父亲,谈得勃然大怒,拂袖而起,十分激动地说:

"人各有志!我念了一辈子书,也只会教书。穷,是我的命!做了我的妻儿,就只好跟着我过穷日子。改行,是绝不可能的事!"

父亲大怒而回,从此和大舅行迹疏远,话不投机。大舅劝他改行一事,深深伤了他的自尊。偏偏大舅的脾气也很倔强,看父亲如此食古不化，害苦了他的妹妹，对父亲也有许多埋怨。这样一来，我们和大舅家的来往，就变得很稀少了。只有我的大舅母，常常带着大包小包的衣服来我家，里面有许多小纱衣小纱裙，还是外祖母为我的出生而定做的，我始终没拿到，如今，却正好给比我小了八岁的小妹穿。看到这些衣物，别提了，母亲又哭了好几天。

我们终于安定了下来，苦虽苦，总是阖家团圆的。父亲开始考虑到我们三个大孩子的教育问题。于是，有一天，父亲带着我们三个，走进上海市第十六区国民小学。

这是我生平第一次进学校，接受学校教育。那年我九岁，算年龄，应该插班念小学三年级。学校给我做了一个简单的入学考试，就把我分配到三年级班，麒麟背不出书，降到二年级，小弟一年级。

活到九岁，我这才开始进学校念书，记忆中，念得真是辛苦极了。其实，不只是"辛苦"，简直是"痛苦"极了。

原来，我从四川来上海，讲的是一口四川话，而学校里，从老师到同学，大家都讲上海话。我语言不通，老师说什么我不懂，同学说什么我也不懂。再加上，我来自乡间，难免土里土气，上海的孩子，都精明能干，对比之下，我是相形见绌。再有，我从小，只有母亲教我背唐诗，我的阅读能力很强，但是，数学却连加法都不会，成绩完全跟不上。在这诸多原因下，我在学校中，真是苦极了。

上海的孩子会欺生，上课第一天，大家在操场中排队。前面的孩子把我往后推，后面的孩子把我往前推，我傻傻地站在队伍外面，手足失措，不知如何是好。老师走来，见我不排队，把我痛骂一顿。全班同学，窃窃偷笑，而我，哭着跑回家说："不要上学了！"

不上学是不行的。父母正要训练我们的独立精神和适应能力。我哭了一晚，又乖乖地回到学校去。逐渐地，一天又一天，同学不再欺侮我了。我也学着去交朋友，因为语言的隔阂，交朋友真太难了。

我上学上得很不顺利，两个弟弟也不顺利。麒麟从小脾气就坏，总是和同学打架。小弟弟更绝了。他一生没有规规矩矩在教室中坐上好几小时的经验，此时，要他坐着听老师讲课，他怎么坐得住？不知怎的，他发现只要举手对老师说：

"我要尿尿！"

老师就会让他去上厕所。结果，他每节课都要举十几次手，去上厕所。有一次，老师忍无可忍，生气地说：

"不许去！"

小弟见计谋不成，如坐针毡，居然威胁起老师来：

"你不让我去，我会尿裤子！"

"尿就尿！"老师说，"不许去就不许去！"

谁知，老师的话才说完，我那小弟真的就"就地解决"起来，弄得全班师生大惊失色。那时，学校里有个规定，学生讲了粗话或做错事，要用红笔在嘴上画一个圈，那红墨水画在嘴上，洗好几天都洗不掉。老师这一气，就在小弟嘴上画了好几个红圈。那天麒麟因为打架骂人，也被老师用红笔在嘴上画了圈。结果，我正上了一半的课，训导主任跑来通知我说：

"你今天不要上课了,把你两个弟弟带回家去吧,他们一个尿了裤子,一个打了架!"

学校离我们家,要走一大段路。平常,都是我带着两个弟弟上课下课。那天,我领着两个弟弟回家,看到他们嘴上画的红圈,和小弟的湿裤子,真是觉得丢人极了。两个弟弟还气呼呼地嘟着嘴,路人都回头看着我们笑。我又羞又恼,对两个弟弟说:

"早知道,你们两个在东安城丢掉就算了,找回来干什么,这么麻烦!"

话才说完,想起两个弟弟在东安失散后的凄凉惨状,不禁大大后悔起来,心中一酸,泪水就滴滴落下。小弟见我哭了,就也哭了,用手拉着我的衣襟说:

"你不要哭,我以后再也不敢了!"

麒麟见我们两个都哭了,眼眶就也红了起来。我在那一瞬间,体会出我是这个家庭的"长姐",两个弟弟,终生都是弟弟,不论他们怎样,我再也不要和他们分开。于是,我一手揽住一个弟弟,三人一路哭着回家。到了家里,我急忙把两个弟弟藏进浴室,拼命帮他们两个洗掉嘴上的红圈,就怕父母看到了,会和我一样伤心。

在上海的生活就是这样的。记忆中,属于欢乐的事情实在不多。**贫穷会把欢乐从身边偷走**。冬天的上海,冷得出奇,我和弟弟们缺乏冬衣,冷得牙齿和牙齿打战。每天三个人手牵手地去上学,经过卖糖炒栗子的摊子,真想买一包糖炒栗子来暖暖手、甜甜嘴,但是,身上没有钱,就是吃不到。学校的同学流行跳橡皮筋,人人手中一大串,只有我没有。那时,心里最大的愿望,就是有一串橡皮筋,直到离开上海,愿望都没有实现。

　　说实话,从小,我就在困苦中长大。但是,只有在上海的这段时间,对困苦的感觉特别敏锐。

　　在上海住了一段日子,因为父亲的收入实在不够维持(大舅一直想接济我们,父亲骄傲地拒绝了。只有大舅母,变着花样,吃的穿的,经常往我们家送),母亲见这样不是办法,就也去中学里教起书来。这样一来,我就忙了,每天下了课,就飞奔回家照顾小妹妹。我家那张大书桌,已不够我们睡,我们就打起地铺来。从那时候开始,我就成了妹妹的小保姆。

　　生活里的喜悦实在不多。但是,也就在那年,我发现了写作的快乐。我写了我生平的第一篇小说《可怜的小青》。父亲读了,似乎颇受感动,他帮我寄给了《大公报》的儿童版。当这篇稿子刊登出来之后,我整天捧着那张报纸,兴奋得茶不思、饭不想。把自己这篇短文,读了起码一百遍。《可怜的小青》,到底写些什么?如今已不复记忆。但,顾名思义,那"可怜的小青",必然有自我的写照吧!

　　自从在报上发表了作品之后,我开始迷上写作了。每天下课回家,就涂涂写写。那时,我的小四姨参加了话剧社,演出曹禺的《北京人》。当年,小四姨是个胖妞,很有喜感。虽然不是主角,却是重要的次角,我因此可以拿到招待券。去戏院看小四姨演话剧,是记忆中最快乐的事。看完话剧回家,我居然写起剧本来了。不会分场,我全写"独幕剧"。人物一多就搞不清,我全写"双人剧"。好长一段时间,我乐此不疲,父母看了我的"编剧",只是笑。因为我的取材,全是父亲与母亲间的"对白",所谈的问题，全是逃难时的点点滴滴。

我这些"剧本"真可怜，从没有发表过、出版过，当然也没有人演出过。最后，都进了垃圾桶。

我在上海念了一年书，渐渐有了朋友，学会了说上海话，也熟悉了上海的大街小巷。我会一个人逛书店，逛得忘了回家吃晚饭。也会抱着妹妹，去外白渡桥上看船，看落日。每到星期天，就和弟弟们去外滩公园奔跑——以发泄我们在一间房间内无法发泄的体力。

但是，父母的脸色又不对了，上海市的气氛也不对了。物价飞涨，金圆券贬值，上海的商店中，发生了惊人的大抢购……这些事情，对幼年的我来说，是根本无法了解的。我唯一熟悉的，是那种紧张的气氛。我知道，战争又逼近了！

果然，战争又逼近了。上次是抗日战争，这次是内战。对我而言，战争代表的就是流浪和苦难。父母脸上又失去了笑容，他们整天讨论着讨论着。最后，父亲决定，把母亲和我们四个孩子，先送回湖南老家去。他继续留在上海，把他未教完的那学期教完。于是，我们离开了刚刚熟悉的上海，又回到了湖南。

这是我们第二次回乡，第二次和祖父团聚。两次都在战争的阴影下，两次，湖南都只是我们的中途站，而不是我们长久栖息的地方。

二十九、再度回乡

在衡阳市，我们和祖父重聚了。四个孩子，一排跪下，给祖父磕头。小妹妹还小，不会磕头，母亲扶着她跪下，扶着她磕下头去。上次和祖父离别时，小妹尚未出世，现在，小妹已牙牙学语。祖父拉起了我们，一个个轮流看过去，最后，伸手抱起了小妹。他的头发和胡须都白了。以前那颇为威严的眼光，现在充满了慈祥。他抱着小妹，看着我们，微笑着，哽咽地说了句：

"生当乱世，大家还能团聚，真好，真好！"

那时的祖父，一定没有想到，这次的团聚，只是再一次别离的序幕。

回到衡阳，母亲认为我们三个大孩子，刚刚开始的学校教育不能中断，于是，把我们送进衡阳市的刚直小学，去继续念书。至于她自己，她又接了一个中学的聘书，那中学离衡阳市很远，而我们全家，依然有无法解决的经济问题。母亲毅然丢下我们三个大孩子，带着襁褓中的小妹，远离衡阳，去教书去了。

这是我童年中唯一一段时间，离开了父亲，也离开了母亲。不过，这年的我，已不再是第一次回乡的那个小女孩，我够大了。大得已经能照顾两个弟弟，在他们淘气时阻止他们，在他们伤心时安抚他们。但是，母亲当然不会让我们三人自己照顾自己，她把我们交付给我的表姐王代训和表哥王代杰。

代训表姐和代杰表哥，是我姑妈的儿女。这个姑妈，就是祖父原配夫人所生的女儿。代训表姐那时才新婚，表哥还是个年轻的小伙子。我们大家在衡阳市租了几间房间住，那房间在一个四合院里，记忆中，那栋四合院名叫"怡园"。

我的代训表姐，是个非常温柔、善良、诚恳而真挚的小妇人，她个子不高，说话声音轻柔，做事小心翼翼。那段时间，她受母亲重托，带我们三个孩子，真正做到了"长姐如母"，却也做得非常非常辛苦。因为小弟的淘气，已经出了名，麒麟脾气火暴，不是和同学打架，就是和邻居动手。只有我比较安静，但是也有我的麻烦，那时我已爱书成癖，一天到晚要买书，母亲留下的生活费实在不多，省吃俭用，勉强维持，哪里还有闲钱买书？我就会为了不能买书，整天眼泪汪汪的。

在怡园，还有一件事让我记忆深刻。那就是我们的"吃"。原来，母亲叮嘱表姐，无论怎么穷，必须想尽办法，给我们三个足够的营养。于是，表姐就去腌了一大坛的咸蛋。我们的早饭是咸蛋配稀饭，中午是咸蛋配干饭，晚饭是干饭配咸蛋。吃了好几个星期，小弟一端上饭碗就做各种鬼脸，麒麟直截了当大喊不吃咸蛋，我揉揉肚子声称不饿，就离开饭桌去看书。表姐一看不是办法，慌忙去帮我们烧了一锅红烧肉，用荸荠和肉一起炖。锅端上桌，我们三个欢声雷动，举起筷子，才发现锅中没有几块肉，全是荸荠。

生活就是这样"贫困"的。但是，在这种艰苦的生活中，祖父过八十岁大寿，仍然过得轰动而热闹。

祖父那时在衡阳城内教书，为了过寿，提前就回了老家兰芝堂。我们三个和母亲，都赶回了兰芝堂。这一回到兰芝堂，我才知道祖父是多么"德高望重"。许许多多亲友，总有一百多人，都从湖南各地，赶到兰芝堂来为祖父祝寿。兰芝堂张灯结彩，鞭炮声不断地响。因为客人随时随刻会到，兰芝堂中摆起了流水席，虽然酒席不算丰盛，总是祖父的小辈们一番心意。兰芝堂前面有一汪鱼池，养了许多年的鱼，大家都舍不得吃。这时都捞起来以飨宾客。

除了流水席以外，兰芝堂也扎起了戏台子，请来戏班子演戏。乡下人没有什么娱乐，几十里路方圆中的邻居，都赶过来看戏。我杂在人群中，也看得不亦乐乎。当祖父和母亲都累极了，回新屋去睡觉时，我仍然不肯走，小弟和麒麟当然也不走，声称要看到戏散。戏散时已经深夜十二点，祖父的忠仆黄才余带着我们回新屋，他扛着小弟，牵着麒麟，手里提着盏风灯走田埂小路。我已多年没走过田埂小路，一跤就摔进了路边的水田里，弄得一身都是泥。回到新屋，母亲又着急又叹气，因为我只有身上这一套衣服可穿，第二天还要帮祖父接待来宾呢！母亲连夜洗衣服，衣服不干。第二天我只好穿着弟弟的背带裤去给祖父的朋友磕头。

磕头。谈起磕头，祖父的旧规矩不变。见了长辈，我们这三个孩子照例要磕头。别人给祖父拜寿时我们也要磕头答礼，真是磕不完的头。在这个时候，我的表侄儿唐昭学出现了。唐昭学那时读高中，大约十七八岁，是个很憨厚很守规矩——据说——书也念得一级棒的青年。很不幸，他刚好比我们的辈分小了一辈，虽然年龄比我们大了一截，却成为我和弟弟们胡闹的目标！见了长辈要磕头！小弟拉着祖父，跳着脚兴奋地嚷：

"唐昭学是不是要给我们磕头？快叫他给我们磕头！我们磕

了好多头，才轮到一个来磕还给我们！"

唐昭学不肯磕头，也不肯叫我表姑，别别扭扭地鞠了个躬就逃走了。但是，祖父过完寿，我们回到衡阳继续念书，唐昭学每到假日都到怡园来，成为我最好的朋友。

那一年，我过完了十岁生日，已经很懂事了。十岁以后，是我在衡阳停留的最后一年（事实上，也是我在大陆停留的最后一年），许多事在我记忆中都历历如绘，其中，包括唐昭学的笛子。

唐昭学有一支笛子，他随身带着，一有空闲，他就拿出笛子来吹。他吹得非常好。我从小对音乐、戏剧、文学、艺术都爱。这时，唯一接触到的音乐，就是唐昭学的笛子。我觉得他吹得真是美妙极了，就常常缠着他吹笛子，他也有求必应，一次一次地吹给我听。我得寸进尺，要求他把笛子送给我，他却坚持不肯。原来，这支笛子是他一个好朋友，亲手用竹子雕琢给他的。现在，这位好友已分别了，他为了纪念好友，更是一刻也离不开那支笛子。

有一段时间，唐昭学和他的笛子，陪我度过了许多孤寂的时光。父亲滞留上海，母亲远去教书，那年的我颇感孤独。幸好有表哥表姐和唐昭学。记忆里，我小时并不淘气，战乱和贫穷已经使我早熟。可是，不知怎的，有一天我居然和唐昭学吵起架来。因为他辈分比我低，我对他真是肆无忌惮，我猜想，吵架的理由一定是我在无理取闹，所以他对我不肯让步。吵着吵着，我一时火起，竟抓起他的笛子，用力往桌上敲去。他飞扑上去救笛子，笛子居然裂成了好几片。在那一刹那，我呆住了，他也呆住了。

说真话，我绝没想到，笛子一敲就会裂。当笛子裂了，我吓得目瞪口呆，心里说不出有多后悔。唐昭学脸色发青，抓了破笛子对我又吼又叫。偏偏表姐袒护我，跑出来就对唐昭学大骂一顿：

"一支笛子有什么了不起？那么大的男孩子，和小女孩吵架！你羞不羞？何况人家小凤凰，还是你的表姑呢！"

唐昭学一气之下，拿着破笛子，转身就冲出了房间。接下来好长的一段日子，他都不来理我。

当唐昭学终于又来找我讲话的时候，父亲已从上海匆匆赶回，母亲也从学校辞职回衡阳。衡阳城中，一片乱糟糟，刚直小学停课了，许多同学都回到乡下去了。父母和祖父，又开始夜以继日地讨论。这种气氛，对我来说，是那么熟悉，每当大人们脸色沉重地讨论，每当学校里学生纷纷离去，每当城市中的人们行色仓皇……就是离别的时候到了。

离别的时候确实到了。一九四九年的春天，我们再次离开祖父。四个孩子，和祖父一一拥别，祖父叮嘱又叮嘱：等时局安定了，早日归来呀！我们乘上火车，要到广州，再搭船去台湾。大家都认为，这次的离别，不会比上次久。祖父虽已八十，仍身强体健，团聚的日子，是指日可待的！谁知道，这一次别离，我们和祖父，竟成永诀。

祖父、表哥、表姐、唐昭学都到车站来送我们。表哥还上了车子，送了我们好多站。我倚着车窗，看着衡阳城迅速地消失，真想对唐昭学说一声对不起！真想抱紧祖父的脖子，亲一亲他白色的胡须，真想告诉表姐，我爱吃她的咸蛋……我什么都没做，只是用双手攀住车窗，眼睁睁地看着祖父、亲人和衡阳城，在我的视线中逐渐远去，远去，远去。

当时，我再也没料到，这次的别离会长达三十九年！直到一九八八年四月，我才有机会回到大陆，重新见到表哥、表姐和唐昭学！我这一句"对不起"，迟了整整三十九年，终于在武汉的长江大饭店内，对唐昭学说了。表姐的咸蛋！当我重睹表姐时，她已白发苍苍，握紧了我的手，她泪汪汪地说：

"大概是吃了我的咸蛋，才让你有个好头脑，能够写小说吧！"

大概是吧！一九八八年，我紧拥着我的表姐。小凤凰都已老了，唐昭学两鬓已斑，表哥的儿子都已大学毕业了……而我那亲爱的祖父，早已去世，墓木已拱。

人生，是多么短促。世事，是多么难料呀！

三十、初抵台湾

一九四九年夏天，我们一家六口，在几经波折之后，终于来到台湾。（我们在广州，曾经滞留了两个月之久，因为我们在公共汽车上遇到了扒手，把我们的入台证和旅费全部扒走了。父亲在大街小巷中贴启事，呼吁那位"扒手贵人"把证件还给我们。后来，那位"贵人"真的看到了启事，把入台证寄还到旅社。同时，在台湾的王伯伯，又及时寄给父亲旅费，我们才终于成行。记忆中，我们的旅程，总是一波三折的。）

初抵台湾，所有的事物都很新奇。

父亲接受了师范大学的聘书，在中文系当副教授。师大分配给我们家一幢二十个榻榻米大的日式房子。那时的台湾，才从日本人手中接收不久，街上的建筑，都是日式的，住宅区的住宅，也完全是日式的。我们的住宅很小，但是小归小，却"五脏俱全"。前面有小小的前院，前院里有棵大榕树，矮矮的围墙下，盛开着杜鹃和美人蕉。进门处有"玄关"，要脱鞋才能走上榻榻米。我们有三间房间，前面是八个榻榻米的客厅，后面有六个榻榻米的卧房，旁边还有间四个榻榻米的餐厅，餐厅后面有小小的厨房，卧室后面有长廊，长廊尽处是厕所。然后，还有小小的后院，后院中高耸着两株椰子树。

我还记得，迁进这房子的第一天，母亲就非常兴奋。我那可怜的母亲，她自从嫁给父亲，一直颠沛流离、居无定所。这时能住进一幢"独门独院"的房子，她就欣喜若狂了。她说：

"这是我结婚以来，第一次拥有'自己的家'！"

于是，母亲热心地擦榻榻米，擦地板，擦窗台，把整个房子擦得干干净净。我们孩子们，第一次住日式房子，进门要脱鞋，真不习惯。学着穿木屐，摔得七荤八素。最高兴的还是地上铺的榻榻米，反正住在哪儿都要打地铺，这次来到台湾，打起地铺来最简单。这栋日式小屋，我们一住就住了十几年。我们的童年，就在这日式房子中结束。两个弟弟，精力充沛，常在房子里打架，日式房子是纸门，他们一推一摔，就把纸门摔得稀巴烂。于是，父亲买来壁纸，发动全家糊纸门。一年内，我们总要糊好多次纸门。

生活仍然是艰苦的，父亲的一份薪水，依然不够我们全家的生活。母亲每天在算账，想办法缩减开支。我们穿的衣服，缝缝补补，不知改过多少次，大人的改给孩子穿，姐姐的改给妹妹穿，哥哥的改给弟弟穿。母亲一直亲自做家务。家里买不起木炭，都烧煤球炉，那煤球和炉子一样大，中间有许多孔，一个接一个，终年不熄火。但是，煤球的气味非常难闻，我一直睡在那四个榻榻米的餐厅里，夜夜嗅着那煤气，以至于直到现在，喉咙都不好。

我在小说《几度夕阳红》中，曾经形容过女主角李梦竹的生活，那就是我母亲的写照。我还引用过一首诗，那首诗也是我母亲写的：

刻苦持家岂惮劳？
夜深犹补仲由袍，
谁怜素手抽针冷，
绕砌虫吟秋月高！

由这首诗，就知道我们当年的生活了。

一九四九年秋季，我插班进入台北师范附小六年级，继续我那断断续续的学业，麒麟念五年级，小弟念三年级。小妹还不到学龄，喜欢爬上矮围墙，再从围墙爬上大榕树，坐在大榕树上看风景。

每天早上，我依然带着两个弟弟去上学。台湾是亚热带，夏天真是热极了。同学们一下课，就拥进福利社买冰棒吃。我和弟弟们没有钱，无法买冰棒，看到别人吃冰棒，真是羡慕极了。学校规定穿制服，一星期有两次"洗制服日"，就可以穿便服。到了穿便服的日子，同学们个个穿得鲜艳明丽，只有我穿着一件由母亲的旧旗袍改的裙子，不伦不类，说有多难看，就有多难看。整整一学年，我只有这一件裙子，没穿过第二件。每星期最怕的事，就是"洗制服日"。

麒麟和小弟，都到了最顽皮的年龄。别的孩子有玩具，我们没有。初到台湾，我第一次看到树叶上爬着的蜗牛，觉得新奇极了。我大呼小叫地喊弟弟们来看，说：

"台湾的田螺真奇怪，会背着它的壳爬树叶！"

弟弟们没有玩具，觉得蜗牛也很好玩。就把树叶上的蜗牛一个个摘下来，揣了一口袋，两个人比"蜗牛"，看谁找到的比较大。他们还试着要蜗牛"斗牛"，可惜蜗牛不是蟋蟀，一点斗性都没有。弟弟们弄了满口袋的蜗牛，玩得不亦乐乎。那天晚上，母亲照例巡视他们有没有盖好棉被，却发现他们全身爬满了蜗牛。母亲吓得大叫一声，差点没有当场晕倒。从此之后，勒令不许玩蜗牛。但是，不玩蜗牛玩什么呢？他们依然玩蜗牛。

那年我发现了电影。在植物园，每星期六晚上，放一场露天电影，票价非常便宜，只要一块钱。但是，我连一块钱都没有！我每天帮母亲洗碗，要求给我一点零用钱，母亲有时会给我一角钱。积蓄了好久，才积到一块钱。没有余钱搭汽车，我徒步走到植物园，要走整整一小时。看完电影，再走一小时回家。有一次，电影看到一半，下起大雨来。露天电影是禁不起下雨的，立即停演。我淋着雨奔回家，路又黑，雨又大，中途摔了一大跤，

123

膝盖都摔出血来。到家后,我浑身湿透,像人鱼一样滴着水,脚跛着,路都走不稳。母亲见了,大惊失色,慌忙帮我换衣疗伤,一面就下令,以后不许去植物园看电影。不看电影怎么行呢?那是我仅有的娱乐呀!

童年,就是这样苦涩的。

第二年夏天,我十二岁,从北师附小毕业,考进了台北第一女中。

走进中学,童年就悄然而去。细细想来,童年的天真活泼不多,挨过的风霜雨露却不少;幸福的感觉不多,离别的经验却不少;欢乐的事情不多,痛苦的滋味却不少;安定的日子不多,流浪的岁月却不少。

就这样,我走过战乱,走过烽火,走过苦难,走过童年。

至于童年以后,那是完全不同的另一章了。

——第一部完

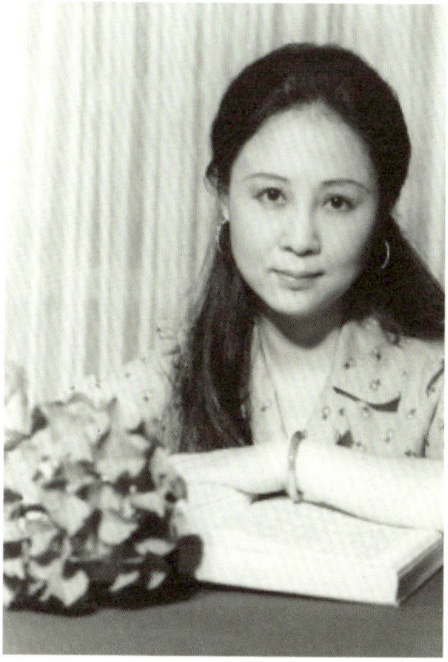
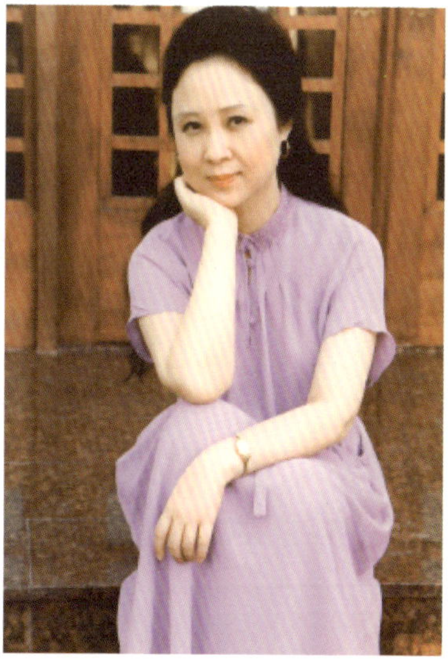
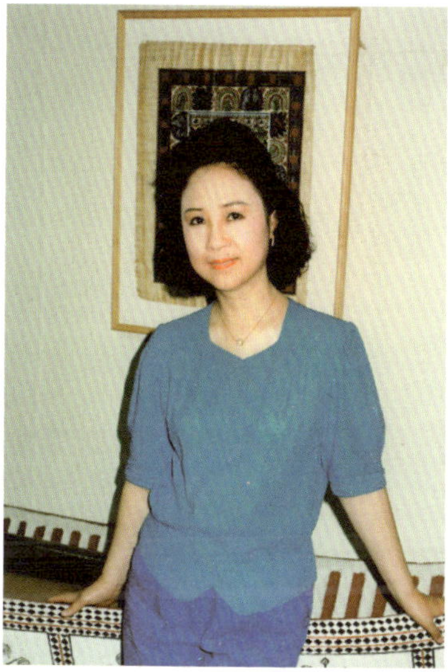
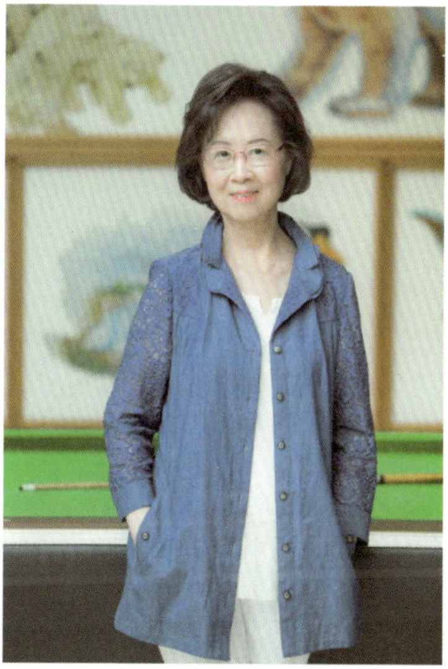

不论黑白还是彩色,我的照片大部分都是鑫涛拍摄的。我们一生,只进过一次朋友开的照相馆,为他捧场。拍了两张艺术照。这张鑫涛太酷了,我不敢拿出来,为了《我的故事》,这还是第一次曝光。

然后我们到了湖南张家界,和湖南合作,开展长达二十几年在大陆拍摄电视剧的日子。1989年摄于湖南张家界。

让我们红尘作伴,活得潇潇洒洒,骑着骆驼,共享人世繁华!

全世界都留下我们的足迹。在我们身后,是"耶路撒冷"城。

小庆和女友何珠订婚啦!

孙女可柔、可嘉与我。

陈氏家族一起游美国。右起：鑫涛、麒麟、小妹、我、弟媳小霞、侄儿小麟。摄于夏威夷。

金字塔前的"全家福"。右起：阿飞、鑫涛、小妹、我、大弟媳小霞、小弟媳瑞媛、小弟陈怀谷、麒麟。

《青青河边草》，著名的金铭和叶静！我和鑫涛，和两位童星合影。

《还珠格格》第二部拍摄时，我去北京探班。

第二部

一、少年"尝尽"愁滋味

我的少年时期,是我回忆中,最不愿意去面对的一段日子。每次提起这段岁月,我都有"欲说还休,欲说还休"的感慨。现在,为了让这本书中有个"真实"的我,我试着来回忆那个时期的我!

那个时期的我,真是非常忧郁而不快乐的。

生活是安定了,流浪的日子已成过去(我在那栋日式小屋中,一直住到出嫁)。但是,我的情绪,却一日比一日灰暗,一日比一日悲哀。当安定下来,我才真正体会出生命里要面对的"优胜劣败"。原来,这场"物竞天择"的"生存竞争",是如此无情和冷酷!我的心,像是掉进一口不见底的深井,在那儿不停地坠落。最深切的感觉,就是"害怕"和"无助"。

怎么会变成这样子的呢?

童年的我,虽然生长在颠沛流离中,虽然见过大风大浪,受过许多苦楚,但,我仍然能苦中作乐,仍然能给自己编织一些梦想。尽管我显得早熟,有孤独的倾向,我还是能在我的孤独中去自得其乐。可是,我的少女时期,就完全不一样了。

一切是渐渐演变的。

进了中学,我才发现我的功课一塌糊涂。童年那断断续续的教育,到了第一女中,简直就变成了零。除了国文以外,我什么都跟不上,最糟的是数学、理化等,每到考试,不是零分,就是二十分。第一女中的课业非常严,考上第一女中的都是好学生(我不知怎样会歪打正着地考了进来,对我而言,简直是祸不是福)。人人都应付裕如,只有我一败涂地。学校里的考试又特别多,从小考,到周考,到月考,到期中考,到期末考……简直是考不完的试。我知道人生像战场,你必须通过每一种考试。而我呢?就在学校教育这一关,败下阵来。

这时,母亲已经去台北"建国"中学教书。父亲是大学教授,母亲是中学教员,我的家庭,几乎就是个"教育家庭",这种家庭里,怎么可能出一个像我这样不争气的孩子呢?父母都困惑极了,他们不相信我是愚笨的,愚笨的孩子不会写文章投稿(对了,我唯一的安慰,是常常涂涂抹抹,写一些短文,寄到报社去,偶尔会刊登出来,我就能获得一些菲薄的稿费)。父母归纳出一个结论:我不够用功,不够专心,不够努力。

我想,父母是对的。我可以很专心地去写一篇稿,就是无法专心地去研究"X + Y"是多少;我可以一口气看完一本小说,就是无法看懂水是由什么组成,人是什么碳水化合物。总之,我的功课坏极了,也让父母失望极了。

如果我家的孩子，都跟我一样，那也就罢了。偏偏，小弟在学校中锋芒毕露。他不用功，淘气，爱玩……却有本领把每科学科，都考在八十分以上。麒麟脾气更坏了，动不动就和同学打架，但是，考起试来，总算能勉强应付。小妹进了幼稚园，像奇迹一样，她展现了令人难以相信的才华，认字飞快，写字漂亮，能跳芭蕾，能弹钢琴……在进小学以前，就被誉为天才，进了小学一年级，她更不得了，无论什么考试，她不考九十九分，她考一百分。

父亲逐渐把他的爱，转移到小弟身上去。母亲一向强调她不偏心，总是"努力"表现她的"一视同仁"。但是，人生就那么现实。当你有四个孩子，你绝不会去爱那个懦弱无能的，你一定会去爱那个光芒四射的！一天又一天过去，母亲越来越爱小妹，父亲越来越爱小弟。而且，他们也不再费力掩饰这个事实。一举手、一投足、一个眼神、一个微笑，爱会流露在自然而然之中。我和麒麟这对双胞胎，当初的一麟一凤，曾"喜煞小生陈致平"的，现在，已成为父母的包袱。

从小，我和整个家庭是密不可分的。我的感情，比任何孩子都来得强烈。我热爱我的父母和兄弟姐妹，也渴望他们每一个都爱我。如今回忆起来，我那时对父母的"需要"，已经到达很"可怜"的地步。我功课不好，充满了犯罪感，充满了自卑，充满了歉疚，也充满了无助。我多希望父母能谅解我，给我一点安慰和支持。

初中二年级，我留级了。那年的麒麟就读于"建国"中学，正是母亲教的那个学校，是全台湾最好的男中。就像第一女中是全台湾最好的女中一样。但是，整个学期，麒麟和同学打架，和教官吵架，在训导处咆哮，弄得全校师生，都到母亲面前去诉苦告状。

父母再也无法掩饰对我们两个的失望。把我们两个叫到面前来，他们做了一个"决定"：

"你们两个，都已经十四岁了！十四岁够大，可以练习独立生活了。所以，从下学期开始，麒麟转学到台中一中去住校，寒暑假再回来。凤凰呢，就转学到彰化女中去住校！"

这个"宣布"，对十四岁的我来说，像是一个炸弹，骤然间炸毁了我依恋的那个世界。自从和父母投河不死，在桂林城内一家拥抱团圆，我就认为我们这个"家"是牢不可分的。如今，父母居然要送走我们两个！十四岁并不够大，十四岁还是个孩子，却又足够了解"放逐"的意义。我不要走，我不想走，我也不要麒麟走。我真想对母亲呐喊哀求：

"母亲啊，别放弃我们！"

但是，我太"自卑"了，自卑得不敢说话。至于麒麟，他是男孩子，不像女孩这样纤细，这样容易受伤，他怎么想，我不知道（事隔多年以后，我们这对双胞胎曾谈起这次被"放逐"的感想，麒麟才告诉我说，当时他气极了！恨极了！满怀沮丧和不平。但是，他却因为这次"放逐"，真的学会了独立）。

于是，麒麟被送到台中去了。台中一中收留了他，从此，他只有寒暑假才能回到台北。那时，家里没有电话，麒麟不写信，我们只有寒暑假才能见到他。我呢？我被送到彰化去了，彰化在台湾南部，离台北很遥远。但是，彰化女中却拒绝收留我，因为初三是毕业班,他们不收转学生。这样,我就很意外地被打了回票。父母无可奈何,只好让我继续留在第一女中读书。

我终于留在家里了。但是,从此,我就失去了笑容。我变得那么忧郁,那么强烈地自卑,这种心态,我想,父母到今天都不曾了解。麒麟走了,我更加孤独。在学校里的功课,仍无起色,我的生命,苍白灰暗。这时,我写作,我拼命写作。少年不识愁滋味?谁说的?我的少年时期,却只有忧郁,我的"多愁善感"与日俱增。写作,成为我唯一的发泄渠道。

这样一天天"挨"过去,我初中毕业,考进了台北第二女中。麒麟从台中一中毕业后,考进了省立工专。因为工专在台北,麒麟又住回到台北来,但他大部分时间,都住在学校宿舍里。

小弟也念中学了,他是建中的高才生,又画一手好画,父母特别为他请了师大美术系的孙多慈教授,教他画画。小妹成了母亲最大的骄傲,她每学期拿第一名,奖状奖杯,捧回家无数无数。父母也为她请了老师,教她舞蹈和钢琴。

我十六岁了。苦涩的十六岁。

那年我读高一。课余之暇,我就把自己埋在图书馆里,疯狂般地阅读各种文学作品。我觉得,我那时对文学是一种"饥饿状态",我"吞咽"中外名著。书看多了,思想也多起来,对人生的爱恨别离,感觉特别敏锐。我常常想,生命的意义到底是什么?我在书中找生命的意义,找不到;我在教室中找生命的意义,也找不到;我在家庭中找生命的意义,更找不到了。

那时,父亲在师大教书之余,又开始演讲著述,生活忙得不得了。母亲又教书又忙家务，深夜还要帮父亲校对。他们实在太忙了，忙得没有什么时间来过问我的心路历程。我觉得寂寞极了。在学校里，我也有几个好朋友，但她们和我比起来，却"天真"太多。我满心满怀的热情，无处发泄；满脑子的疑问，没有解答。然后，有一天，学校发给我一张"通知书"，要我拿回去给父母"盖章"，通知书的内容是：我的数学考了二十分，要家长"严加督导"。这种通知书我是经常拿到的，本就没有什么稀奇。可是，那天我的情绪低落，自卑感发作得特别厉害。我觉得自己不成功、不优秀、不出色、不可爱，简直一无是处！拿着通知书回到家里，却发现我那处处比人强的小妹，正坐在玄关抱头痛哭，父母一边一个，在想尽办法安慰她。我不禁大惊，慌忙问妹妹发生了什么大事，哭得这么厉害？母亲叹口气，用充满怜爱与骄傲的语气说：

"她实在太要强了，她哭，因为考了一个九十八分，没考到一百分！"

我目瞪口呆，揣在口袋里的通知书简直无法拿出来。但是，老师命令，明天一定要盖好章交回。磨磨蹭蹭，到了深夜，我终于拿了通知书去找母亲，母亲一看，整个脸色都阴暗了下去，她抬头对我说：

"你要我们做父母的，拿你怎么办？为什么你一点都不像你妹妹？"

我心中一阵绞痛，额上顿时冒冷汗。我冲出房间，冲到夜色深沉的街头，伏在围墙上，疯狂般地掉眼泪。那一瞬间，我又想起了东安城，弟弟们丢了，父母问我要不要跟他们一起死？童年的我，不早就踏进死亡了吗？如果那时死了，现在就不会这么孤独、痛苦和无助了！

当天晚上，我写了一封长信给母亲。这是我成长以来，第一次这样坦率地向母亲"告白"。如今，我已不能完全记起信中的内容，只依稀记得，有这么一段话：

> 亲爱的母亲，我抱歉来到了这个世界，不能带给你骄傲，只能带给你烦恼。我却无力改善我自己，我真不知道该怎么办才好！但是，母亲，我从混沌无知中来，在我未曾要求生命以前，我就这样糊糊涂涂地存在了。今天这个"不够好"的"我"，是由先天后天的许多因素，加上童年的点点滴滴堆积而成。我无法将这个"我"拆散，重新拼凑，变成一个完美的"我"。因而，我充满挫败感，充满绝望，充满对你的歉意。所以，母亲，让这个"不够好"的"我"，从此消失吧！

写完这封信，我找到母亲的一瓶安眠药，整瓶都吞了下去。

当我醒来的时候，已经是一星期之后了，我躺在医院里，手腕上吊着点滴瓶。母亲坐在我的床边，紧紧握着我的手，睁着一对红肿的眼睛，一瞬也不瞬地盯着我。我立即明白，另一个世界还不准备收留我！张开嘴，我痛喊了一声：

"妈妈啊！"

母亲顿时抱着我的头哭了。我也哭了。我们母女紧拥着,哭成一团。母亲哽咽地说:

"凤凰,我们以前曾经一起死过又重生,现在,我们再一次,一起重生吧!"

我哭着点头,抱紧了母亲。心里疯狂般地喊着:"对不起,母亲,我又把你弄哭了!以后,我一定不能让你哭,不论再发生什么事,我不要你哭!"

再过了一个星期,我出院回家。父亲买了一个古筝送给我,庆祝我的重生。我很少收到父亲的礼物,觉得特别珍贵。虽然始终没学会弹古筝,却常常抱着那古筝,随意地拨弄。古筝的声音清脆,带着颤音,袅袅不绝。我每次拨弄古筝时,心里也震震颤颤、绵绵袅袅地浮漾着哀愁。

十六岁过去了。我苦涩的日子仍然没有结束。

(注:走笔至此,我心中依旧酸楚。很多人看到今日的我,总觉得我是一个被命运之神特别眷顾的女人,拥有很多别人求之不得的东西。可是,谁能真正知道,我为"成长"付出的代价呢?)

二、绝望的"初恋"

我十八岁到十九岁这一年,在台北第二女中念高三。

我的家庭情况,有了一些变化。父亲教了一辈子的书,此时终于教出一片美好的晴空。他的学生崇拜他、热爱他。他定期在大礼堂演讲，听讲的人挤破了大礼堂的玻璃门，每次都座无虚席。而且，他开始出书了，写"中华历史故事"。母亲辞去了建中的工作，全心全意协助父亲的事业。父亲写书，她负责出版，从校对到跑印刷厂，全是她的工作。每天忙忙碌碌，还要兼顾家务，我的母亲，实在是个肯吃苦、肯努力、要强好胜，而又十分能干的女人。

小妹依然是优秀的小妹，小弟依然是优秀的小弟。麒麟依然住校，不常回家。我依然孤独寂寞，生命里一片贫乏。

十六岁的事已成过去，在父母的记忆中逐渐淡忘。高三后我要考大学，母亲最着急的事，就怕我落榜！父亲是名教授，如果女儿考不上大学，那多没面子！而且，如果考不上大学，将来要怎么办？一个高中毕业生，连工作的机会都没有！母亲在忙碌之余，几乎每天都要对我说一遍：

"你一定要拼出你全部的力量，以你的聪明才智，绝不可能考不上大学！万一考不上，不是你一个人的失败，是全家的失败！你好自为之，千万不要让父母失望！"

我很忧愁，真的很忧愁。我不愿让父母失望，不要让母亲哭。可是，我对那即将来临的大学联考，怕得要死。怕得夜里会做噩梦，梦到全世界的人都在对我耻笑！陈致平的女儿，居然考不上大学！

这个时期的我，已经不只是孤独、寂寞和无助，我还有很深很深的恐惧。我所热爱的写作已全部停摆，因为母亲说那会妨碍我的功课。至于屠格涅夫和莎士比亚，我更是碰也不敢再碰。每天捧着我看不懂的课本，我的自卑和害怕融为一体，紧紧揪着我的心。

十八岁！是花样年华呀，拥有着青春的日子。我的十八岁，是如此暗淡无光。我消瘦、苍白、食欲不振、精神恍惚。面对镜子，我总觉得自己像个纸人，风吹一吹就会破碎。在学校里，同学给了我一个绰号，叫我"林黛玉"，顾名思义，就知道我是何等憔悴。

就在这个时候，我的国文老师，用他的怜爱和鼓励，一下子闯入了我心深处。

老师足足比我大了二十五岁，他结过婚，妻子已经去世。他孤身一人来到台湾，当中学教员，已当了七年。他学问渊博、满腹诗书，带着中国书生的儒雅气质。诗词歌赋以至于书画篆刻，他无一不会。说实话，我对他充满了崇拜之情。这种崇拜，是很容易变质的。他对我，是充满了怜惜之情，这种怜惜，也是很容易变质的。再加上，他也孤独，我也孤独；他正寂寞，我也寂寞。

爱情一旦发生了，就不是年龄、身份、地位、道德……种种因素所能限制的。我带着一份崭新狂喜，体会到在这世间，我毕竟并不孤独！老师已走过一大段人生，深知这段感情不可能有结果，却迷失在我们彼此的吸引里。他越要抗拒，越无法抗拒；越要理智，越无法理智。这段感情，夹带着痛楚挣扎，一下子就像惊涛骇浪般，把我们两个都深深淹没。

我知道这是不对的，一定不对的！我知道这段感情如果给父母知道，我们一定是死路一条！我也想过，社会的舆论、人们的看法、学校的立场……我越想越怕。最怕的，还是这段感情，会给老师带来伤害，于是，我几度下决心地对老师说：

"分手吧！就当我们从没有遇到过！"

笨呀！已经相遇，怎能当成从没相遇？已经相知，怎能当成从未相知？已经相爱，怎能当成从未相爱？分手失败，两人在苦海中载沉载浮。四十几岁的老师，比十八岁的我更加惊慌失措。

这份绝望的爱，像排山倒海的巨浪，卷进了我的生命。我无法抗拒，无力挣扎。爱情带来的狂欢很快消退，剩下的就是煎熬和痛楚。我们两个，费力地将这段感情，严严保密。但是，学校里已经风风雨雨。老师诱惑女学生，罪名深重！女生爱慕男老师，不知羞耻！交相指责的声浪，压迫得我们难以抬头。**爱情，爱情应该是甜蜜的，怎么我的爱情，这样痛苦！**到了这个地步，两人痛下决心，再谈分手。很多年很多年以后，我写了一首歌，歌词是这样的：

> 见也不容易，别也不容易，
> 相对两无言，泪洒相思地。
> 聚也不容易，散也不容易，
> 聚散难预期，魂牵梦也系！

这首歌所写的，正是当时我们的写照。

再分手，又失败了。老师常喝醉，醉了，就用泪眼看着我说："为什么让我们中间，差了二十年！"

喝得再醉一点，他就说：

"二十年有什么了不起？当我八十岁时，没有人会说我不该追求六十岁的你！"

喝得更醉一点，他就笑了：

"我哪里有四十岁？我根本没有四十岁。会为你这个小女孩如此疯疯癫癫，我的心态停留在十八岁！智商只有八岁！"

喝酒不能解决问题。他好多天滴酒不沾，让自己清清醒醒。然后，有一天，他抓着我的胳臂，用力摇撼着我，对我说了一番最恳切的话：

"请你为了我，考上大学！这是你父母的期望，你一定不要让他们失望。等你考上了大学，你会认识很多你同年龄同阶层的男朋友，你一个个看过去，一个个接触，当大学四年后，你如果没有变心，我还在这儿等你！如果你变心了，那证明我们的感情，根本经不起考验！我觉得，我们两个唯一的前途，就是你大学毕业后的选择！到那时，你依然选我，你的父母、家人、社会、舆论……就都无话可说了！所以，"他用力地、恳求地说，"为我考上大学！为我不要变心！帮我，在你父母面前争一席之地！"

多么绝望和无助的爱，多么矛盾的老师，多么可怜的我。于是，我们把计划定到五年以后，等我大学毕业的日子。那时，我们一定已奋斗出一片天空！但是，五年是多么漫长！考大学、考大学、考大学，考大学成了我生命中最重要的事，我真不敢去想，万一考不上大学，我的命运会如何？父母的反应会如何？我和老师的前途会如何？

我捧着书本，夜以继日地念。有一段时间，我真的把我的生命都拼在那些书本上！那些我始终弄不清楚的数字游戏，和那些与我毫无关联的西洋文字。有时，会捧着书本发起呆来：真不相信这些"X＋Y"有权利来决定我的爱情、我的前途，和我的生命！为什么？我不懂。生命里有太多为什么，我都弄不懂。我却偏要去弄懂为什么"X＋Y＝Z"，我瞪着那些数学方程式，觉得每一个符号代表的都是讽刺。

命定的结果终于来临了。

三、落榜

我落榜了！

所有的希望，所有的计划，所有的一切，都随着落榜变成了一无所有。足足有三天，我躺在床上，拒绝下床，拒绝吃饭，拒绝见同学，拒绝父母的安慰，我拒绝一切，只想死掉，只想马上死掉，把这一切的痛楚和失望，统统结束。

母亲坐在我床边，她又哭了。我总是让母亲哭！为什么我不能像小妹，永远让母亲笑？父母辛辛苦苦养育像我这样的子女，值得吗？值得吗？天啊，我真想马上死掉！

母亲强抑着她的失望，握着我的手鼓励我：

"凤凰，你才十九岁呀！来日方长。大学联考，年年都有，今年失败了，明年再来！明年失败了，后年再来！你总有考上大学的日子！只要不灰心，振作起来，继续去努力，我对你有百分之百的信心，你一定会考上大学的！"

母亲啊！你还要我明年再来？后年再来？你对我有信心，我对自己却没有信心呀！如果明年再失败，后年再失败……我必须一次一次去面对自己的失败吗？母亲啊，我没有你想象的那么优秀，没有你期望的那样勇敢……天啊，我只想死去，只想马上死去！

小弟、小妹和麒麟，绕着我的床说悄悄话，小妹捐出她的零用钱，小弟和麒麟拿去买了我最爱吃的牛肉干、花生米和水果，三个人捧着食物，走到我床边来说：

"姐，不要伤心了，考大学又不是什么了不起的事！反正你明年再考就好了嘛！来，吃点东西吧！"

我泪眼看我的三个弟妹，他们都优秀，唯有我失败！他们是父母的骄傲，我却是父母的耻辱！母亲说过，如果我失败，就是全家的失败！我竟连累全家的人，都坠入失败的深井里。这样一个害群之马，怎么还值得弟妹的尊敬和爱？我推开食物，什么都不要吃，我只想死去！

老师，他在哪里？当我奄奄一息躺在床上的时候，他竟无法对我施以援手！不能公然走入我的家庭，不能来探视我，也不能来安慰我，这咫尺天涯，如同万仞千崖，他怎样也不能飞渡！五年计划，终成泡影。绝望的爱，毕竟只有绝望！我几乎不敢想到他，当我想到他时，我心泣血。为什么地球不毁灭呢？不，不，全世界的人都好，唯有我罪孽深重。老天啊！让我死去吧！

在我强烈的求死意志中,什么都变得不重要了。积压了很多年很多年的自卑感,被"落榜"的事实,像点火一样地燃烧了起来,一烧就不可收拾。我本身的忧郁,加上那无助的爱情,都把我推向毁灭的深渊。我写了一首小诗,寄给我的老师,作为诀别的纪念:

> 我值何人关怀?
> 我值何人怜爱?
> 愿化轻烟一缕,
> 来去无牵无碍。
> 当细雨湿透了青苔,
> 当夜雾笼罩着楼台,
> 请把你的窗儿开,
> 那漂泊的幽灵啊,四处徘徊,
> 那游荡的魂魄啊,渴望进来!
> 请把你的窗儿开,
> 我必归来,
> 与你同在!

然后,我又搜集了许许多多安眠药、镇静剂,和其他各种我能搜集到的有毒药片,一起吞下去了。

四、无法"死别",毕竟"生离"

我总觉得人类是很脆弱的动物,别的动物都有皮、毛、角或鳞、甲、壳……的保护,只有人没有,一层薄薄的皮肤裹着血肉之躯,实在是单薄极了。但是,人的生命力却那么强韧!千方百计想死,这个死亡之门,我硬是挤不进去。生命真奇怪,自己一点主权都没有!既没有主权决定自己要不要"生",又没有主权决定自己要不要"死"!父母操"生"的权,老天操"死"的权。或者,连"生"的权,也是老天操纵的吧!如果我不和麒麟结伴而来,说不定已被母亲"处理"掉了!我却偏偏是双胞胎!注定要来到这人间,挨过种种劫难!连"逃"都不许我"逃"!人生,不是太悲惨了吗?

当我又被"救活"以后,我快要让父母发疯了!三年里两度求死,简直是不可思议!我自己也快发疯了,生既无欢,死而何憾?为何求生不得,求死也无门呢!在我们大家都激动悲愤中,我和老师的恋情也曝光了!

那真是一场惊天动地的大震动。当母亲知道我居然被一个四十几岁的老师"迷惑"之后,她的愤怒像一座大火山,迸发出最强烈的火焰,把我和老师全都卷入火舌之中,几乎烧成灰烬。

母亲把所有的责任,都归之于老师。我的落榜、我的厌世、我的自杀、我的悲观……都是这位老师一手造成!可怜的老师,他比我大了二十几岁,已经是"罪该万死"!他实在没有丝毫的立场和力量来为他自己辩护!他也不敢辩护,生怕保护了自己,就会伤害到我！我们的爱情，到这时急转直下，再也无法保密，已经闹得全天下皆知。我惶然失措之余，告诉母亲，我大学也不要念了，就当我死了吧，让我跟老师结婚算了！我这样一说，母亲的怒火，更加不可遏止了。

母亲采取了最激烈的手段，她一状告到警察局，说老师"引诱未成年少女"。但是，我和老师之间，一直维持"发乎情，止乎礼"的态度，这件"控告"本身不太成立。尽管如此，我却被这举动，深深伤害了。接着，母亲又一状告到"教育部"，说老师"为人师表"，竟"诱拐学生"，师道尊严何在？"教育部"接受了这件案子，老师被解聘了。八年以来，他是最受学生爱戴及欢迎的老师，如今，身败名裂。而且，竟连容身之地都没有！

我直到现在，对母亲当时的种种手段，仍然觉得胆战心惊，对母亲的种种措施，仍然伤痛不已。我曾经听说过，母猫为了爱护它的小猫，当它发现危险靠近时，会把小猫咬碎了吞进肚子里去。当年的我，就有这种感觉。我绝不怀疑母亲对我的爱，却感到自己被撕成了一片一片，粉身碎骨了。

有时我会想，冥冥中一定有个大力量操纵着人类的命运。一切离合悲欢，大概皆有定数。世间的事就有那么巧，我十九岁时和我的国文老师相恋，母亲十九岁时也和她的国文老师相恋。两代的遭遇，像历史的重演。所不同的，只是我的老师不该已结过婚，更不该比我大二十五年！其实，这些也都不是问题。问题在我的父母，竟不能像我的外祖父母那般洒脱。母亲此时最恨我提到她的往事，她连我的名字"两吉"的由来都不愿面对。她用一种作战的精神来对抗我的老师，我害怕了。我是个会为爱情去拼

143

命的女孩,但,我能拼我的命,却那么害怕,会拼掉老师的命!

那真是一段不堪回首的日子。生命里充满了狂风暴雨、痛苦挣扎。当母亲奔波于各个不同的机构,一状又一状地告向社会当局,我的心已碎,完全不知道该如何去应付眼前的局面。那时,台湾的法律规定,二十岁才算成年,二十岁以前都没有自主权。母亲抓住这条法律,告诉我,如果真爱他,等到二十岁以后。到了二十岁就不再管我,否则,她要利用监护权,让老师付出代价!

老师已经付出代价了。工作没了,薪水没了,宿舍没了,朋友没了,学生也没了!短短几个月内,他什么都没了,四面八方,还涌来无数的责备、无数的轻蔑、无数的诋毁。他在这些压力下挣扎,已经挣扎得遍体鳞伤。

我开始怕我的父母,我不知道他们还会做出些什么事。我哭着哀求他们,跪着哀求他们,匍匐于地上哀求他们……请给我们一条生路!父亲心软了,母亲就是不为所动。她义正词严地问我:

"真心的相爱,还怕一年的等待吗?"

我怕!我真的怕呀!我亲眼看到,几个月之内,老师生存的世界已被完全打碎。一年,一年能发生多少事呢?

可是,我无力扭转我的命运。老师终于在台北待不下去,他只有去南部,找一个地方隐居起来,去"舔平他浑身的伤口"。(这句话是他说的,后来,在我很多小说中都有这句话。他说:"你看过受伤的动物吗?每个受伤的动物,都会找一个隐蔽的角落,去舔平它浑身的伤口。")老师必须要走,我们必须离别。老师对我沉痛地说：

"请你为我勇敢地活下去，现在，你是我生命中，唯一仅有的！一年很快，一年以后，到你过二十岁生日那天，我会整天守在嘉义火车站，等你！如果你不来，我第二天再等你！我会等你一个星期！请你，一定要好好活过这一年，一定要来和我相会！让我用以后的岁月，慢慢补偿你这一年的煎熬。请你，一定要来和我相聚！"

可怜的老师，可怜的我！

虽然对未来毫无把握，我却答应了他，一年后去嘉义和他相聚。到离别那天，我太伤心了！心中隐隐明白，这样一别，可能终身难聚！我不敢看他的眼睛，不敢看他的脸，我请求他面对橱窗，背对着我。然后，我哭着跑走了。从小到大，我的境遇坎坷，我曾经有好多次，觉得自己的"心"，真的会"碎"。那天，我已不只是心碎，我奔回家里，觉得整个人都被掏空了。我几乎不相信，我还能挨过明天、明天的明天，以及明天的明天的明天……

几年以后（一九六三年），我把这段初恋，写成了小说，那也就是我的第一部长篇小说《窗外》。书中从第一章到第十四章，都很真实。我的家庭背景，也很真实，只是把两个弟弟，合并成了一个人，以免人物太复杂。十四章以后的情节，和我的真实人生，就大有出入了。所以，看过《窗外》一书的人，一定能了解我这段初恋的经过，和它带给我的伤痛。

五、二十岁

从十九岁到二十岁，这一年，对我比一个世纪都漫长。我一天又一天苦挨着日子，真正了解了"度日如年"的滋味。

老师一去无音讯，我收不到他的片纸只字，不知道他人在何方。我失去了支持的力量，只感到彻头彻尾的孤独。父母积极利用这一年时间，开导我，教育我，想尽办法来爱我，希望我能脱离老师的"魔掌"。这些开导、这些教育、这些爱对我源源不断地涌来，我被密密包裹，细细珍藏。可是，我心中只有深深的苦涩。那间四个榻榻米的小房间，成了我的囚笼。不论里面装着多少爱，它实在不是我的天堂。我的心绪总是飞绕于云端，寻寻觅觅，老师啊，你在哪里呢？为什么不给我写信呢？

要勇敢地活下去！

是的，要勇敢地活下去！这一年，我常常在睡梦中醒来，泪水已湿透枕巾。可是，不论多么忧郁，多么无助，我牢牢记着二十岁的约会，而不让自己倒下去，更不允许自己再有轻生的念头。逐渐地，我锻炼出一种本领，每天默默地接受着日升日落，把每一个新的日子，都当成一项新的挑战。要挨过去！日历上画掉的格子越多，我振翅飞翔的日子越近。

我这种沉默的等待，显然让母亲惊骇震动。有一天，她忽然把我揽入怀中，用无限温柔的语气对我说：

"凤凰，我能不能要求你为我做一件事呢？"

"什么事？"我问。母亲的温柔竟让我提心吊胆。

"为我再考一次大学！"

"哦？"我惊愕地看母亲，痛苦地说，"妈妈，你知道我根本不是念大学的料！"

"你为什么不再试一试呢？"母亲轻言细语地说，"你每天无所事事，闲着也是闲着！再考一次对你没有坏处。考不上，没有任何人会怪你，考上了，我们当作是意外之喜。你正年轻，与其浪费这一年，不如准备考大学。这对你没有损失，不是吗？"

我无力地看着母亲，我有一个二十岁之约呀！我的生日在四月，大学联考在七月。亲爱的母亲啊，你一定要毁掉我的约会吗？我满腹狐疑，却不敢说出口。母亲凝视我，居然洞察了我的心事。她不慌不忙地说：

"我知道你在想什么，你放心，我已经说过，到了你二十岁，我就不再干涉你，那时，你要做任何事都可以！不过，这些事情都不阻碍你再考一次大学呀！即使你二十岁生日后的第二天，你就结婚了，你还是可以考大学！结了婚念书的人也很多呀！我想，爱情是一种彼此的奉献，他总不会自私到反对你读大学吧！"

"他一直希望我考上大学的！"我匆忙地帮他分辩。

"那么，就再考一次大学吧！为了我，去再试一次！"母亲那么温柔、那么真挚、那么渴望地看着我，看得我的心都绞痛了。我是怎样一个女儿呢？考大学是我自己的事，母亲没有让我去做工养家，只"哀求"我去考大学。我还这样不情不愿！

我想了一会儿，忽然想通了。

考大学的准备工作就是念书，我闲着也是闲着，念书可能还更好打发时间呢！我尽可以随意地念念书，潇洒地再考一次！这样想着，觉得答应母亲也没关系。最主要的，它不会影响我的二十岁之约！到时候，我可以奔赴嘉义，与他团聚。再回到台北来考大学。考不上，就当成一个游戏，侥幸考上了，我能兼有学业和爱情，不是太完美了吗？

"好，我再试一次！但是，如果我又失败了，请你不要失望！因为，我八成还是考不上的！"

"只要你答应去考，我就不会失望！"母亲兴奋地说。她的兴奋使我有犯罪感，原来，我只要答应去"考"，就能带给母亲这么多的快乐！像我这样一个充满问题和失败的孩子，换了任何一个母亲，一定都对我放弃了。可是，我的母亲不同，她永不放弃！直到如今，我都认为，我母亲实在不是个"凡人"！

我这一点头，家中气氛立刻改变。母亲第二天就为我请了一位"家庭教师"，来为我补习数学。这一举动实在大出我的意料。因为，我家的经济情况始终不好，四个孩子，都已长大，衣食住行加上教育费、医药费，家里月月闹穷。家庭教师的薪水不低，何况，母亲请的不是普通的家庭教师，她硬是把全台北最有名的一位数学老师给请到家里来了！这位老师身兼好几个补习班和省中的课，从来不肯做"家庭教师"。他来教我，完全是受母亲的感动，因为，他也是第二女中的数学老师，他知道我的故事。

这样一来，我原准备随意地念念书，潇洒地再考一次，就完全不是那么一回事了。家庭教师带来数不清的作业和功课，每星期来两次，一本正经地教我这个笨学生。我顿时又掉回到"考大学"的"噩梦"里。弟妹们全面地配合母亲，给我找参考资料，找模拟考题。麒麟念的是五专，逃掉了考大学一关。他自愿帮我补物理。一时间，生物、化学、物理、英文、历史、地理……各种课本往我身上压下来，我又喘不过气来了，我又开始睡不着，我又精神紧张，情绪忧郁。我怎么会把自己再度陷进这种"困兽之斗"里去的呢？"考大学"的悲剧在我身上已经发生过一次，几乎碾得我粉身碎骨。而现在，我又面临第二次碾压，眼看将再度被碾成飞灰。为什么这种悲剧会在我身上轮回呢？

老师啊，你在哪里呢？为什么不想办法给我一点点讯息呢？难道你已经将我忘了？难道离开我的日子，你终于得到了平静，所以，你准备放弃我了？难道……难道……母亲的预料是真的，你对我的感情，只是一时的游戏？

日子一天天过去，我的升学压力一天天加重，对老师的失望和怀疑也一天天加深。我又掉进那个无助的深井里去了。只觉得自己在坠落，坠落，坠落……井底，等待我的，将是冰冷的绝望。

父母绝口不再提我的恋爱，就好像那件事根本没有发生一样。他们提的，全是他们为我塑造的光明远景。

"上了大学，你的眼界就开了，你的世界会辽阔无边，所有最美好的事物，都在大学里等着你！"

母亲哦，父亲哦，不要对我抱的希望太高。大学的窄门，我一定挤不进去，你们何苦跟着我一起去摔跤？

日子缓慢而滞重地，像一辆十轮大卡车那样，从我身上一遍遍地碾了过去。我慢慢地被磨成了一片薄纸，薄得像蝉翼一样，透明的，所有的孤独和无助都写在脸上；轻飘的，随时可以"随风而去"。

老师仍然没消息。我的二十岁生日逐渐接近。嘉义,嘉义是南部的一个城市,感觉上,那城市离我又遥远又陌生,我根本不知道它在哪里。老师啊,你要我孤身一人,扑奔那茫茫的未来吗?我研究地图,研究火车时刻表,搜集我身边仅有的一些零用钱……母亲冷眼旁观,什么话都不说。到了生日前一星期,母亲才郑重宣布:

"今年的四月二十,是双胞胎的二十岁整生日。我们家一直穷苦,孩子们从没庆祝过生日。但是,今年不一样,一儿一女,同时满二十岁,我要给你们这对双胞胎,大大地庆祝一下。"

我还来不及说什么,麒麟已欢呼起来,小弟小妹掌声雷动,全家洋溢着一片喜悦。我勉强地跟着大家笑,看样子,四月二十日那一天,我一定走不了。

生日那天到了,我再也想不到,母亲居然把我们在台湾的亲友,全部请来。我们那二十个榻榻米的房子,挤得水泄不通。叔叔伯伯、舅舅姨妈、表姐表弟、堂姐堂弟……济济一堂。母亲那天真是忙极了,她不但里里外外地奔跑,倒茶倒水,招待嘉宾,她还亲自下厨,做几十个人吃的酒席。台湾的四月底,天气已相当热,我们的日式小屋,从来就没有空调。母亲在火炉前烧烤,汗珠从额上滴滴滚落。我在母亲身边,想帮忙洗洗切切,母亲把我推出厨房,怜爱地看着我,柔声说:

"不要弄脏你的新衣服!去外边客厅里跟大家玩吧,今天,我要给你一个最美好的生日。青春是这么珍贵的东西,我希望你永远记得你的二十岁!"

母亲啊！我的心那样强烈地痛楚起来，犯罪感把我层层包裹。我即将离去，对一个即将背叛你的女儿，你为什么还要对她这么好呢？

终于，到了开席的时间，大家坐满了一客厅。我们临时借了一张大圆桌，桌上全是母亲亲手烹调的山珍海味，那天的菜肴真是丰盛极了。大家坐定，都对我和麒麟举杯，祝我们生日快乐。此时，母亲忽然站起身来，对大家说：

"今天，是凤凰和麒麟满二十岁的日子，我有几句话，必须当着大家，对他们两个说！"母亲转向了我，眼光深刻而哀伤（那天的麒麟，完全是我的配角），继续说，"二十岁，是法律规定的，成人的年龄。从今天开始，凤凰和麒麟，就是成人了。换言之，我再也管不着他们了。他们的翅膀，终于长成。回忆起来，从他们出世，就是一个多难的时代，我拉巴他们到翅膀长成，实在不很容易，在烽火连天中，多少次，大家都可能同归于尽。可是，我总算把他们两个带大了。现在，他们已经有够硬的翅膀，如果他们想飞，我再也不会阻止，就让他们从我身边飞走吧……"

母亲的话没有说完，我的泪水已经夺眶而出，沿着面颊，一直不断地滚落。母亲凝视我，泪珠也从她眼中涌出，湿透了她胸前的衣襟。她一面掉着泪，一面哽咽地对我说：

"凤凰，请你原谅我！我曾经用各种方式，不择手段地破坏你的恋爱，今天我当着所有亲友，向你道歉！请你相信我，我所做的一切，都是为了爱你和保护你！可能我爱得太多，但是，我就做不到不去爱你呀！现在，你总算满了二十岁，我知道你全心全意，就想离开我！凤凰，还记得你坐在泸南中学的门槛上，跟着那些中学生念'梁上有双燕'吗?你才七岁,就能朗朗背诵,记得吗?"

我哭着点头,一屋子宾客鸦雀无声。

"你还会背吗?"母亲的眼泪更多了,"一旦羽翼成,引上庭树枝。举翅不回顾,随风四散飞!"母亲念了其中四句,声音已喑哑难言:"去吧!凤凰!如果你真想离开我们!去吧!你能做到举翅不回顾,你就去吧……"

母亲啊!我亲爱的、亲爱的母亲啊!我的泪水疯狂地涌出,模糊了我所有的视线,我的五脏六腑都绞扭成了一团。霎时间,许许多多童年往事,齐涌心头。东安河里,母亲带着我走出死亡;在山沟里,母亲差点被日军掳去;白牙镇上,两个弟弟失散;桂林城内,一家拥抱团圆……从童年到现在,这条路好长好长,我们大家都走得好辛苦。一家人一直手握着手,心连着心,直到我的恋爱发生!

想到这里,我再也控制不住自己,我哭着奔向母亲,抓着母亲的手,我在满屋子宾客的注视下,对母亲跪了下去。我哭着喊:"我不飞走,我不飞走!我发誓,从此听你的,只要你不哭!"

母亲,我不要你哭!十六岁那年,我就发过誓,不要让你哭!无论发生什么事,都不能让你哭!那么,就让我的心碎成粉末吧!我投降了!我不飞了!我跪在那儿,紧紧握着母亲的手,感到母亲的手在颤抖着。而满屋宾客,一片唏嘘声。

就这样,我二十岁的生日过去了。就像母亲说的,我一生都不会忘记我的二十岁!直到今天,二十岁生日那天的种种事情,在我眼前心底,都历历如绘!

二十岁生日过去,我没有去嘉义。第二天,我也没去,第三天,我仍然没去。一星期过去了,我依旧没去!

我失约了。老师那边,是一片沉默,什么反应都没有。我已彻底和他断绝了音讯。我的初恋,就这样悄然结束。回忆起来,我和老师的感情,从开始到分手,前前后后,不过只有一年的时间。这一年,却是我生命中最重要的一年,它改写了我这一生的命运!在我后来的遭遇中,扮演着重要的角色。

别了,我的老师。二十岁那年,我常倚着窗子,看天空有没有燕子飞过。心里反复低唱着一首歌:

> 把印着泪痕的笺,
> 交给那旅行的水,
> 何时流到你的屋边,
> 让它弹动你的心弦。
> 我曾问南归的燕,
> 可曾带来你的消息,
> 它为我的命运哭泣,
> 希望如梦心也无依。

二十岁那年,我依然无助。没办法收拾初恋的悲痛,没办法遗忘那一年的点点滴滴;没办法漠视父母的爱,也没办法治疗自己的自卑。当心底的歌萦绕百回千回之后,大学联考仍然在等着我!

(一直到十几年后,我才辗转知道,老师在那一年中,写了几十封信给我,尝试过各种渠道,想把信转入我手中,我却始终没有收到那些信。)

六、初试写作

那年七月,我考大学再度落榜。

生命已经够暗淡了,在这样暗淡的岁月中,依然逃不掉落榜的命运!

我尽量抚平自己的情绪,接受了这个无可奈何的事实。自从二十岁生日过后,我变得有些麻木了。**好像"失败"是我命中注定的遭遇,怎样都逃不掉。**我没有像上次那样痛不欲生,也没有把自己像蜗牛般缩到壳里去。我照常过日子。但是,每夜每夜,我注视着屋顶发呆,在许许多多无眠的夜里,思索着我的未来。如果人生是一条无法逃避的漫漫长路,我今后的脚步,**应该往哪一个方向走?**父母为我铺的路,我显然是走不下去,自己选择的恋爱,已变成心上最深的创痕。而今而后,我当何去何从?

就在我开始认真地考虑我的"未来"时,母亲已打起精神(我二度落榜,她受的打击比我还重)鼓励我明年去"三度重考"!母亲这种越战越勇的精神实在让我又惊又佩。可是,在惊佩之余,我不禁战栗。我眼前立刻浮起了一幅画面,就是白发苍苍的老母,搀着也已白发苍苍的我,两人站在"大学联考"报名

处的门前,老母还在对我苦口婆心地鼓励着:

"凤凰,你还年轻,考了五十年,考不上又有什么关系?你还有第五十一次!"

这画面吓住了我。不!我心中强烈地呐喊着:我再也不考大学,我再也不碰那些教科书,我再也不让这"考大学"的悲剧在我身上重演!两次的失败已经够了,我再也不要去面对第三次的失败!

当我把我的想法说出来以后,母亲太失望了。她忧愁地看着我说:

"那么,你以后要做什么呢?一张高中毕业的文凭,在现在这个社会上,一点用处都没有!"

"我要去写作。"我说,"我已经浪费了很多生命去考大学,现在,我可以专心去写作了!"

母亲注视我,更加忧愁了。

"写作,比考大学还难呢!你或者可以把写作投稿当成一种娱乐,如果你要把它当成事业,那条路未免太艰苦了!你看,每年有数以万计的中学生进入大学,每十年,都出不了一个作家!"

"让我去试试看吧!"我无奈地说,"总之,这是我自己的人生呀!"

母亲不再表示意见,却深深叹了口气。她整理起那些大学联考的教科书,一本也不丢掉。小弟已经高三,明年还要用。或者……我也还会用吧!我恐惧地想着,觉得母亲有股强大的、难以抗拒的意志力。她所有的期望,都会达到吧!说不定,我明年又会乖乖地捧着书本,去死啃那些我永远弄不懂的"$X+Y$"吧!

这想法让我不寒而栗。让我赶快奔出家门,去买稿纸,买墨水,买合用的钢笔。再赶紧奔回家,在我那张小小的书桌上,立刻摊开了我的稿纸,我要写作!

我开始写作了。

我相信我对写作,是有狂热、有毅力、有决心,也有一点点才气的。但是,我最初的写作生涯并不顺利。

我们家的日式小屋,已经略加改善,这些年来,陆续把纸门换成了木板门,把榻榻米换成了地板。我们从打地铺也升格成睡床了。我和小妹睡一张床,合住一间房间,这间房也同时是我们家的餐厅,还是到厨房去的必经之路。我们家始终没有浴室,厨房就是浴室,买了一个大铝盆作为澡盆,每晚全家轮流进厨房洗澡。所以,我的房间经常热闹极了,早上,大家抢进厨房去洗脸漱口,晚上,大家抢进厨房去洗澡。一日三餐,母亲跑出跑进,煎煮炒炸,极其辛苦,饭开上桌,大家再拥进餐厅吃饭。吃完饭,我就忙着收拾善后,洗碗洗厨房。

小妹是家里的才女,用功得不得了。我和她共用一间房,我的"写作"只是我任性的游戏,自然不能妨碍小妹的正经功课,所以,当她书声琅琅时,我只有停笔,当她要用房内那唯一的书桌时,我就收拾稿纸打游击。二十个榻榻米的房子实在太小,走来走去,竟找不到一个可以安心思想及动笔的地方。

父亲是一家之主。母亲的权威虽然很大,对父亲仍然忍让三分。父亲这时的事业如日中天,他教了一辈子书,又是演讲中华历史的专家,因此,养成了他一个习惯,他不会"谈话",只会

"演讲"。在家里，他不论是对客人还是对家人，他一讲话就"声如洪钟、滔滔不绝"，我们家的木板门无法隔音，所以，每当父亲"演讲"时，我又必须停笔。

麒麟和小弟的年龄只差两岁，这时正值青春期。两个人年龄虽相仿，意见却永远不同。两个人的个性都很强，都有着叛逆性。当他们彼此表达意见，或发挥他们的叛逆性时，声音真是大得不得了，有时动口，有时动手。动口时还好，动手时家中会桌椅齐飞。小小的日式房子，在他们生龙活虎地表演时，我捧着我的稿纸，往往连逃难的地方都没有。

在这种环境下要写作，仅仅靠热情、毅力、决心和才气都不够，必须还要靠运气和奇迹。我的运气未来，奇迹也找不到。写啊写啊，写得非常辛苦，勉强写了几篇短篇小说，寄出去就被退了回来。每当厚厚的一摞退稿出现在信箱里时，我真沮丧极了。母亲眼看我辛辛苦苦地写，又花邮费去寄，每天翻报纸看有没有发表，最后却在信箱里收回原稿。这样重复不停地兜了好多次圈子，母亲按捺不住，表示意见了：

"我看，你还是规规矩矩去考大学吧！"

我心中战栗。不，不能考大学，考大学是所有噩梦中最大的一个。我坚持地写，继续地写；坚持地寄，继续地寄。我把甲地退回来的稿子再寄往乙地，乙地退回来的再寄往丙地。美国作家杰克·伦敦把这种投稿方式称为"稿子的旅行"。我也让我的稿子去旅行，只是，它们往往"周游列国"之后，仍然"回家"。我面对这些已无处可旅行的稿件，真难过到了极点。开始怀疑自己到底有没有天分，能不能走这一条路？

在我初尝写作滋味的这段时间里，父母也积极地帮我物色了好几个他们认为"门当户对""年轻有为"的男朋友。母亲实在太聪明，她在我的眉间眼底，已经看出我对老师绝未忘情。这对她永远是个威胁。现在，我和老师虽然已断了音讯，万一有一天，两人又联系上了，那就太危险了。很可能，她在我身上用的工夫会功亏一篑！

所以，那一阵子，我们家中的年轻人来来往往，不是师大的学生就是台大的学生，个个都是青年才俊，家学渊源。这些年轻人又常常把他们的朋友带来玩。有一些，纯粹是想"看看那个差点和男老师私奔的女孩"。我在父母的"善意"下，只好和这些年轻人应酬，这种应酬，也成为我生活中的苦事。因为，我心底常常燃烧着一股无名之火，这无名之火使我看任何人都不满意。我无法和他们感光，无法和他们来电，我心中的底层，仍辗转呼唤着老师的名字。但，老师已像断线的风筝，无处可寻！

这种生活，我过得好累！

父母的爱、年轻男孩的"包围"（他们并不爱我，只是对我好奇，我的恋爱史，已经闹得尽人皆知）、辛苦的写作、茫然的前途、考大学的威胁……都造成我精神上的负担，何况，我心中仍然绵绵袅袅，浮漾着初恋的悲愁。一切都很无望！尤其，家里每个人都有每个人的"正经"工作，教书的教书，念书的念书，持家的持家。只有我，整天涂涂写写，晃来晃去，和男孩子交际应酬……什么"正经"事都不做，像父母"养"着的一个"废物"！

生活在很多的爱里,却感到无边的孤独。选择了写作,却进行得如此不顺利。二十岁,已到成年,却仍然没有工作,不肯读书,用钱要向父母伸手……我的自卑感又开始发作。四顾茫然,真想摆脱这种生活!真希望有一个转机,让我能自由自在地透口气!真不愿日以继夜,夜以继日,就这样一天天耗下去。

就在我这种"急于求变"的情绪中,像命中注定般,"庆筠"及时出现在我的生命里("庆筠"并不是他的真名,我想,在我这本书中,出于对他隐私的尊重,我还是不用真名比较好)。

庆筠,他改写了我以后的生命。

七、庆筠

庆筠,二十六岁,毕业于台大外文系。他不是父母为我"安排"的男朋友,也不是来自父母了解的家庭。他的出现,完全是个"偶然",他和我成为朋友,是父母的一个大大的"意外"。

庆筠的身世,是蛮可怜的。他是浙江人,十七岁那年高中毕业,跑到台湾来找舅舅,从此就和父母离散了。在家乡,他有很好的家庭环境,在台湾,他却形同孤儿。完全靠他自己的努力和决心,他考入了台大。在没有任何经济支持,也没有家庭温暖的情况下,他独自苦撑,终于完成了大学学业。认识我那年,是他大学毕业的第二年,他正在台北近郊服兵役。

说起来,他这人是有些疯狂的。在台大,他本来考入了电机系。那时,电机正是最热门的科系,考进去非常难。他好不容易考进去了,念着念着,竟发现自己狂热地迷上了文学,于是,他毅然地放弃了电机系,转入外文系。因而,别人的大学念四年,他的大学竟念了七年。

他和我的认识,也因文学而起。那时,他和我一样,正热衷于写作。他想写一篇历史小说,需要一些历史资料,他就毛遂自荐,来我家找我父亲,研究历史问题。事有凑巧,他来的那一天,父亲不在家。我正在客厅里和麒麟、小弟玩桥牌,三缺一,他坐下来就加入一脚。我们四个就玩起桥牌来,一场桥牌玩完了,他和我们三个都混熟了。第二天,他又来了,没有找父亲,他找我。谈文学,谈写作,谈抱负,谈小说……他惊奇于我居然看了那么多文学作品。我惊奇于他对写作的狂热。我们一谈起来就相当投机,毕竟,在这个世界上,要找一个志趣相投、兴趣接近的人并不容易。

我前面已经写过,我那时正有年轻男孩的"包围"。庆筠不属于那些男孩的圈子,他对我的过去一无所知。他糊里糊涂地闯进来,糊里糊涂地就对我发生了感情。我珍惜他这份感情,因为他不是那些男孩,他没有经过"安排",他也没有对我的过去好奇,而用有色的眼光来看我!他喜欢我纯粹因为我是我,并不因为我是个"有浪漫故事"的女孩。

就这样,我和庆筠开始"约会"。他第一次约我出去,不敢只请我一个人,他向同学借了一把猎枪,约我和弟弟三人一起去新店的山上"打猎"。此事也非常"新鲜",从没有人约我去打猎

过。我们四个人到了山上,他把一把猎枪交给麒麟和小弟,说:

"枪只有一把,人又太多!这么多人在山里走,把野兽都吓跑了!这样吧,我把枪让给你们两个,你们去打猎!我和你姐姐去看风景!"

麒麟、小弟一听大乐,拿了枪就跑掉了。庆筠这才转头看着我,透了口气说:

"好不容易,想出猎枪这个点子来,总算可以把他们两个给支开了!"

他说得坦白,我不禁笑了起来。说实话,那个时期,能让我笑的人不多,能让我笑的事也不多。笑完了,觉得和他蛮亲近的,这种亲近的感觉也很好。自从和老师分手后,我觉得自己已命定孤独。虽然和别的男孩也约会过,我却从没有走出过我的孤独。

这时,我仍然没有准备走出我的孤独。对老师,我依旧深深怀念。可是,和庆筠在一起,比较容易打发时间,听他谈文学、谈小说、谈写作……都是我爱谈的题目。然后,他拿来厚厚一摞剪报给我看,都是他大学时代发表的作品,他靠这些稿费来维持生活和缴学杂费。我翻弄剪报,心中佩服。他却说:

"这些都是骗稿费的玩意儿,一点文学价值都没有!我为了生活,只好写这些投人所好的东西,这些东西不能代表我!等我服完兵役,我要全心投入,去写一些真正有血有肉有骨头有生命有价值的作品!"

我听得一愣一愣的,不禁大为折服。心想,我只求作品发表,就会高兴死了,管他是不是骗稿费的玩意儿!他能"骗稿费",

就不简单,他居然还不满意!到底是台大外文系毕业的高才生,和我这个高中生不一样。他的胸怀大志,使我不能不刮目相看。再去细读他"骗稿费"的文章,觉得文笔流畅,表达力非常强,短短的小品文,亲切可喜。一些短篇小说,也写得颇为生动。

文学和写作,把我和庆筠拉得很近。这时,母亲却有些紧张了。她对庆筠的来龙去脉,完全摸不清楚,看他穷得滴滴答答,连一身像样的衣服都没有。说起话来虽然壮志凌云,就怕做起事来不太实际。母亲已经看到我"写作"的艰辛,现在无巧不巧,又来了个庆筠,居然想把"写作"当成第二生命!两个"梦想家"在一起,除了梦想,还能有什么?母亲把这看法,非常婉转地对我说了。然后,就下个结论:

"我看,你还是收收心,去考大学吧!"

我一听到"考大学"就心惊胆战,浑身所有的神经细胞都紧张起来。我知道,母亲始终没有放弃让我读大学。就连那些包围我的男孩子,也鼓励我考大学。只有庆筠与众不同,他振振有词地说:

"如果你志在写作,读不读大学都一样!许多文学系毕业的学生,念了一肚子的文学理论,仍然一篇文章都写不好!我毕业的那班同学,现在准备走写作路线的,只有我一个,所以,与其浪费时间去考大学,念大学,不如立刻去写!"

他的话,于我心有戚戚焉。

这时,我对庆筠已颇有好感。但,好感归好感,至于恋爱,还有好大一段距离。我曾经那样轰轰烈烈地爱过,所以我知道什么叫恋爱。庆筠呢?他懵懵懂懂,虽然在大学里也追过女孩子,也似乎爱过，似乎失落过。但，那都只是淡淡地来、淡淡地去而已。这次和我的认识，完全在他的"计划以外"。他像一个出轨的火车头，一滑出自己的轨道，就完全无法控制。他用很大的冲力冲向了我。我心惶惶，充满了矛盾、困惑、不安，和隐隐的抗拒。

自从和老师分手，我就认为自己这一生，再也不会恋爱了，不只不会恋爱，而且没有能力恋爱了。那次初恋，带来的创伤如此深刻，我仍然时时陷在往日的伤痛里。午夜梦回，老师的影子挥之不去。这样的我，怎么能和庆筠谈恋爱呢？这对他是不公平的。于是，我有意拉开两人的距离。他不知道自己做错了什么，我越退，他越进，我想淡化，他却狂热。

在这种情况中，我的情绪真矛盾极了。说实话，庆筠填补了我内心的空虚，带给我好多的温暖。让我在孤独和无助中，有了扶持。我对他确实心存感激。再加上，我那么自卑，依然觉得自己一无是处。这样一个一无是处的我，居然能让他心动，他的"心动"就"感动"了我。我一直是个非常容易感动的人。

有一天，我生病了。我的身体并不很坏，可是，自幼就过着颠沛流离的苦日子，难免抵抗力弱。几乎每年的冬天，我都逃不过要感冒一次。我的感冒，总是来势汹汹。那天，我卧病在床，因为发烧，有些昏昏沉沉。我说过，我的卧室就是餐厅，在厨房的隔壁。厨房中正在生煤球，煤气满溢在我的房间里。我躺在床上，咳得厉害。咳着咳着，我忽然发现庆筠正忙得不可开交，他给那扇通厨房的门，加了一条弹簧，让它能自动合上。他发现这样仍不足以阻挡煤气，就拿着胶纸，把门缝密密地贴起来。我看着他做这件事，觉得他好傻，那扇门一天要开开关关几十次，贴胶纸有什么用？但，一转头，我泪珠滚下。在这小屋里已住了快十年，第一次有人想帮我阻挡煤气！

庆筠没有父母，没有家，他很穷。穷得只有一件西装上衣、两条西装裤。两条裤子是必需品，要换着穿，一件西装上衣也是必需品，永远不肯脱。后来，我才发现，他的两条裤子，屁股后面都磨破了，破得不忍卒睹。他就穿上西装上衣，用来遮住屁股。所以，不管天气多么热，他就是无法脱掉西装上衣。他除了以上的衣服外，还有一件毛衣，毛衣的线头都已经滑落，整件毛衣，稀稀落落，像山羊胡子般垂着胡须。那不是一件毛衣，简直像个破渔网。他却珍惜这件毛衣珍惜得不得了，他说：

"这是我母亲亲手给我打的，穿着它，我就暖了！"

我真不知道穿着它，怎么会暖？但是，他这种小地方，实在让我心酸酸的，充满了怜惜。这件毛衣的边际效用，还不止于保暖，每到夏天，他居然有本领把这件毛衣送进当铺，他对当铺老板说：

"你放心，这是我母亲亲手打的毛衣，对我而言，是件无价之宝，我绝不可能让它死当的！所以，你放心地当给我，我一定会来赎！"

那当铺老板，也真的会当给他。过了一阵子，他拿到稿费，就飞奔去赎毛衣，从来没让那件毛衣死当。一年里面，这件毛衣在当铺里出出入入，总有好几次。后来，当铺老板对他也熟了，只要他拎着这件破毛衣来，就当给他两百元。在我和他交朋友这段期间，他难免要多用一点钱，这件毛衣就经常躺在当铺里。

他虽然这么穷，却穷得满不在乎。他对物质的需求已接近于零，只是满脑子想写作。他这种傻劲，和他这份穷苦，都让我心中恻然。

然后，他退役了。退役之后，他原准备找间能挡风遮雨的小屋，去埋头从事写作。可是，小屋也要钱，没有人会给你白住的小屋。他迫不得已去找工作，在同学帮助下，找到一个教书的工作。那学校在台北近郊，新店附近，一个名叫"七张"的地方。在那时候，算是相当荒僻的地点。学校是私立教会学校，待遇不高，所喜的是，工作时间也不长，每天只要教两节英文，有大部分的时间都属于自己。学校本来不供宿舍，看他实在没地方住，就把校园中一间堆杂物的小破房间清理出来给他住。

我第一次跟他去看他的小屋，真的吓了一跳。那小屋单薄极了，是由几片木板搭盖而成，由于年久失修，门窗都早已破损。风一吹过，窗也动，门也动，连木板墙都会动。窗子外面，是学校最荒僻的一个死角，到处都是荒烟蔓草，看起来十分苍凉。小屋里，有一张木板床，有一张小书桌和一把竹椅。除此之外，什么都没有。我看得好不凄惨，他却笑嘻嘻地说：

"够了！能写作就好了！有桌子有椅子，够了！有笔有稿纸，够了！有我的头脑和我的决心，够了！"

他在那儿左一声"够了"，右一声"够了"，我看来看去，实在是左也不够，右也不够。心想，这小屋已破落得无从改善，最起码帮他把小屋的气氛改一改吧！于是，第二次，我带了一盏有纱罩的小台灯，又剪了一匹有小花朵的印花布去他那儿，我要帮他缝制一面窗帘。

那天,他坐在小台灯下写作,我坐在床上缝窗帘,房间里静悄悄。他写着写着,回头看看我。我专心地缝窗帘,他又掉头去写作。再写着写着,他又回头看看我。这次他看了好久好久,看得我停下了针线。我们互视了好一会儿,他终于丢下了笔和稿纸,走到我身边坐下来,握住了我的手,诚挚地说:

"我们结婚吧!与其分在两处各自孤独地写作,不如聚在一起结伴写作!你说呢?"

我怔怔地呆住了。

八、结婚

我这一生的遭遇,说起来都相当传奇。

我和庆筠,原属于两个不同的世界,在我们认识之前,各有各的人生,各有各的计划。我从来没想过会嫁给他,即使在和他交朋友的时候也没有这样想过。我一直觉得,他是一个不适宜结婚的人,他太理想化、太梦想化、太不实际。我呢?我也不适宜结婚的,因为在我心底,老师的影子仍然徘徊不去。

可是,那时的我,非常空虚和寂寞。我那日式小屋,总带着无边的压力,紧紧地压迫着我:母亲要我考大学,弟妹都比我强,写作的狂热无人能解,我是家里唯一的"废物"!这种种情怀，使我急于逃避，急于躲藏，急于从我那个家庭里跳出去。老师已杳无音讯，初恋在二十岁生日那天，已画上休止符。一切、一切，造成了一个结果，我认真地去考虑庆筠的提议了。

如果庆筠对写作不那么疯狂，如果我对写作也不那么疯狂，我们之间大概不会迸出火花。如果他不是那么贫穷和孤苦无依，我不是那么寂寞和无可奈何，我们之间大概就不会生出怜惜之情。总之，他的提议让我心动。最起码，结婚可以结束两份"孤独"，解除两份"寒苦"，何况还能"结伴写作"呢？母亲对这件事的反应又很激烈：

"他那么穷，拿什么来养活你呢？"

母亲这句话，深深地刺痛了我。因为，以前，她也用这句话来问我的老师。我很了解母亲爱我的一片心，生怕我和她一样，任性地嫁给一个读书人，走上一辈子贫苦的路。但是，二十一岁的我，从来就没过过丰衣足食的日子，早把能吃苦视为一种"清高"、一种"美德"了。我当时就忍无可忍地发作了：

"我又不是金枝玉叶，又不是富家子弟，为什么我就那么难养呢？如果我命定要穷要苦，那是我自己的命，你就让我去掌握我自己的命吧！反正，你没有办法帮我来过我这一辈子的！"母亲瞪视着我，好失望地叹了口气：

"女孩子一结婚就完了！你这么年轻，为什么不去念书，满脑子只想结婚，你不是太奇怪了吗？"

我无言以答。逃，逃，逃！我不能告诉母亲，我那么想逃，逃开优秀的弟妹，逃开考大学，逃开日式小屋，逃开母亲，逃开我的自卑感……我能说吗？我不能说！母亲不再说话，她对我失

望到了顶。她已经斩断过我的一次恋爱,不愿再做一次,她又叹了一口气,无奈地说:

"好吧!一切是你自己选择的!"

就这样,我和庆筠准备结婚了(后来,有许多的报章杂志报道我的故事,都说我"奉母命与庆筠结婚",这实在是个天大的误会,母亲帮我选择的男孩子,都被我潜意识中的抗拒给排斥了。庆筠和我的婚姻,无论是对还是错,都应该由我自己去负责)。

我们准备结婚,当然不能住在他那间小破屋里,我们在学校附近的一个眷区中,找了一幢小小的房子。一间客厅、一间卧房,还有厨房和厕所。房子虽小,前面却有个好大的院子,四周围着竹篱笆,院中全是杂草。房东非常客气,租金算得十分便宜。但,这整个眷区,都在田野当中,要走田中小径,才能到房门口。颇有"采菊东篱下,悠然见南山"的诗意。所以,我们在结婚前,就忙着清除杂草,种菊花。

就在庆筠兴冲冲除杂草、种菊花的时候,我心有不安。我觉得庆筠是个相当天真和憨厚的人,我不能让他糊里糊涂娶了我,对我的"过去"还茫然不知。于是,有一天,我详详细细地把我初恋的故事,一五一十地全讲给他听。他很仔细地听完了,就急迫地问了一句:

"现在呢?你还爱他吗?"

我心中一阵痛楚。我最怕他有此一问。注视着他,我无法骗他,无法骗自己。

"我想,"我坦白地说,"他会永远活在我心里!"

"什么意思?"他暴躁地跳了起来,苍白着脸喊,"当你和我交朋友的时候,他一直在你心里吗?"

"是的!"

他呆住了,半晌都说不出话来。他的样子,像受到了好大好大的打击。我心有不忍,可是,我就是不能骗他。我咬咬牙,很诚恳地说:

"你还来得及后悔,你可以不要和我结婚。坦白告诉你,我爱过,也被爱过,我知道什么是爱,什么是被爱,我和你,虽然彼此吸引,彼此怜惜。可是,距离爱和被爱,还是很遥远。"

"什么意思?"他再度大吼大叫,"你不要代替我来说话,你根本不知道我对你是怎样的!"

我默然不语,非常忧郁。他在杂草丛生的院子里暴跳,踢石头,踢墙角,就是不敢踢我。闹了半天,他平静下来,开始思想。他想来想去,显然是想不通。然后,他抓住我,激动地说:

"我不过问你的过去,反正你发生那段恋爱的时候,我根本不认识你!但是,现在我们要结婚了,你难道没有爱我胜过爱他吗?"

我看着他。老天啊,说谎话很容易,我为什么不会说呢?我想了半天,才很悲哀地说:

"我和老师那份感情,简直是'惊心动魄'的。我想,我这一生,都不会再发生那么强烈的感情!"

"那么我呢?我算什么?"他跳着脚问。

"和你的感情很温馨、很沉稳、很平静。"我试着解释我的感觉,"很珍惜和你在一起的时间,觉得彼此这么亲近,这么兴趣相投。决定要嫁你，就想一生都要对你好，对你忠实，为你持家，为你做一切……"

"你讲这些都没有用！"他气恼地打断了我，"只要肯定地告诉我，你爱我，是不是，比爱他多？"

我哀伤地摇摇头。

他脸色灰白，气冲冲地去看天空，不看我。我像犯了罪，等着他定夺。他开始绕着那个院子走，走来走去，走去走来，像一只困兽。然后，他一下子停在我面前，用很有力的、下决心的声音说：

"取消我们的结婚，我不能娶你！我绝对不娶一个爱我不够深的女人！"

我点点头，转过身子，我回家了。回到日式小屋里，回到那间四个榻榻米大的房间里，我躺在床上，看着通厨房那道门，门上有他加上去的弹簧，门缝上有他贴的胶纸……我心酸酸，泪珠滚落。可是，我心中也如释重负，一片坦然。我能这样诚实而勇敢地说出我的心事，自己也觉得很了不起。

那夜，我彻夜难眠。一直到天色已经蒙蒙亮，我才睡着。似乎刚睡着没多久，就感到一阵天摇地动，我一惊而醒，睁开眼睛，他赫然站在我床前，正在那儿死命地摇着我。看到我醒来，他没头没脑地就对着我大叫：

"我管你什么惊心动魄，管你心里还有谁，管你爱谁多爱谁少，我反正娶定你了！昨天我说的话取消，不算！只要你肯对我好，我们有的是天长地久来培养感情！我就不相信你对我的爱，不会越来越深！"

我一下子就湿了眼眶,心中那样震动。我要对他好,我一定要对他好,我想着,我要做一个最好的太太,永不负他这片深情(尽管以后我们的婚姻中发生了许多问题,那天早上的情景,仍然深深撼动我心。在我的回忆中,它永远美好)。

这样,我们终于携手走上了结婚礼堂。我们结婚那一天,父母大宴宾客。我毕竟没有嫁给老师,也算他们的一项功德。必须让所有的亲友知道喜讯。因此,席开二十桌,好生热闹,连父亲的同事和学生都来了。我披上白纱,穿着新娘礼服,盛装走向红地毯的那一端。这是我此生演出最大的一场 show!

那一年,我刚满二十一岁,庆筠二十七岁。我们两个从认识到结婚,一共只有七个月。

九、贫贱夫妻百事哀

结婚第一年,我们就住在那很"诗意"的田野小屋里。竹篱笆外,就是农田,抬起头来,就可见到新店的山。

这小屋是单砖的建筑,盖得"简陋"极了。墙很薄,每到下雨天,"诗意"就变成"湿意",屋外下大雨,屋内下小雨。到了台风天更不得了,屋瓦会整片整片飞走,雨水从窗子缝隙中往里灌,灌得整面墙都塌下来。每次台风过后,我们就忙着糊墙壁。厨房很小,只能容一个人,有个小小的炉台和洗槽。厕所更简单,连门都没有,我只好给它挂上一面竹帘子。

屋子虽然不怎么"豪华",我们两个倒也安之若素。庆筠每天早上去上课,整个午后和晚上都在家里写作,他的交通工具是一辆脚踏车。我每天听到他"叮铃铃"按车铃,就奔到"花园"门口去迎接他。他有时会带一些菜回来,我就下厨烹饪,经常做的是"蛋炒饭",其次是"饭炒蛋",外加一盘素菜炒肉丝。我的烹调技术实在不佳,好在他也不挑剔。

我们的小屋中,只有简单的藤床藤椅,因为藤制家具是最便宜的。书桌当然不能少,因为家里有两个"写作疯子"呀!我没有出去找工作,他写,我也写。我那时专攻"副刊小说",我才不管有价值没价值,能赚到稿费就好。因为,母亲的话已不幸而言中,庆筠每个月的薪水,我们付掉房租、水电这些必需开销后,只能买二十天的米和菜,有十来天没东西可吃。赚钱已成为很重要的一件事。我研究报纸"副刊",真正"投其所好",写一些三千字左右的"小小说"。偶然,小说会发表一篇两篇,我们的生活可以凑合过去。有时对自己"奢侈"一下,就共骑一辆脚踏车,到新店镇的小戏院里,去看一场二轮电影,再骑着脚踏车回"家"。每次看完电影,都是深夜,车子在田埂中走,田野青翠,明月当空,我们也颇能自得其乐。

庆筠写作的速度,比我慢很多,因为他句斟字酌,一定要做到十全十美,他属于"苦干型"。我不一样,我常在一种感动的情绪下,去写我身边的事与物,每次思想都跑得比我的手快,为了"追"我的"思想",我总是下笔如飞。我称自己这种写作是"灵感型"。我们就在两种不同的形态下,从事相同的工作,时而切磋琢磨，时而批评鼓励。他是科班出身，难免对我的作品，有许多意见。可是，我的作品多，见报率也较高，在"经济挂帅"的前提下，他也就无话可说了。

虽然，我们两个都"偶有"作品发表，生活仍然是够苦的。因为，稿费不是固定收入，时有时无。"吃饭"却是固定开销，一日也不能少。我初当"家庭主妇"，总是捉襟见肘，就弄不清楚，为什么每到月底，总有些日子，两人口袋中都"清洁溜溜"，一点钱都没有了。我的个性强，当初和庆筠结婚时，曾大言不惭地说："我穷我苦，那是我自己的命！"此时，面对"自己的命"，只想如何挨过去，而不愿去向娘家伸手求助。在这种情况下，我开始懂得去做"家庭预算"，并且必须去"执行"这项预算。

我和庆筠，婚后的第一次吵架，就出在这"家庭预算"上。

原来，我们那时一天的菜钱，只有七块钱，超过了这个数目，我们月底就会没钱用。我非常辛苦地去维持各项"预算"，小心翼翼地不让自己"透支"。但是，七块钱实在太少了，我们几乎难得吃肉，几天下来，庆筠已经喊吃不消。我却坚持"吃苦，大家一起吃"，不许乱了预算。这样，有一天下午，两人都在埋头写作。忽然，院子外面，有人朗声叫卖"鲜肉粽子、豆沙粽子"，这一叫，叫得我们两个都抬起了头。

"我去买两个粽子来吃！"庆筠说着，打开了抽屉，拿着我们的"家用"就往外跑。我急忙阻止说：

"一个粽子要三块半，两个粽子就吃掉了一天的菜钱！到月底我们就会有一天要饿肚子！而且，此例一开，我们都不照预算去用，月底又要难过了。"

"管他的!"庆筠说,依然往外跑,"月底的事月底再说!船到桥头自然直,没有人会饿死的!"

"不行!不行!"我说,"船到桥头不会自然直,每个月到了二十几号,我都要去当我的结婚戒指!这种事太没面子,我不要当结婚戒指!"

"你不当我当!"他说,"我现在饿得很,不吃粽子连灵感都不会来!"

我看没办法阻止他吃粽子了,只好妥协地说:

"那么你买一个就好了,我不饿,我不吃!"我心想,最起码可以省下三块半。谁知道,我这样一说,他竟然勃然大怒起来,跳着脚说:

"你为什么不吃?你不吃,叫我一个人怎么吃得下?你就是喜欢这样,把自己弄得好可怜的样子,其实哪有这么严重?连粽子都吃不起?我没结婚的时候,只要口袋里有钱,想吃什么吃什么,结了个婚,连粽子都没得吃!"

"我没有阻止你吃呀!"我委委屈屈地说,"我自己不吃也不行吗?你为什么要扯到结婚不结婚呢!婚前你可以寅吃卯粮,然后再借债过日子,对我来讲,很不习惯呀……"

"好了好了!"他嚷着,"你的意思就是嫌我穷,你不习惯过穷日子……"

"我哪有嫌你穷?"我这下子更委屈了,声音也大了起来,"嫌你穷还会嫁你吗?我是宁愿跟你'吃苦'的,现在,吃不了苦的是你不是我……"

"你就是这样,就是这样!"他越吼越大声,"吃苦?我怎样给你苦吃了？你左一声吃苦，右一声吃苦，还说不是嫌我穷，你明明就是嫌我穷……"

我们这场架，吵得真无聊！吵着吵着，卖粽子的人也走了，粽子也吃不着了，文章也写不下去了，然后我就哭了。哭着哭着，晚饭也不肯做了，我回娘家去了。

如今回忆起来，我们居然会为了吃两个粽子而大吵一架，简直是不可思议。我还记得，那次粽子事件结束的时候，父亲曾经调侃了我一句：

"怎么？你又要马儿好，又要马儿不吃草？"

庆筠有个绰号叫"老马"，父亲一语双关，实在是非常幽默。只是，当时，这个"幽默"里，也夹带着好多的辛酸！"贫贱夫妻百事哀"呀！

贫贱夫妻，真的是"百事哀"！写到这里，就不能不提一提我的电风扇。

我们那"诗意的小屋"，因为墙太薄了，室内温度和室外温度，几乎都一样。夏天酷热，冬天苦寒。我生平最怕热，到了七、八月，就觉得日子真挨不过去。和庆筠婚后，我都是自己做家务，大热天在厨房中炒菜，真是一大苦事。我又怕庆筠穿得太邋遢，会给同事笑话，所以，他的衬衫长裤，我都是自己洗自己烫。洗衣服还罢了，熨衣服又是一件苦事。每次给他烫衬衫，我额上的汗，滴滴答答落了满衬衫。因此，那时，我最大的愿望，就是能拥有一架小小的电风扇。

一架最小的电风扇，要四百元。我们就是筹不出这个钱来。我省吃俭用，到了月底还要闹亏空，哪有闲钱买电风扇？我盼着想着，夜里做梦都会梦到电风扇。这样，终于皇天不负苦心人，有天我拿到一笔不太小的稿费，有两百多元。母亲看我太可怜，又借给我一百多元，凑了四百元，我买了生平第一架电风扇！

有了电风扇，我真是太高兴了。从此，做饭时、熨衣服时、写作时，我拎着小电风扇到处走。把风扇开了，再做工作。那时，父亲有一架旧的收音机，送给了我。我听着收音机里的古典音乐，一面做家事，一面吹电风扇，感到人生也蛮有意思的。古代皇帝天热时只能用鹅毛扇，哪有电风扇用？我吹着电风扇，就觉得比皇帝还过瘾。

这样，有一天，我和庆筠到台北看父亲母亲，又和麒麟、小弟玩了玩桥牌，回家时已经相当晚了。进门一看，家中居然遭了小偷！把我的电风扇、收音机，和庆筠结婚时所做的一套西装（他唯一的一套西装）全偷走了！我当场傻在那儿，半天都不敢相信这是事实。当我终于知道这是事实时，我跌坐在床上，抱头痛哭。

直到如今，我都清清楚楚记得，为了那架电风扇，我哭得多么伤心！坐在那儿，我不睡觉也不说话，只是不停地哭。不论庆筠怎样安慰和劝解，我就是止不住自己的眼泪，硬是整整地哭了一夜。

然后，我又回到挥汗如雨的日子，每当汗水滴落，泪水也不禁盈眶。小偷啊，偷这样的"穷人家"，你实在残忍！

十、离别与儿子

结婚第二年，我随庆筠迁居高雄，因为庆筠终于想通了，在高雄铝业公司找到一个翻译的工作，要去上班，以改善家里的经济环境。

上班，这对庆筠来说，实在是相当大的牺牲，他恨透了坐办公桌，一心一意只想写作。但是，经过一年的考验，"梦想"和"现实"终于抵触。这一年，我们彼此的作品都不多，想当职业作家固然不容易，想写一部能藏诸名山的作品更加难。最后，庆筠低头了。

铝业公司的待遇并不很高，但它属于经济部，远景看好。当时人浮于事，找工作并不容易。庆筠一被录用，亲朋好友都来恭喜他，连父亲母亲都为我的生活松了口气，只有他自己，闷闷不乐。

初抵高雄，在庆筠两位同学的协助下，租了一栋二层楼的房子。那两位同学是单身汉，和我们合租这栋房子，他们两个住楼下，我和庆筠住楼上。反正行李衣物，都很简单。楼上只有一间大房间，卧室、书房、客厅全在一起。

庆筠开始当公务员，早出晚归。每天回家后，匆匆忙忙吃完饭，就又去从事他的写作。但，上了一天班，回家已经相当累了。用剩余的时间去写作，当然写来写去不顺利。他以前可以有全天候时间写作，他的产品都不多，这一下，当然少之又少。

我不用上班，每天一个人在家，时间多得用不完，生活也挺寂寞的。于是,我就全力铆上了写作。副刊小说不再是我的目标,我开始写长篇。总觉得自己感情丰沛,思想细腻,应该可以写出一两本好书来才对。可是,我整天涂涂抹抹,写了撕,撕了写,不知怎的,也是写不顺。

我写了好多"第一章",都没有"第二章",写来写去,真觉得自己无能极了,开始怀疑自己有没有才气。庆筠的写作,比我更不顺利,我还偶尔会发表一两篇短篇小说,他连短篇都没有!于是,在两个人都充满挫败感、情绪低荡的时候,冲突就时常发生。每次都从小冲突变成大冲突,冲突到了最后,就忘了为什么起冲突的,他会对我大吼一句:

"我知道你对我什么都不满意!因为你心里始终有个人!你忘不掉他!你一直忘不掉他!"

这实在是很不公平的!我一心一意要当个好妻子,我努力在"忘掉他",是庆筠,他不许我忘掉他呀!他时时刻刻把吵架的主因丢开,而兜到他身上去。难道我成为庆筠的妻子以后,我就必须把我生命里的"历史"都一笔抹杀吗?可是,今天的我,不论**值得人爱还是不值得人爱,不都是由过去的我堆积而成的吗?**

这种吵架,总是撕裂我的心。因为,无助的感觉,会随之而起。我会好几天都想不明白,不知道自己错在哪里。好在,吵架总是会过去。庆筠心地善良,吵完了,也会觉得自己在"胡搅蛮缠",于是,拥我于怀,轻轻说一句:

"对不起!"

我会落泪。我一直很爱哭。泪水掉完了,纷争随之而去。我仍然一心一意要做个好妻子。

就在这个时候，我发现我怀孕了。

一切好奇妙呀，居然有个小生命在我体内孕育！我整个人像从睡梦中苏醒，全心灵震撼于这个发现。一个孩子！我的孩子！这事实挑起了我身体中所有的"母性"，带给我一阵莫名的欣喜。我这才知道，孩子在母体中孕育的第一天开始，母爱就同时存在了。庆筠对这个消息不像我这样兴奋。可怜的庆筠，他没有准备要当丈夫，就糊糊涂涂地当了丈夫；没有准备要当父亲，就糊糊涂涂要当父亲了。

但是，自从我怀孕以后，我的脾气就变得非常温柔了。我才二十二岁，已为人妻，且将为人母。过去的狂风暴雨，对生命的怀疑厌倦，都成"过去"。**这时的我，开始"成熟"，开始热爱"生命"。**感到我和庆筠所共有的小生命，正在我体内长大，使我对庆筠也充满了柔情，充满了感激。小生命是我们两个的，我们将在人生的旅途上，好好地走下去，为我们，为我们的孩子！

我怀孕的这段时间，变成我和庆筠感情最好的一段时间。我们不再吵架，两个人都全心全意照顾对方，等待小生命的来临，这种感觉，实在是美好极了。我几乎有百分之百的信心，我会和庆筠恩恩爱爱地活过这一生！

这个时期，我的小弟已考入中兴大学森林系，去台中读大学了。麒麟从工专毕业以后，在庆筠的介绍下，也到铝业公司来上班，他学的是冶金，在工厂中担任助理工程师，我们双胞胎又常在一起了。他住在单身宿舍，交了个女朋友小霞，每到周末，就和女友来我家。大家在一起包饺子吃，真是快乐极了。

人生的变化，实在是想也想不到的！

就在我怀胎十月，即将临盆的时候，庆筠忽然被铝业公司选中，奉派出国！

在那个年代，出国的机会，实在少之又少。人人对于出国，都趋之若鹜。有这么一个好机会，可以出国去看看这个世界，这简直是件天大的好事！庆筠一被选中，大家对他又是羡慕又是嫉妒，恭喜之声不绝于耳。我却忧愁极了。

我不喜欢离别，我更不喜欢在我即将临盆的时候，丈夫却不在身边。我希望我的孩子呱呱落地后，能躺入他父亲的臂弯里。我知道我的想法都很自私，可是，我就没办法很快乐地去接受这件事。何况，我和庆筠刚在高雄安定下来，如果他出国，我势必要回娘家待产。中国人的习俗，回娘家生产是不受欢迎的。我相信我的父母不会那么迂腐。可是，母亲在我结婚时，就对我说过几句话：

"我一生带大了四个孩子，觉得辛苦极了，所以，我绝不帮孩子再带孩子，如果你有了孩子，不要来麻烦我！"

母亲对我这么年轻去结婚，本就不太高兴。现在又要回娘家生产，母亲怎会坦然接受呢？我实在很怯场。庆筠一去，就要一年多，我觉得恐惧极了。总记得和老师轻易一别，今生就再也不能重聚，如今又要面对离别，会不会历史重演呢？我怕极了。庆筠还没走，我就已经心慌慌了。

不管我心中有多少担心和恐惧，庆筠还是决定走。我还是回到了娘家，重新住进了那间餐厅兼卧室的小房间。

那是一九六一年七月,庆筠终于乘上飞机,飞了。我在机场,目送飞机遥遥远去,心如刀绞。为什么人生要有离别呢?为什么青春做伴,却不相守呢?为什么在我最需要他的时候,却离我而去呢?我仰望长空,极目远眺,只见云天苍茫,飞机早已隐没于穹苍深处。我不忍遽离,伫立良久,老天啊,但愿这番离别,是值得的!但愿庆筠此去,真能获益良深!但愿时光飞逝,他已归来!但愿,但愿,但愿。

庆筠上飞机的第二天,我就动了胎气。一清早就住进了妇幼中心去生产。孩子来得并不顺利,我在产房中足足挣扎了三十六小时。我一直以为自己要死了,一直问医生我是不是要死了?我好希望庆筠在身边,握住我的手,给我一点支持与力量。庆筠不在。母亲陪了我一段时间,太累了,她先回家了。当我的儿子呱呱落地时,医院里一个亲人都没有。我孤独地躺在那儿,听着儿子嘹亮的啼哭声,我的汗水和泪水一齐滚落,心中低低地自语着:"凤凰,以后再也不会孤独,有儿子了呀!"

虽然心中这样说着,但在初为人母的一刹那,我一直躺在那儿掉眼泪。

二十四小时以后,护士小姐才把我儿子抱来给我。我捧着他,凝视着他,虽然他不是个很漂亮的小婴儿,我却近乎崇拜地看着他的小手小脚,感到"生命"真是"伟大"极了。我心里充满了爱和骄傲,充满了难以言喻的震撼和感动。我对我的儿子,郑重地低语:

"孩子!不管生命的产生是多么'偶然',你却是我全心全意所期待的,所需要的,所热爱的!以后,不论我的生命中再有多少风风浪浪,我都会为你而坚强地活下去!你,就是我的希望、快乐,和最伟大的一部长篇!"

那一年,我二十三岁。从一个年轻的"妻子",变成了一个年轻的"母亲"。我还没有完全适应当"妻子"的角色,就要努力去适应当"母亲"的角色了。最麻烦的一点是:我搬回了娘家,我还必须兼顾当"女儿"的角色呢!

十一、小庆

我的儿子,乳名叫作"小庆"。

小庆在婴儿时期,非常爱哭。白天哭,晚上哭,夜里也哭。我初当母亲,常被他哭得心慌意乱。带他去看医生,医生说,一切正常,哭是"运动"。但是,小庆"运动"的时间非常混乱,不管是夜深还是清晨,他爱"运动"就"运动"。我们那日式小屋,完全不隔音。父亲辛苦了一天,夜里被小庆惊醒,他就叹着气问我:

"你为什么让他一直哭呢?你会不会带小孩呀?"

我是不会带呀!抱着儿子,我整夜在屋里走来走去,拍他,哄他,哀求他:好儿子,别哭了!少"运动"一点呀!儿子听不懂,他仍然"运动"他的。母亲对我直摇头:

"唉!如果当初考上了大学,何至于现在要受这种苦!都是任性的结果,以为结婚很好玩呢!"

我并不觉得带孩子是一种"苦"。可是,因为我的孩子,而让父母受苦,这才是我的"苦"。那时,父母家中,麒麟去高雄做事,小弟去台中读书,只有小妹在家。小妹仍然是最优秀的小妹:小学拿了十二个第一名,考上了第一女中,又连拿了好几个第一名,这年正要进高中,每天捧着书本,用功得不得了。我儿子一哭,我母亲就着急:

"别让他老是哭了!别让他吵着小妹呀!"

我急忙抱着儿子,冲到院子里去。一面摇晃着孩子,一面抬头看着满天星辰,心中低叹着:

"庆筠,你在哪里呢?"

庆筠没有回答。儿子仍然哭,我就跟着哭。

儿子是我的希望、快乐,和爱!但是,那段时间,我却怕极了儿子哭,每次他一哭我就会跟着掉眼泪。父母对我已经忍耐到了极点,我觉得我这样拖累娘家,实在是"罪该万死"!我怎么总是把自己弄成"罪该万死"的情况呢?

庆筠正在"周游列国"。他这次出国,并不是出去深造,也不是出去考察,而是参加了一个"道德重整会",出国去巡回表演。我一直到今天,都没有弄清楚,这个"道德重整会"到底在做些什么。只知道庆筠一会儿在美国,一会儿在欧洲。德国、英国、法国、瑞士……到处跑。庆筠出国时期,铝业公司照发他的薪水,我应该没有经济的困难。可是,我对于带着孩子回娘家生活,非常不安和歉然,就把这薪水,全部交给了母亲。这样,当

小庆需要奶粉、衣服、营养品、医药等的开销时,我又捉襟见肘了。偏偏庆筠从国外来了封求援的信:

快寄一点美金给我,因为我没钱用了!

怎会有这种事?他在国外,却要我寄美金给他?原来那"道德重整会"常常发不出零用钱给他们,他们个个都要靠家里"支援"。我这一下傻掉了,总不好意思向母亲要回庆筠的薪水。抱着儿子,我又开始写稿子。

有一天,我一手抱着儿子,一手在写稿。写着写着,儿子开始哭。我正写得顺手,不愿停下来,我让儿子"运动",自己的右手也飞快地"运动",脑子也不停地"运动"……正"运动"得浑然忘我,母亲怒气冲冲地在我书桌前一站,对我疾言厉色地说:

"你如果想当作家,就不该这么早生儿子!既然生了儿子,就丢掉你想当作家的梦!你这样只顾写作,让孩子吵得全家人不能生活,你岂不是太自私了吗?"

我一惊停笔,抱着儿子,惶然不知所措。那种"罪该万死"的感觉又从头到脚地罩下来。我无法为自己解释,只感到走投无路。当晚,我把头埋在儿子的襁褓中,祈求地对他低语:

"儿子,你不能这么爱哭了,我求求你,你不要再哭了!给我一点时间,让我为你,为我们两个,为你的父亲,做一点事吧!"

说也奇怪,儿子那晚不再哭。我奔回书桌前,飞快地继续我的小说。那夜,我写完了那个短篇。至今记得那篇小说的题目:"情人谷"。这篇小说在如此仓促之下完稿,写得并不好,但很快地发表了,很快地拿到稿费。发表的杂志,与我后来的生涯有极大的关系,那本杂志名叫《皇冠》,那是我第一次给《皇冠》写稿。拿到稿费,马上换了美金,寄去给庆筠。

我的生活,就这样,又陷入艰苦的挣扎里。庆筠很勤于给我写信,他的信是我最大的安慰。刚离开没多久,他来信中有这样的一句:

让我们用三百六十五日的相思,去奠定百年相守的美景!

我非常感动。抱着儿子,我在他耳边悄悄背诵。后来,他的信中常常提到国外的所见所闻,我也看得津津有味,非常新鲜。一次,他信中忽然有了"愤世嫉俗"的味道,很悲观消极,他写:

到了国外,我才知道外面的世界有多大!台湾是多么渺小!凤凰,我告诉你,以后我们不用去争取物质生活,因为我们的物质生活不论怎样进步,也不可能追上欧美的水准!我们太落后了!看到别人的进步,会让我感到无望和自卑!

其实,从这封信中,我就该看出一点端倪。这次出国,带给庆筠的冲击确实很大。他离开时,是个积极、有信心、有热情的年轻人。虽然也有些"愤世嫉俗"的意味，却不严重。他回来时，一切思想看法，都有些变了。变得最多的一点，是他不再像以前那样乐观和天真了。

庆筠回来时，小庆已快满周岁。

我带着满怀的喜悦，带着我们的儿子，带着"百年相守的美景"，飞奔到机场去迎接庆筠。我们总算把这一年熬过去了。再相见时，我们手握着手，泪眼相看，真觉得恍如隔世。庆筠抱着他的儿子，看了又看，亲了又亲，简直不相信这个"胖小子"，就是他离开时尚未出世的孩子。我们"一家三口"第一次团聚，真有说不出的喜悦，和说不出的辛酸。至于别后种种，更不是三言两语所能讲完的！

我怎样也没想到，这次的团聚，却是日后分手的序幕！人生的路，不知道为什么，我所走的，特别崎岖。

十二、痛苦的婚姻

我们一家三口，又搬回到高雄去住了。这次，我们总算租了一幢房子一家住，这房子也很奇怪，是两层楼，却只有两间房，楼下一大间是客厅兼书房，楼上一大间是卧室兼书房。我和庆筠，终于拥有了两张书桌。他在楼下写，我带着儿子在楼上写。

庆筠继续他的上班生活，写作都是晚上的事。但是，在国外这样东奔西跑了一年,再要收下心来,去过如此"孤独"的"写作"生活,他骤然间无法调适他的脚步。再加上,他走的时候,儿子并未出世,我和他两人共有一个小天地。他回来时,儿子已经一岁,正是又吵又闹又需要人一步一扶的时候。假若庆筠曾和我共同度过儿子出生后的第一年,他一定比较能适应儿子。但他跳掉了那一年。现在,突然间,我变成一个母亲,注意力全在儿子身上,等儿子好不容易睡觉了,我就冲到书桌前去"写作",我忙得简直分身乏术,对庆筠,我难免疏忽。

如今再回忆起来,我和庆筠的婚姻,一开始可能就是个错误。我们之间没有很深的爱情基础,认识的时间又很短暂就结婚,彼此了解都不够深入。但,我们婚姻中真正的致命伤,是不该轻易离别,更不该双双执迷不悟地写作。

重回到我身边的庆筠,对"写作"的"使命感"更加强烈。在国外走了一圈,他心有所感,极力想写一些有意义有深度的作品。这种"使命感"把他煎熬得很苦。当他在"煎熬"中,我无法分担他的苦恼,也无法进入他的世界。我忙儿子、忙家务、忙自己的写作就忙个没完。我顶多能做到的,就是抱着儿子到屋外的草地上去玩,让他耳根清净,让他有短暂的时间可以利用。

我和儿子在外面玩了两小时,回到家里,他桌上的稿纸仍然空白,写了字的稿纸,全在字纸篓中,堆了满满一字纸篓。而他,头发凌乱,眼神落寞。

同一个时期的我,却写了好多篇中篇小说,我把它们寄给《皇冠》,都能刊载出来。《皇冠》的稿费不高(我后来才知道,这本杂志是如何惨淡经营的)。稿费虽不高,对我的生活,却已不无小补。最重要的,是我有一个发表的园地。我的中篇小说《寻梦园》《黑茧》《幸运草》……都是这时期发表的。有一天,我居然收到《皇冠》社长"平鑫涛"的一封信,信中写着这样几句:

> 我们非常喜欢你的小说,读者反应也十分热烈。不知道你愿不愿意每期给《皇冠》写一篇稿?长短字数都没有关系,《皇冠》篇幅大,可容纳较长的文稿……

我捧着信,雀跃三丈。这是我生平收到的第一封"邀稿"信!我把信拿给庆筠看,简直"得意忘形"。庆筠看了信,十分纳闷,他总觉得我的小说写得很没"深度"。这样没深度的作品怎会有人邀稿!他立刻把我发表的那些中篇小说,拿来细读一番。看完了,他把杂志丢在桌上说:

"你不过是在说故事而已!"

"对!"我承认,"我就是在说故事!"

"你连故事都没有说得很好!"他又批评。

"对!"我仍然承认,"不过,我会慢慢进步的!"

"如果你一天到晚写这些没深度的东西,你一辈子都不会进步!"他气冲冲地说,"如果你以此自满,你就完了!你会陷在流行的、通俗的窠臼里,再也跳不出来!"

我有些受伤了,抬头看他,我语气不佳:

"你去写那些藏诸名山、流传后世的不朽名著,让我去写没深度没格调的故事！我只想说故事，只爱说故事。我才气不高，学问不深。能写得出来，能有地方发表，我就很满足了！"

庆筠看着我，不知道为什么那样生气。他整晚坐在桌前想心事，偶尔涂涂写写，又都撕掉。第二天他去上班，到下班时没有回家，我抱着儿子，站在门前等，越等越心慌。怕他出事了，怕他骑车太快了，怕他被车撞了……夜越深，我越怕。最后，我铁定他出了意外，哭着跑到公用电话亭打电话，公司早就下班，没人接电话。我又哭着打给麒麟，麒麟在工厂上班，或者知道下落。麒麟一接到电话就问我：

"你是不是和他吵架了？"

"没有！"我哭着说，"我没有跟他吵架。"

"安心啦！"麒麟喊，"一个大男人，不会有事的！你回家去等就对了！"

我只好抱着儿子回家。午夜，庆筠回来了，我听到脚踏车声，就冲到门口去看他，一看他四肢俱全，完完好好，我竟"哇"的一声哭出来。庆筠把我一把抱住，连声说：

"对不起，对不起，我应该猜到你会着急。我只是和几个朋友去玩桥牌，不知不觉就玩晚了！"

我惊魂甫定，身子还在颤抖。那时候，家里都没电话，联络起来本就不便。丈夫一夜晚归，我似乎也犯不着小题大做，只要他安好，就什么都算了。我拭去泪，虽然心底仍然委屈，却也不再多说什么。谁知道，这种"晚归"，竟逐渐变成一种"习惯"了。

那年，麒麟和他的女友小霞结婚了，也定居在高雄，我们双胞胎都已成家，又住在同一个城市，时相往来，实在是件很好的事。但，我和庆筠的感情，却开始陷入风风雨雨之中。

庆筠常常下了班就不知去向，归家时已是夜深。头几次，我会哭，会着急。次数多了，我不再着急，却化为一股怒气。年轻的我，脾气一向就不很好。现在，身上的工作又十分沉重。小庆已牙牙学语，而且飞快地学走路。小家伙浑身有用不完的精力，爬高下低，跳来跳去，简直没片刻安静。我每天仅仅带他，已经筋疲力尽，何况我还要抽出能抽出的每一分钟，去写一些东西。现在，我写的作品，几乎大部分都能发表了。我有好几个固定的地盘，是从不会退我稿的：一家报纸的副刊、香港的一本文学杂志，和台湾的《皇冠》。我每月只要勤于耕耘，就会收到相当不错的稿费，这对于我的生活和写作来说，都是莫大的鼓励。我就写呀写的，几乎没有停。

我最大的错，是从没有去体会庆筠的"失落"。当他夜不归家时，我就生很大的气。我骂他没有责任感，没有良心，既不是好父亲，更不是好丈夫！他被我骂急了，就怒冲冲地吼了回来：

"你不要以为你现在能赚几个臭稿费，就有什么了不起！你知道吗？如果我不是要上班养活你，如果我像你一样，有那么多时间可以写作，我早就是大作家了！都是你！都是你！你害惨了我！你谋杀了我的写作生命！我会夜不归家，就因为你！因为我苦闷，因为我不要回家面对你！"

这太残忍了。夫妻一旦吵架，常会说些最刻薄的话，但是，这些话也正流露出对方的心态。他这样一吼，我就被打倒了。我踉跄着往后退，又气又急又伤心，眼泪就夺眶而出。一面哭，一

面就去抱儿子,要抱着儿子冲出家门,永不回来,免得让他看了讨厌。我抱着儿子跑,儿子看我哭,他也哭,用小手摸着我的眼泪说:

"妈妈哭哭,小庆哭哭!"

儿子这样一说,我更是泪不可止,那场面实在惨烈。我抱着儿子奔到房门口,庆筠一下子拦过来,把我们母子都圈在他的臂弯里,苍白着脸说:

"不许走!不要走!我吵架说的话,你怎么能认真?你们母子两个,是我整个的世界呀!我什么都没有,连写作都没有,我只有你们两个!难道连你们两个,也要遗弃我了吗?"

我站住,然后哭倒在他怀里。听了他这种话,我怎么忍心走?走,又走到何处去?我不是下定决心,要和他恩恩爱爱过一生吗?我们不是要用三百六十五日的相思,来奠定百年相守的美景吗?连离别的日子都挨过了,怎么相守的日子反而如此悲惨呢?

我收住步子,不走了。但是,我们之间的情况,却每况愈下。

十三、二十五岁

那年冬天,我开始写我的第一部长篇小说《窗外》。

在写《窗外》以前,我尝试过很多长篇的题材,写了《烟雨蒙蒙》的第一章,写不出第二章。也写了许多其他的第一章,就是写不出第二章。总觉得心头热烘烘的,有件心愿未了。最后,我决心写《窗外》,那是我自己的故事,是我的初恋,这件恋爱始终撼动我心,让我低回不已。我终于醒悟,我的第一部长篇,一定要写我最熟悉的故事,我最熟悉的故事,就是我自己的故事。

写《窗外》的时候,我非常小心翼翼。我不敢让庆筠看到我的原稿,怕他又翻出我的过去,来和我吵架。所以,我都利用他上班的时候去写。

小庆在一岁七个月大的时候,已经能跑能跳,能言善道。我为了要写作,只好每天上午,都把他送托儿所。小庆不喜欢托儿所。每天早上,托儿所的车子来接他的时候,他都会抱着我的腿不放。我必须用最坚强的意志,来克服我的"不忍"。每次把他拉上幼儿车,他就放声大哭,一面哭,一面惨烈地哀叫:

"妈妈呀!我要跟你在一起!妈妈呀!我不要去学校!妈妈!小庆乖乖不会闹……"

车子走了好远,小庆的哭叫声仍在我耳边萦绕。我掉着眼泪,冲上楼,面对一沓空白稿纸,我含泪对稿纸说:

"如果今天上午,写不出三千字,我就对不起我那可怜的儿子!"坐下来,拭掉眼泪,不敢浪费时间来哭泣,我马上提笔写作。这种情况下,我几乎每天都能写出三千字。到了中午,幼儿车的铃声一响,我就飞奔下楼,奔出大门,奔向我儿,把他紧紧紧紧地搂在怀里,对他不住口地说:

"对不起,儿子。妈妈好狠心,是不是?但是,你的牺牲是有代价的!我写了三千字呢!"

整个下午,我不写作,陪儿子玩。晚上,我也不写作,把时间留给庆筠,我还想挽救我的婚姻。但是,庆筠从"晚归",更进了一步,有时,他会"彻夜不归"了。

庆筠下班后的去向,终于露了底。

原来,铝业公司职员众多,又有工厂,工人也多。每天下班后,就会有些职员和工人,在空无一人的工厂中打扑克,赌一点小钱。庆筠那时,正心情苦闷,对现实生活充满了不满,对自我的前途,又充满了无力感。眼看我拼命地写,且能发表,他自己的挫折感就越来越重(可惜,他这种心态,是我在多年后才分析出来的。当年的我,对他真是又气又恨又伤心,根本没有情绪去分析和了解)。在这种种因素下,他就逃遁到那个扑克桌上去了。

起先,只是小小地玩一下,慢慢地,就像鬼迷心窍一般,会越玩越大。庆筠天生就不是赌徒,他根本不会赌,也不擅赌,十赌九输。他输的数字,现在想起来,实在没多少。但,在那时候,却是我们的生活费、儿子的奶粉费。他输了,就觉得没办法回来面对我,于是,只好再继续赌下去,希望翻本。就这样,他常流连于外,而我,却在一次一次的等待以后,越来越绝望,越来越灰心。

我印象最深的,是我二十五岁生日那天。

在我过生日的前几天,庆筠告诉我,他要戒赌了。他要把一个全新的庆筠送给我,作为"生日礼物"。他还说:

"自从我回国之后,我所有的表现都差劲透了!我不只让你伤心,让你难过,连我自己都恨透了这个我。凤凰,我们再重新开始吧！不要放弃我，不要想离开我，我发誓，我再也不赌了！我也不怨天尤人了，我要好好地写作，和你一样努力去写。我们结婚时的信念还在，请你，不要对我失望！你过二十五岁生日，我们就以这一天作为全新的开始，我要请麒麟、小霞，还有诸多好友，来为我的话做见证！"

我那时对于庆筠，心已经冷了。不只是因为他赌，更大的原因，是他对什么都不满意，整个人生显得非常消极。他看不起我的写作，自己又没有写出超越他自我的作品来。每次一吵架，就说我害了他，我和孩子拖累了他，使他无法一展雄才。这种话的杀伤力太强了。我相信，我也说了很多伤害他的话。彼此的伤害一深，心里的"积怨"就不少。那时，我真的常常在考虑离婚。庆筠也知道我的心意，知道我正在挣扎和矛盾中。

当他和我说了上面那一大篇话之后，我又感动了。想想看，我自己也有诸多不是。我很情绪化，很小心眼儿，又孩子气，又任性，又爱哭。是我不能保持一张欢笑的脸，是我无力拴住丈夫的心。这样一检讨，我不能只责怪他而不责怪自己。于是，我答应了他，相信了他，我们要一起努力，去重新开始我们的婚姻生活。

庆筠很高兴，他立刻去请了好多他的朋友、麒麟夫妇，整整有一桌客人，来我们家吃晚餐，为我庆祝生日。当然，那天也是麒麟的生日。

可是，这么多人来吃饭，做饭的工作还是我的。我一向不擅长于厨房工作，这么多人来吃饭，对我实在是件苦事。庆筠拍着我的肩，笑嘻嘻地说：

"没有关系，我下午就请假回家帮你！我会从餐馆里，带两个现成的菜回来，你热热就可以吃了！"

"你可一定要早点回来！"我千叮咛、万嘱咐地说，"总得有个人带小庆，我不能又带他又烧菜！"

"你放心！"他兴冲冲地看着我，"我们的'新开始'，我怎会把它弄砸呢！"

于是，我生日那天到了，庆筠一早去上班，告诉我中午就回来。小庆去了托儿所，我赶快去买菜。回来洗洗切切，忙忙碌碌。中午，小庆回家，我只能带着他，无法进厨房，因为我家厨房极小，我怕炉火热油会伤到孩子。我们母子，站在大门口左等右等，庆筠人影俱无。到了下午五点，他仍然不见踪影，幸好麒麟和小霞赶来，我赶快把小庆交给麒麟，小霞和我一起下厨。

六点半，客人全来了，庆筠仍然不见踪影。

七点半，我和小霞把菜全搬上桌，我累得满头大汗，心中绞痛。我想笑，却完全笑不出来，眼泪始终在眼眶里打转。满桌宾客，你看看我，我看看你，没有一个人动筷子，也没有一个人说话。这些好友，对我和庆筠的情况都十分了解。而且，他们都是奉庆筠之命，前来为他做见证的！到了八点，我含泪请大家先吃，不要等庆筠了，麒麟眼睛一瞪，大声说：

"不行！今天一定要等他回家，大家再开动，看他能晚到几点回来！看他如何向我们大家交代！"

麒麟这样一说，大家都不肯吃。我们一大桌人，就坐在那儿默默地等。到了九点钟，麒麟一拍桌子站了起来，大骂了一句：

"岂有此理!"

我心想,这简直是不可能的!今天是我的生日呀!是他要帮我过生日呀!是他请的客人呀!是他要"新开始"呀!怎么可能不回家呢?我又害怕了,担心了,我喃喃地说:

"会不会出事了?会不会出了车祸?"

麒麟瞪了我一眼说:

"你放心,我去帮你把他'捉'回来!"

麒麟说完,冲出房子,骑上脚踏车就如飞而去。我们满桌子人仍然没人吃东西,没人说话,小庆倚在我肩上睡着了。小霞悄悄把他抱过去,抱上楼,送到床上去睡。我傻傻地坐在那儿,心里疯狂般地想:一定出事了,一定撞车了,一定发生意外了……

九点半钟,车铃响,麒麟和庆筠在众目睽睽下,一起冲进了房间,麒麟嚷着:

"凤凰,我把他给押回来了!"

我不敢相信地看着庆筠。庆筠显得狼狈极了,他头发凌乱,衣衫不整,脸色苍白,满脸的胡子楂。他面对着我,手足失措地说:

"今天发了薪水,我就去玩了玩,我没有输,钱在这里……"

他一面说,一面掏口袋,从左边口袋里掏出一沓零散的钞票,又从右边的口袋里掏出一沓零散的钞票,再去翻衬衫的口袋,又去翻长裤的口袋……从每个不同的口袋里,掏出了左一沓右一沓的散钞,握了一大把,直往我的手里塞,说:

"你看你看,我还赢了一点呢!"

那晚的我很没有风度,我顾不得满屋宾客,我把钞票往地上一摔,就飞奔上楼。拥着我的儿子,我整晚在那儿哀怜着我的婚姻。我不肯下楼,也拒绝吃饭。心中最大的痛楚,不是他的赌,而是,当他在那儿左翻口袋、右翻口袋的当儿,我才蓦然醒悟过来,当初那个胸怀大志、雄姿英发的庆筠,已经变了!那个虽然贫穷,却豪气干云的庆筠,确实不见了。难道,我真的"谋杀"了庆筠吗?那个有着"俱怀逸兴壮思飞,欲上青天揽明月"的胸襟气度、有着"天地一沙鸥"的诗情画意的那个年轻人,如今到哪里去了?难道一个错误的婚姻,竟会把一个优秀的青年给害了?

我不寒而栗了。如果是我把庆筠害成这样,我真是罪不可赦呀!

我这一生,有两次的生日,终生难忘。一次是二十岁,一次是二十五岁。两次生日,都让我心碎,都让我痛楚莫名。

十四、《窗外》出版,愁云满天

二十五岁生日过去没有多久,我的第一部长篇小说《窗外》终于完成了。真没想到,我会有这么大的毅力去完成它!而且是在这种风风雨雨的生活中去完成的!

捧着一大摞《窗外》的原稿,我虽然有初完稿的喜悦,却有更多的茫然。二十九万字呢!什么刊物会接受它呢?如果它去

"周游列国"，恐怕邮费都不是小数字，我把稿子压在家里，开始写信给各报副刊，问一问有没有编辑愿意"过目"一下。一星期后，回信纷纷而来，都是"篇幅所限，长篇小说无法容纳"，居然没有编辑愿意看它！

就在这时候，有天我出门回家，发现庆筠正在全神贯注地翻阅《窗外》原稿。我心中怦然一跳，心想战争又要开始！谁知，庆筠放下了稿子，抬头看着我，严肃地说：

"这是一部好小说！你让我嫉妒！如果我再不奋起直追，你会遥遥领先的！"

我松了好大的一口气，真感激庆筠，没有因我写《窗外》而和我吵架，我小心翼翼地看着他问：

"这里面写的是我自己，虽然十四章以后，都是杜撰，里面还是有你的影子，你不会生气吗？"

他郑重地看着我，诚挚地说：

"让我告诉你，每个作家的第一部小说，多半都是自传！你千万不要让这点来困住你，只要问，你有没有写好它！至于我……"他微笑起来，"我如果连这点胸襟和气度都没有，我还配当你的丈夫吗？我还配谈写作吗？"

我真感动。庆筠就是这样的，当他理智的时候，当他不自卑的时候，当他想发愤图强的时候，他真是个可爱的人。那一瞬间，我想，我们还是会恩恩爱爱过一生的！只要我们彼此都能迁就一点，都能牺牲一点！我们还是有"百年相守"的美景的！

报社都不愿过目我的《窗外》，我想来想去，唯一的可能是《皇冠》杂志。当时，《皇冠》正在扩版，增加了一个专栏叫"每月一书"，可以一次刊完十万或二十万字。所以，我就把《窗外》付邮，寄到《皇冠》去了。

人生的一切，是不是都有命定呢？我这样一寄，真是万万也想不到，我以后的生命，就全部改写了。

《窗外》寄出一星期后，我收到了平鑫涛寄来的一封长信，他的字如天马行空，一手好草书，却"草"得太厉害，三个字里我有两个不认识，连看带猜，看出这样几行：

> 收到《窗外》，连续三个晚上，不眠不休，终于一口气读完。这是本不可多得的佳作！我猜作者本人，必在书中。写得如此真实，令人深深感动。《皇冠》获得此书，十分荣耀，已决定在七月份《皇冠》上，一次刊出……

我捧着信，雀跃不已。对这位从未见过面的平鑫涛，颇有知遇之感。我收到的第一封"邀稿信"是他写的，第一部长篇，又是他接受的！他真是个有慧眼的人呢！我还没从兴奋中恢复，他又来了第二封信，热心地和我讨论书中的几个细节是否需要修正。我来不及回信，他又来了第三封，建议我改写第一章，让主角先跳出来（我的初稿中，第一章是许多女学生一齐出场）。我接受了每一项建议，重改我的《窗外》。

一九六三年七月，我的第一部长篇小说《窗外》，发表在《皇冠》杂志上了。两个月后，这本书发行了单行本。我首次在街头的书摊上，看到自己的书陈列着。心里的喜悦真是难以言喻,我悄悄地在书摊前逛来逛去,偷偷看着那本书。看到居然有人去买书,我兴奋得心脏怦怦乱跳。晚上回家,做梦都会笑。

平鑫涛的信,如雪片般飞来:

第一版《窗外》,已被抢购一空,现正再版中……

第二版《窗外》,又已售完,现在赶印第三版,已决定一次印五千本……

第三版《窗外》,又快卖完了。你在忙些什么?难道没有新作问世,不准备"乘胜追击"吗?……

哇!我实在有些晕陶陶,从来没有人用这么"直接"的方式,来"肯定"我的写作。多年以来,在父母的怀疑下,在自卑感的作祟下,在儿子的眼泪下,在生活的煎熬下……不停不休地写,却一直不知道,自己的写作是否有意义。这样的"写",几乎在每个字中都糅着血和泪,如今,这番挣扎,终于得到了回馈!我看着平鑫涛的信,泪水盈眶。怪不得古人有诗说:"不经一番寒彻骨,怎得梅花扑鼻香?"回忆我的"写作"路程,真正是"寒彻骨"呀!

就在平鑫涛不断报佳音、催新稿的当儿,《窗外》带给我的"压力",竟如排山倒海般涌来。首先是我的父母,他们看了《窗外》,竟勃然大怒!双双写信来指责我,说我不该写这部小说:"出卖"我的父母!父亲的"传统道德"观,使他完全不能接受

这件事,他在给我的信中说:

　　你以为大家是喜欢这部"作品",而买这本书吗?大家不过是要看看你的风流自传而已!

母亲的来信更加严厉:

　　原来你的写作才华,仅止于此!你就这样等不及地要赚钱吗?除了"出卖"你的父母以外,你还有没有别的本事?我生你养你育你,竟换得你用这种方式来报答——你写了一本书来骂父母!

天啊!我没有要骂父母,我爱他们,我真的爱他们!《窗外》是我生命里最强烈的故事,这故事中如果没有我的父母,就根本不能成立!我或者写得太坦白、太真实,不过,就在我下笔的时候,我对父母虽然有"怨",却有更多的"爱"呀!难道他们看不懂?难道他们体会不出来?难道他们根本不曾"深入"我的内心世界,竟无法接受我的书?!我捧着父母的来信,又觉得自己闯了大祸、罪该万死!泪水就滴滴滚落。我亲爱的父母啊,为什么要这样误会我呢?我走这条路,走得如此艰辛,你们为什么不鼓励我,反而要生气呢?我不了解,我真的是百思而不得其解。庆筠下班回来,看我两眼哭得红红的,惊问为什么。我把父母的信拿给他看,他跳起来说:

　　"怎么会有这样的事?不管是谁的作品,都无法逃开人生的范围呀！一个作者会把自己的生活，反映到作品里去，是理所当然的事！他们这样责怪你，实在太过分了！"他伸出手给我，慷慨地说，"别哭，你还有我！"

我感动，真的深深感动。

但是，没有几天，庆筠又彻夜不归了。当他拖着疲倦的脚步，睁着布满红丝的眼睛，狼狈而踉跄地回到家里，他不等我开口，就先发制人地对我大吼：

"不要怪我不回家，也不要怪我去赌钱！都是你，你和你那本见了鬼的《窗外》！你恨不得向全世界宣布你的真爱，那么，你把我置于何地？你有没有顾全过我的自尊、我的感觉？"

我惊愕得几乎不会说话，好半晌，我才低低地说：

"你不是说，每个作家的第一部小说，都是自传，你会谅解吗？"

"会谅解的是神！"他大喊，"我不是！我只是人！连你的父母都不会谅解你！我怎会谅解你！"

我呆呆地跌坐在椅子里，脑中昏昏沉沉的，连思想的力气都没有了。

几天之后，我在报纸的副刊上，读到一篇作品，作者是庆筠。再仔细一看，文章的内容，居然在写我，他杜撰了许多事情，把我痛痛快快地大骂了一场。我等他回家，深深地注视着他，我沉痛地说：

"我不知道你这样恨我！"

他看着报纸，顿时歉容满面。

"对不起，"他说，"那天我觉得沮丧极了，所以写了这篇东西，这不算'作品'，我只是在泄愤而已！"

"泄愤？"我难过极了，"我让你这么生气吗？为什么呢？仅仅因为《窗外》，还是你对我的爱情都死掉了！"

他悲哀地看着我，试着要向我分析他自己：

"我不知道我是怎么回事，自从你出了书之后，我就无法平衡了。我受不了同事们的眼光，受不了你一天到晚写，受不了自我的期许，也受不了这个家里的气氛！"他痛苦地用手抱着头，似乎痛苦得快要死掉了，"我真的不知道该怎么办才好！我觉得我已经完了！"

看他那么痛苦，我也痛苦起来。年轻的我，还不太懂得为对方设想。易地而处，我可能也会和他一样痛苦。如果我能多为他设身处地想一想，或者我能付与更多的耐心和爱心，来挽救我们的婚姻。但，那时的我太年轻，肩上已扛着沉沉重担，父母给我的压力已使我透不过气来，总觉得庆筠该给我的是慰藉和支持。怎能也用这种态度来对我，怎会对我说，他受不了这个、受不了那个……他不平衡，我也不平衡。觉得自从他回国以后，我们就陷在彼此折磨中。我看着他，悲哀而无助，我说：

"如果我让你这么痛苦，那么，就让这场悲剧结束了吧！"

"什么叫'结束了吧'？"他大声地问。

"离婚！"

这两个字从我嘴中一吐出来，我们两个都有些惊怔了。他死死地盯着我，一语不发。看了我很久，终于点了点头，咬牙说："这样也好！"

可是,一转身,他看到小庆,他把孩子抱了起来,抬头看我,哑声说:

"你预备让小庆没有爸爸,还是没有妈妈?"

我眼泪一掉,什么话都说不出来了。

这就是《窗外》出版,带给我的各种压力。说真话,《窗外》的出版,是我写作生涯的一个大大冲刺。但是,在我真实人生里,它却带来毁灭性的风暴。

十五、初见鑫涛、桥、火车与落日

那年,我二十五岁。整整一年,我发疯一样地写作。

生活里再也没有什么乐趣,我和庆筠,陷在彼此折磨的困境里。我生活的重心,只有两样:小庆和写作。

我在五月份,就开始写《六个梦》。由于《六个梦》是中篇小说,我写了前三个梦,就又马不停蹄地开始写《烟雨蒙蒙》。《烟雨蒙蒙》一完稿,我又接着去完成了《六个梦》。我会这样拼了命去写,完全和《窗外》有关。我要证明除了我自身的故事,我也有能力写别的。《六个梦》首先在《皇冠》发表,《烟雨蒙蒙》接着在《联合报》副刊发表,都是平鑫涛安排的,那时,他是《皇冠》的社长,也是"联副"的主编。

那年冬天,我第一次和鑫涛见面。

会和他见面，是因为我到台北去接受"电视访问"。那时候，电视还是很新鲜又很时髦的东西，能被"电视访问"是件非常难得又非常光荣的事。我人在高雄，要离开小庆三天，去接受电视访问，我很不愿意。鑫涛又是信、又是电报，十万火急地催我去台北，信中说：

不要漠视大众传播的力量，也不要辜负电视公司善意的安排，更不要让你的读者失望，许多读者，都想看看你的真面目，听听你的声音……

庆筠说他会带小庆，叫我放心地去台北。他微笑地看着我，淡淡地说：

"反正，有个出名的太太，丈夫是要付代价的！"

我听出他语气中的讽刺和落寞，却感到无能为力。唉！我奉劝天下的夫妻，千万不要走相同的路！同时，要想想"真爱"是什么？"真爱"不包括为对方做若干牺牲吗？"真爱"不包括以对方的成就为骄傲吗？

我到了台北，鑫涛亲自到火车站来迎接我。我们素昧平生，但已通过两年信。我记得我那天穿了一身黑衣服，瘦瘦小小，自觉平淡无奇（后来，鑫涛却坚持我那天穿的是一套蓝色的洋装，反正我一共只有这两套衣服，不是黑的，就是蓝的）。我杂在一堆旅客中走下火车，很惊奇地发现鑫涛站在那儿，很肯定地注视着我说：

"你一定就是琼瑶！"

鑫涛那年三十六岁。个子不高，方面大耳，站在那儿，却颇有种凌人的气势。他如此年轻，双鬓已经微斑，两眼却炯炯有神。看起来充满了精力，神采奕奕。那第一次会面，我们谁也没料到，日后我们竟会相知日深。命中注定，要共度一生。那时，我只是很惊奇，很惊奇他能在成群旅客中认出了我，我问：

"怎么会认出我来？"

"从《窗外》里认识的，从《婉君》里认识的，从《哑妻》里认识的！"他笑着说，帮我拎起小旅行袋，"不只认识吧！是非常熟悉了！"

后来，我才知道，鑫涛是个相当沉默寡言的人。但，他第一次见我，却说了很多话。一直到很久之后，他都常常会问我：

"我们第一次在台北火车站相见的时候，你有没有看到电光？"

"什么电光？"我回答，"我听到雷响呢！轰隆隆，好大的雷，天摇地动。"

"不开玩笑，说真的！"

说真的，没有电光，也没雷响。二十五岁的我虽已结婚生子，又写了好些小说，仍然涉世未深。鑫涛的身份地位对我来说，是个"大人物"。他主宰我小说的命运，他是一个大杂志社的社长，又是一家大报的副刊主编！还在广播电台主播《热门音乐》(他是第一个把摇滚乐介绍到台湾来的人，他主播《热门音乐》时，用的是艺名"费礼"，他还用这艺名，翻译了《原野奇侠》和《丽秋表姐》)。他在我心目中，是个很奇怪的人。能编杂志，能写稿，能翻译，能广播，能懂"热门音乐"……简直是个

"十项全能"！面对这样一个"人物"，会让我自觉"渺小"。我根深蒂固的"自卑感"，仍然缠绕着我。我称呼他"平先生"，对于他会亲自跑到火车站来接我，深感"受宠若惊"。在这种情绪下，怎会有什么电光石火呢？但是，当他笑着谈《窗外》《婉君》《哑妻》的时候，我却感到十分亲切、十分温暖。虽然是第一次见面，却全然没有陌生感。

那天，因为有许多事要讨论，他请我先去喝杯咖啡。在咖啡馆里，他告诉我访问的内容、需注意的事项，和《窗外》发行的情形、读者反应的情况……他说了很多，我只是静静地听。那时，我有些着急，因为，这在台北停留的三天，我必须回父母家去住。而父母，对于我写《窗外》，仍然余怒未息。我真不敢回家去见父母，很想去住旅馆，但我身上却没有住旅馆的钱（《窗外》一书的稿费，我用来买了一个冰箱，全部花光了）。我始终心不在焉，很想问一句：

"平先生，能不能借给我一点钱？"

第一次见面，这句话始终问不出口。最后，公事都谈完了，鑫涛送我回父母家。我站在那日式房子的门口，迟迟疑疑，就是不敢按门铃。我等鑫涛走掉之后，还呆呆地站在那门口，想不出见了父母要说什么。认错？不，我不觉得我有错。直到如今，我都不觉得我写《窗外》有什么错。我呆站在那儿，冬天，天气好冷，我就是不敢按门铃。我在门外徘徊，走来走去，走去走来，足足磨到天色全黑，这才鼓足勇气按了门铃。后来，鑫涛告诉我：

"你知道吗？那天送你到家门口，你看起来很奇怪，所以我并没有走，我在巷口偷偷看着你，想等你进门之后再走。哪知道,一等就等了二十分钟!真想跑过来问你,到底你有什么为难之处,又觉得跑出来会太冒昧了!后来,好不容易看你进了门,我才放下心来。"隔了许多年,他又提起那天,他说:"你小小的个子,穿着一身很薄的衣服,在冬天的冷风底下,走来走去的。我觉得,好像有很重很重的压力,压在你的肩上,你那种'不胜负荷'的样子,让我终生难忘。"

原来,他那天目睹了我的徘徊。

但是,我还是进了父母的家门。父母毕竟是父母,不论他们对我多么生气,他们仍然没有拒我于门外。我怯怯地看着他们,等着他们骂我。可是,他们只是对着我,轮流地叹气,什么话都说不出来。我可怜的父母,当我一无所成的时候,他们失望伤心。当我终于写作出书的时候,他们又害怕担心:不知道我的笔下,对父母家庭,会不会造成伤害。看到他们这么难过,我也难过极了。顿时体会到,"写作"要付的代价,岂止是青春年华的默默消逝,它还会让你"孤独"。不只在写作时的"孤独",还有写作后的"孤独"。瞧,我为了写作,失去了庆筠的爱,又为了写作,失去父母的爱!这代价真的太高了!

第二天,我接受了电视台非常隆重的访问,第一次面对摄影机,第一次面对访问的人,第一次用"现场直接播出",我心里非常紧张。鑫涛始终在电视公司陪着我,访问前,就一直给我打气。访问后,他说我讲得很好,保证我并没有失言或失态。那时还没有录影机,我自己无法看到自己在荧幕上的样子。电视访问完了,我又接受了中广的访问。好忙碌的一天!访问都结束后,鑫涛请我去他家里吃饭,于是,我见到他的妻子和三个小孩。鑫涛的妻子非常美丽，三个孩子活泼可爱，最小的一个儿子比小庆只大几个月。我看到一幅幸福家庭的图画，心中深受感动。

接着，我又是整天的节目，鑫涛排满了我的时间，利用我那有限的三天。当最后一个访问做完，已经是万家灯火的时候了。鑫涛请我吃了一顿简单的晚餐，然后预备送我回家。我想起回家就害怕，鑫涛似乎也有很多话要跟我说。他问我，散散步如何？我说好，我们就在灯火的街头，随意地走着，一面随意地聊天。这样走着走着，就走到"台北大桥"前面，我们在桥头站住，看着那大桥上稀少的车辆，和每隔几步的照明灯，那些灯像闪烁的珠链般把整座桥串联着，在夜色里迷蒙如梦。记得，我说了两个字："很美。"接着，我们就走上了那座桥，向对岸走去，一面走，我开始述说《窗外》出版带给我的各种压力。

我只是淡淡地说，并没有太强调。鑫涛这才露出一副恍然大悟的样子，我并不知道他前一天曾目睹过我的徘徊，只感觉到，他听得非常认真。

然后，鑫涛也谈起他自己，和他办《皇冠》的经过：

"你知道吗？我离开父母，一个人来台湾的时候，身上只有二两黄金，是我全部的财产。那时刚刚大学毕业，台湾人生地不熟，举目无亲，只好在同学家里打游击！"

我听得很入神，因为他来台的情况，和庆筠很相似。

"后来，在同学的介绍下，进入台肥六厂去当公务员。住在厂里的单身宿舍里。当时，有三个朋友和我志同道合，大家决定要办一本综合性的杂志。于是，四个人集资，拼拼凑凑，勉勉强强地出了第一期。那一期里的翻译稿、创作稿……大部分都是我们自己写的，跑印刷厂、装订厂……都是自己去跑的。第一期印了三千册，把我那间单身宿舍堆得满满的。我们四个人挤在小屋里，人手一册，自己欣赏自己的稿子。"

很亲切的话题，我了解那种"自我陶醉"的滋味。

"然后，我们要设法把这些《皇冠》卖出去。我骑了脚踏车，载着《皇冠》，到一个个书摊去，请他们寄售，他们连寄售都不肯！有几家勉强接受了，却把《皇冠》丢在地上，用许多别的杂志堆在它上面。这样人家根本看不到《皇冠》，我就去把它从书堆里挖出来，请书摊老板把它放在上面。老板瞪了我一眼，生气地说：'这种破杂志，没有人买的啦！'我听了真伤心。一个月后结算，只卖掉五十七本！我们四个合作的人，合作不到三个月，赔得惨兮兮，三个都退出了，只有我坚持。每个月都骑着脚踏车自己发书，书太重了，骑到后来，大腿两边的淋巴腺都肿了起来！"

我听了，实在非常震动，原来这本已十分成功的杂志，是如此艰辛创办的。假若没有过人的热情和毅力，大概早就收兵了吧！怪不得年纪尚轻的鑫涛，已经"早生华发"了。然后，我们又谈到《皇冠》杂志的现状，说也不信，这本杂志已发行了快十年，仍然非常艰苦，由于利润太少，始终都是"惨淡经营"。鑫涛手下，只有一个职员，厚厚的一本杂志，从看稿、编辑、美工、印刷、到校对，他样样都要做。说着说着，他就笑了起来：

"真不容易，现在已熬到第九年，我们终于遇到了一个琼瑶！或者，《皇冠》是真的要起飞了！"

很大的恭维，我笑了，满怀温暖。那一夜，非常温馨。记得，我们来来回回，在那座桥上走来走去，重复地走了好多次。天上，有月如钩，桥上，有灯如梦。

第三天，又是一天的节目，排得很满，到了黄昏，节目都结束了，鑫涛又要请我吃晚餐，我有点不安，这三天跟他已经太接近，我推辞了，他也没勉强，送我回家。回到家里，才发现家里有客，鑫涛一见到那客人就变了脸色，母亲正和客人聊得融洽，对我说：

"这位某某发行人，已经等了你四个小时了！"

那位发行人，站起身子，先和鑫涛打招呼，原来他们认得。再对我热心地伸出手来，满脸笑容地说：

"琼瑶小姐，没想到你这么年轻！伯母教育得真好，有其母必有其女呀！"

鑫涛站在那儿，有点尴尬，就先告辞了。我这才弄明白，这位"发行人"，是当时另外一本文艺杂志的发行人。而我，从来没有投过稿子给他们，他是来邀稿的。居然等了我四小时，而且对母亲献了四小时的殷勤。当晚，母亲就对我说：

"不要只认一家杂志社，我看这位发行人比平鑫涛可靠！聪明的作者，要各大报章杂志都发表作品才行！千万不能被一家垄断！"

我默默无语。很怕母亲又要干涉我的事业。

三天飞快地过去，第四天，我乘火车回高雄，鑫涛仍然到火车站来送我。我上了车，他跟着我一起上车，帮我拎着旅行袋，找到位子坐下。他没有离去，却在我身边的位子上坐下，好像

"理所当然"一样,淡淡地说:

"我今天正好有空,送你到台中,然后,五点半你的火车去高雄,我的火车回台北!"

啊?我有点惊奇,送我到火车站不就行了,怎么要送到台中?看他一副若无其事的样子,我也不便多说什么。然后,火车开向台中,我们一路讨论我的小说、他的杂志。他也略略问了那位发行人的事。我坦白地告诉他,那位发行人对我母亲展开各种恭维,希望能够拉到我的稿子。我母亲已经感动万分,力劝我不要认定《皇冠》。鑫涛微笑了一下,说:

"这证明你已经出名了,挖角的人也出现了!如何选择,全部在你!"

然后,他就不谈那个发行人。四个多小时车程,他一直在帮我计划我以后应该走的路,那时,我房租已快到期,很想定居高雄,因为高雄生活费低廉,对我比较轻松。他又力劝不可,告诉我文艺界,仍然以台北为中心。他甚至说,可以帮庆筠在台北找工作。那三天,我跟他谈了很多父母的事,并未告诉他我和庆筠的婚姻状况。

这样说说谈谈,车子转眼就到了台中,我们先下车,再分别换火车,一个去高雄,一个回台北。记得,那正是落日时分,太阳又红又大,在地平线上沉落。彩霞把整个天空,都染成绚丽的各种红色,简直美得无以复加!我脱口喊出一声:

"快看那落日!太美了!"

我指着落日,震慑在那份美景中,鑫涛跟着看过去,也呆住了!我们都没想到有这么好的风景可看,对着那落日,两人都没说话。直到车站广播，我们一南一北的车子即将开动，他才匆匆递给我一个很大的牛皮纸口袋，说：

"一点小礼物，回家以后再拆！"

我拿起来，沉甸甸的，像是一本大开本的书。我收下了，上车后，一路都没有拆封。回到家里，庆筠迎了过来，满脸困惑地对我说：

"呵！好奇怪的事，有人送来一架落地电唱收音机！不知道是不是送错了地址！"

我奔过去一看，很豪华的一架落地电唱机，四声道立体声的，简直太奢侈了！自从我的小破收音机被小偷偷掉以后，我就和音乐绝缘了。此时看到电唱机，实在惊讶极了。电唱机上没名片、没卡片，什么都没有。我突然想起鑫涛给我的牛皮纸口袋，匆匆打开一看，竟然是一沓唱片，有柴可夫斯基，有贝多芬，有斯特拉文斯基和莫扎特！我翻弄着唱片，一张小字条掉下来，鑫涛那天马行空的"草书"，草草地写着：

> 知道你写作的辛劳后，深觉惭愧，稿费一直算得不高，因《皇冠》也撑持得相当辛苦。一架落地电唱机，是从闲谈中，得知你们家庭中所需要的，请看在特意让高雄朋友代劳的一片苦心中，笑纳吧！

我衷心感动，不只为了唱机，还有我手中的唱片，如此细心地安排，实在是个有心人。至于送我到台中的事，他在后来跟我讨论小说的时候，曾经写过一封五页信纸的信，全是谈公事。只

在信的最后面,写了几句:

> 怎么有人送别人回家,只送一半路,不送到底的事?还用另外一半路的时间来后悔!还有——你相信有人第一次发现落日的美吗?

事隔多年以后,我笑着问鑫涛:"第一次见面就煞费苦心地送唱片、送唱机,有没有心怀不轨呀?"鑫涛正色回答:"别冤枉了好人!知道你写作得那么艰苦,觉得太抱歉了,想补偿你一些稿费,又怕伤了你的自尊。后来听你说不喜欢热门音乐,比较爱古典音乐,我才好不容易,想出送唱机的点子!"然后,他又笑笑说,"虽然没有'心怀不轨',倒的确是'用心良苦'呢!"他想想,又说:"至于送火车,就是还想利用那几小时,跟你多谈谈!没料到,有那么美丽的落日,确实把那天变得浪漫起来!"

十六、清水与离婚

就这样,我们家里有了唱机,我可以一边写作,一边听音乐,写作时不再那么孤单了。我也有了冰箱,可以一星期买一次菜,节省了不少时间。《皇冠》和"联副"的稿费加起来,已是一笔不小的数字。眼看生活的困窘,即将成为过去。但是,庆筠的落寞和失意，却与日俱增。我越忙于写作，他就越沉默，我的稿子发表出来，他不再有笑意。

一天，他苦恼地凝视着我，说：

"我应该到'清水'去的！"

清水是台中附近的一个穷乡僻壤，庆筠在刚到铝业公司上班未久时，忽然想转行去教书，清水有个中学给了他聘书。他认为，"隐居"到清水，可以逃掉都市里的"诱惑"，可以埋头写作，那么他就能写出不朽名著来。这个"去清水"的决定，被我推翻了，我不肯跟着他一再搬家，也不认为"写作"与"清水"有什么大关系。再有，铝业公司待遇好，清水待遇低，也是我考虑的一大因素。自从推翻去清水的决定后，庆筠每当最失意时，就会提到清水。

"只有到清水才能写作吗？"我问他，"那么，你就去吧！这次我不拦你了！"

"你已经'拦'过了！"他忧郁地说，"你拦住了我，然后你自己可以平稳地走下去！我给了你一个写作环境，你却从来不给我写作环境！"他紧紧地盯着我，沉痛极了，"你现在已经得意了，报纸、杂志，大家抢着要你的稿子，可是，我呢？我在哪里呢？我在哪里呢？"

他悲怆地说着，落寞地、头也不回地出门去了。

那夜，我抱着儿子，对着窗外黑暗的穹苍，做了一个最后的决定：我要放掉庆筠，我要给他自由，我要让他从家庭的束缚里解脱出来！我再也不要拖累他，不只我不要，儿子也不要！如果没有我和小庆的羁绊,说不定他还有很灿烂的一片天空!

当离婚的建议再被提出来时,庆筠没有反对。或者,他早想这么做了!离开我他就可以去清水,离开我他就可以有成就!他承认我对他造成太大的威胁,承认他嫉妒我,和我的生活不再快乐。我带着一种壮士断腕的心态,不可否认,他那些话刺激我太深,我对他已经彻底绝望。我们选择了一天,抱着儿子,到了高雄法院的离婚公证处,两人默默地填好各种表格,排着队伍,终于到了法官面前。法官看我们两人年纪轻轻,又抱着孩子,再看看我们的表格和年龄,对我们说:

"离婚证人呢?要离婚,需要带两个证人来,你们的证人在哪儿?"

我一惊,还要证人,难道法院都不能做证吗?法官看我一脸迷糊状,就好言好语地说:

"年轻小夫妻,谈什么离婚?孩子那么小,回去想想看,讲和吧!"

法官这样一说,庆筠居然如释重负地接口说:

"就是嘛!又没什么大事,干吗要离婚?"

我这一气,非同小可。走出法院,我觉得我的一生,乱七八糟,总把自己陷进一种"进退维谷"的深渊里。一时之间,感到走投无路,竟然低下头去,一口咬在自己手臂上,我用尽了全力,想咬下一块肉来,给自己一个惩罚。小庆大哭,庆筠慌忙抱走孩子,再来拉我的手,急急地说:

"离婚就离婚嘛!干吗咬自己?"

我那一咬还真重,但是,却没有咬下一块肉来,只是把手臂上咬了一圈牙印，破皮出血，中间很快就红肿淤血，隔天转成紫色。从此，我知道要"咬下一块肉"是很难的事。我那圈牙印和瘀紫，将近一年都没有消退，可见，我用力到什么程度。

离婚，当天又没办成。

十七、《天网》与《烟雨蒙蒙》

《窗外》和《六个梦》相继成功，鑫涛一连串写信给我，要我"打铁趁热"，我找出以前只有开头的稿子，夜以继日，赶出了一部长篇小说，取名《天网》。稿子寄给鑫涛后，他来信说，因为有好几处，我写得太强烈，他担心"过不了关"（那时的小说，还是有审查制度的）。让我火速去台北修正，因为他要用"迅雷不及掩耳"的方式，把这部长篇登载到《联合报》副刊，已经没有时间耽误。于是，我又匆匆赶到台北，这次，我只能停留一天，因为小庆交给我弟媳妇小霞带。我怕小霞对付不了我那好动的儿子。

我坐夜车到了台北，又是鑫涛一大早接我的火车。见了面，也没太多时间说应酬话，我问他，有什么图书馆之类的地方，可以坐下来讨论，和修改小说的？他说了个咖啡馆的名字，我想起他乘火车送我到台中的事，觉得最好不要跟他单独进什么咖啡厅。我问有什么风景优美的地方吗？他忽然一个劲儿点头说有有有！于是,他带着我乘上郊外公车,一路风尘仆仆,颠颠簸簸,大约车子开了两个小时才到目的地。我下车一看,海风扑面而来,我们居然到了一个非常原始、非常荒凉,却让我震撼至极的地方——野柳。

当年的野柳,完全天然,一点儿人类的加工都没有。除了一个小小的渔港之外,就是那片让人无法喘息的岩岸。我们走上岩岸,我看着那些各种形状、伸向天空的巨石。要知道,那时,无论是女王头,还是仙女鞋,或是烛台石……这种人为的名称都没有,我一眼看去,就是巍然挺立的、不同形状的岩石,高耸入云,在扑岸的海浪中,遍布在整个海岸线上(那年,这些巨石风化程度很小,比现在起码大了数倍)。这种美景我生平未见,惊愕得几乎无法呼吸。我在岩石中穿来穿去,东张西望,几乎把我那要改的《天网》忘得干干净净。鑫涛陪着我到处跑,他的讶异似乎不比我少,我用了一个多小时,玩够了那些让我着迷的岩石,看够了那片一望无际的大海。然后,我问鑫涛:

"这是你第几次带人来这儿改文章?"

"第一次!我只听报社同事说过这儿风景不错,从来没有来过,你要找风景优美的地方,我就闯过来试试看!"他睁大眼睛说。

好吧!我回过神来,东张西望,要找一个可以改稿的地方。好不容易,找到一块方形的岩石,旁边还散落着几块小石头,正好可以当成凳子,我和鑫涛就在方形石前坐了下来,先讨论要修改的地方,然后,我知道必须把握时间,否则改不完,打开我的手稿卷宗,开始改稿。谁知,还一个字都没有写,一阵海风呼啸而至,我那些摊开的稿纸,顿时"随风四散飞"。我和鑫涛都大叫起身，我先捡了一块石头，压住我的稿子，然后拔脚去追我飞去的稿子。同时，鑫涛也大惊失色地追着我的稿子跑。我们惊天动地地捡着落地的，捞着飞舞的，两人跑得团团转。最后，我们居然把全部吹跑的稿子，都追了回来，简直不可思议。我们两个，都跑得上气不接下气，惊魂未定地彼此互看。半晌，鑫涛才说了一句：

"在野柳改稿子，实在是个很荒唐的点子！"

那天，稿子也没继续改下去，一来地方不对，二来，我们还要赶回台北，我要乘夜车回高雄，时间不够了。我们匆匆回到台北，赶到火车站，又是万家灯火的时候了。我抱着我的《天网》说：

"我带回高雄去改，尽快寄给你！你先找别的稿子垫垫档！"

这次，他没有送我到台中，我一个人坐夜车回高雄。当车子在黎明时抵达高雄，我发现台北是晴天，高雄却下着小雨，迎接着我的，是一片烟雨蒙蒙。我在三天后，就把改好的稿子，寄给了鑫涛，同时，把那本小说，正式改名为《烟雨蒙蒙》。

《烟雨蒙蒙》立即在《联合报》副刊连载起来，而且，得到极大的回响。

十八、一九六四年——离婚、出书、乔野

接下来，我的生活全然改变。

那一年，父亲受聘于南洋大学，到新加坡去教书了。母亲带着妹妹，仍住在那栋日式小屋内。尽管，大部分日式小屋都在拆除，改建高楼大厦，师大的这批日式宿舍，仍然维持着原状。

我和庆筠，经过那次的"离婚"事件之后，两人都知道，继续维持我们的婚姻，只是维持我们的"悲剧"而已。我们可以理性地讨论，发现我们婚姻中最大的问题，不是赌，不是穷，不是爱得不够深。这些都可以改正，都可以克服，我们真正克服不了的问题，是我们的写作。夫妻二人，从事同一样事业，潜意识中，仍然有竞争。庆筠是台大外文系毕业的，是正统科班出身，他一直自视比我强。但是，今日的社会以成败论英雄，写得再好，只有自己看是没有用的。他很迷惑，继而迷失。他无法在我面前掩饰他的痛苦，他更做不到以我为荣。可怜的我，可怜的庆筠，我们因有"共同兴趣"而结合，最后，却因这"共同兴趣"而分手。正像庆筠说的，我们不是神，我们只是一对最最平凡的凡人！

那年，我和庆筠分居了一段时间。我带着儿子，搬到台北去住。房子在敦化北路一条巷子里。是两层楼，楼上有三间房间，楼下是客厅、餐厅和厨房，前面后面，都有小小的院子。这房子对我来说，实在太豪华了。初搬进去，我非常不安，算算房租，尤其不安，虽然房东算得很便宜，对我仍然是笔大数字。搬进去第一天，鑫涛来看我们，见我一副愁眉不展的样子，他在客厅中一站，用极肯定、极权威的语气说：

"你负担得起！只要你不停下你的笔来，你就负担得起！不只负担得起这栋房子的房租，你将来还会拥有一个你想象都想象不到的世界！"他盯着我，稳稳地、笃定地加了一句，"可是，你要让你的才华，发挥到极致，绝不能让它睡着了！"

鑫涛这人，实在奇怪极了。我一生没碰到过像他这样的人，他浑身都是"力量"，好像用都用不完。他做事果断，绝不拖泥带水，他思想积极，想做就立刻付诸实行。他不只对自己的事坚定果决，连带对朋友的事也坚定果决。我们刚搬到台北，他还不知道我和庆筠正在闹离婚，积极地对庆筠说：

"你不必回铝业公司上班了。现在有两条路可走，一条是到报社去当编译，报社的上班时间是晚上，你有整个白天的时间可以去写作。另外一条路，是你暂时放弃写作，去从事翻译，翻译需要中英文都好，你是难得的人才！"

庆筠两条路都没有走。关于第一条路，他说：

"听起来很不错，可是，我不要靠你的关系进报社，我要靠我自己！"

至于第二条路，庆筠简直有些生气。

"翻译是一种再创作，再创作和创作怎能相比？难道你属于创作人才，而我只配去翻译吗？"

两条路都堵死。而我已不眠不休地开始写《几度夕阳红》。庆筠看我写得头都不抬，他一咬牙，决定回铝业公司。我对他说：

"我们暂时分开，你愿意去清水也好，去兰屿也好，去绿岛也好……你去打你的天下，不要让我和孩子再来拖累你，天下打完了，或者你不想打了，回来，我还在这儿等你！"

庆筠也是个奇怪的人，他回到高雄，居然没去清水、兰屿或深山大庙，居然不找一个地方去从事他心心念念的写作，他仍然留在铝业公司上班,这一上,就上了一辈子。直到退休年龄,才从铝业公司调到经济部。他一脚走进公务员的圈子,就再也没有跨出来。

我和庆筠拖到那年夏天,两人都觉得缘分已尽,为了让彼此有更大的自由去飞翔,我们终于到律师楼,去签了字,协议离婚。小庆给了我,从此,小庆就跟着我姓陈,称呼我的父母为"爷爷奶奶",他从出生,就在陈家,似乎注定是陈家的孩子。

刚离婚那段日子,我情绪低落。觉得我这一生,似乎做什么都做不好。既不能成为好女儿,又不能成为好妻子。回忆这段婚姻生活,其中一年他在国外,后来半年已经分居,真正在一起的日子不多。为了我的写作,和他的写作,我们用了太多时间去各自奋斗。然后再莫名其妙地为写作闹别扭。离婚,是解救两人唯一的路!我虽然有这种观念,真正离婚后,却感到无限地惆怅。毕竟,庆筠和我做了五年夫妻,毕竟,他是我儿子的父亲呀!

好一阵子,我无法写作。对着稿纸,会忽然悲从中来,抱着儿子,也会情不自禁地悄然落泪。这种情绪,无法让任何人了解。伤情之余,交稿的速度很慢,那时,《几度夕阳红》已在《皇冠》上连载,这是我第一次"边写边登"。《皇冠》登我这篇小说,为了迁就我的情绪,每个月刊出的字数忽长忽短。这样,有一天,鑫涛来看我,他兴冲冲地站在我的客厅中,对我很"肯定"地"宣布"一件事:

"下个月开始,我要在'联副'上刊载你一部长篇小说,你最好马上就去写!"

我大惊失色。这怎么可能呢？《几度夕阳红》还没写完，我的头脑有限，怎可能再开始一部长篇？何况我情绪低落，何况我还要带孩子，何况，何况……

"不行！"我摇头，"我做不到！一定做不到！"

"你做得到！一定做得到！"鑫涛坚定地说，眼光逼视着我。他浑身上下，又带着那种令我惊奇的"力量"，他点点头，很认真地说，"让我告诉你一件事，当初，我想在'联副'上刊载《烟雨蒙蒙》，可是，长篇小说的连载必须要向上面报备，我报备的时候，上面打了回票。给我一句话说：'琼瑶？琼瑶是谁？没听过这名字！'联副'应该去争取名家的稿子！'我听了之后不太高兴，结果，我利用我的职权，闪电推出《烟雨蒙蒙》，连预告都没有发。报社以为是一部中篇，根本没注意，一直等到刊载了一半的时候，有天社长一清早到报社，发现一群女学生等在报社门口买报纸，社长惊奇地问她们在干什么，女学生说：'来不及等报纸送到家里来，我们要上学呀！只好到报社来买！'社长问她们要看什么大新闻，她们说：'《烟雨蒙蒙》呀！'社长惊愕地走进办公厅，问大家：'《烟雨蒙蒙》是什么？'"

我笑了，对鑫涛点点头说：

"你编故事，也编得蛮好听的！最起码，可以治疗一下我的自卑感，我正需要这种故事！"

"我没有编故事！"鑫涛一本正经地说，眼光显得严肃起来，"这件事，百分之百是真的。我告诉你，只是要你知道，在'联副'刊载《烟雨蒙蒙》的时候，报社里没有人知道琼瑶！但是，今天我们报社开编辑会议，会议中，大家居然提出来：'我们怎么不去争取琼瑶的长篇小说?'言下之意,《皇冠》有你的长篇,'联副'没有你的长篇,是我徇私了!"他正视着我,一瞬也不瞬地。"琼瑶,"他清楚而有力地说,"《联合报》是台湾第一大报,能挤上'联副',不像你想象的那么容易!现在'联副'要你的稿子,我就一定要上你的稿子!因为,这对你太重要了,仅仅一本《皇冠》,不够来肯定你!"

"可是,"我嚷着,"我写不出来呀!"

"你写得出来!"他重重点头,毫不怀疑地,"今天我就是用逼的,用催的,用榨的,我也要逼出你另一部长篇来,你最好马上就去写!我给你十五天的时间!"

"那么,那么,"我开始心慌起来:"《几度夕阳红》怎么办呢?"

"《几度夕阳红》不能停,你要做一个计划,半个月用来写《几度夕阳红》,另半个月写新长篇,两部小说同时进行!"

我愕然地看着鑫涛,简直不敢相信我听到的!他真认为我有这种能力吗?我自己却不能肯定。鑫涛不看我,他看看我的房子,看看正在屋内练习枪战的小庆,他说:

"你需要雇一个人,来帮你烧饭带孩子,"抬眼看我,他正色说,"像你这种人,是不应该埋没在厨房里的!明天,我去帮你物色一个用人!"

"我……我……"我结舌地说,"我用不起!"

他看了我好一会儿。

"你用得起的!将来,你要用多少人,你都用得起的!只是,你必须坐在桌子前面,去努力地写!你没有多余的时间,可以用来哀悼你的婚姻或过去！"

他走了。我呆呆怔着。然后，我拉着儿子，飞奔上楼，打开稿纸，去拟新长篇的"人物表"和"故事大纲"。

第二天，"阿可"来到我家，她是个二十几岁的苗栗姑娘，她来帮我做家事、带孩子、烧饭、洗衣服（阿可在我家，足足做了二十年才"退休"回老家）。我一头栽进我的书房，夜以继日地写我的新长篇。

新长篇"如期"在"联副"刊出，书名是《菟丝花》。《几度夕阳红》并没有因而停止，它继续在《皇冠》上连载。鑫涛说对了，我做得到，我也做到了。虽然，两部小说写到后期，我必须用纱布缠住我肿痛的手指，勉强握着笔去写，但是，我并没有马虎，我很用功地写完了这两部风格完全不同的小说。

同时，我发现皇冠有个新的作家，名叫"乔野"，专门写一些嬉笑怒骂的文章。我看到那笔名，心中不禁微微一跳。我问鑫涛：

"谁是乔野？"

"乔是指台北大桥，我生平第一次，在同一条桥上来回走，印象深刻。"他轻描淡写地回答，"野是野柳，我生平第一次，带人去野柳改稿子，差点让一本世界名著被狂风吹走！'乔野'就是那个笨蛋，送人回家送一半，在落日下各奔南北的大笨蛋！"

我看着他，危险的人物！我想。什么乔野？什么笨蛋？就是"危险"两个字！

很多年后，我拍电影自己编剧，想用一个男性化的笔名，取代我的琼瑶。我用了"乔野"这名字,编了十几部电影剧本。"乔野"这名字,成为我和鑫涛共用的笔名,典故就是这样的。这是后话,回到一九六四年。

一九六四,真是我生命里很奇异的一年!

一九六四,我搬到台北定居,我离婚,我疯狂般地写作,我在两大刊物上同时刊出连载小说,我还一口气出版了四本书!

这四本书分别是《烟雨蒙蒙》《六个梦》《幸运草》《几度夕阳红》。我把四本新书带到母亲那儿,一字排开,排在母亲的书桌上面,我抬眼看着母亲,终于透出一口长气,我说:

"虽然我一直让你失望,虽然我没有考上大学,虽然我恋爱结婚离婚弄得乱七八糟,虽然写了一本让你们伤心的《窗外》……但是,我总算坚持着我从小就有的梦,走上了写作这条路!妈妈,"我郑重地说,"我会一直走下去的!"

母亲默默地看着我,终于笑了。这个笑容,实在"难得"呀!

一九六四年九月,《菟丝花》出版,接着,《潮声》出版。我的书都由《皇冠》出版,一整年中,《皇冠》就忙着印我的书。那年,我是二十六岁,距离为了一张数学二十分的通知单,而仰药轻生的时期,足足隔了十个年头!这十年,我经过了多少大风大浪,挨过了多少痛苦艰辛。但是,二十六岁的我,终于肯定了自己的方向!

十九、"梦想家"与"实行家"

就这样,我开始当一个"职业作家"。

我的书,都交给鑫涛出版,每一本的销路都还不错。鑫涛给我百分之十五的版税,可是我们之间,从来没有签过合约,也没授权。我惊奇地发现,我每个月都有相当好的收入,足以应付我的房租、阿可的薪水,以及我和儿子的衣食住行。这真是个奇迹!

一九六五年,母亲也去新加坡了,小妹搬来和我同住。小妹那时已从第一女中保送到台大物理系,是台大的高才生。我的小妹,真是个奇才,我父母在我身上找不到的希望,都可以在小妹身上找到。此时的小妹,情窦初开,和同班同学"阿飞"正在恋爱,幸好父母都在新加坡,鞭长莫及。我给了他们两个最大的支持,让他们顺利地相爱下去,小妹真是幸运。如果母亲在台北,我相信,以母亲对小妹的爱,她一定又会像母猫叼小猫般惶惶不安,不见得会让他们如此自由。("阿飞"也是台大高才生,非常优秀,可是,在我母亲眼中,任何人追小妹,可能都不够资格!)

我们那栋日式小屋,终于被师大收回,没多久,就拆除了。日式房子逐渐成为过去,台北街头,新建的公寓及高楼大厦一栋栋地耸立起来。一天,鑫涛来我家付版税给我。付完之后,他看着我说:

"现在,你应该分期付款,去买一栋公寓,总不能一辈子租房子住,太没安全感了!"

我吓了一跳。买房子?买属于自己的房子?我最奢侈的梦中才有这样的梦。

"我怎么买得起?"我惊愕地说,"房子好贵呀!"

"就在这附近,正在盖一批四楼公寓,你不妨去看一看!至于买得起或买不起,我想你不用担心,你的版税足以支付头期款!以后的款子,你可以写新书,你源源不断地写,稿费和版税就会源源不断地来!"

"这个道理我懂,"我忧愁地说,"可是,写作这行业和别的工作不同,我不一定能够源源不断地写呀!"

"哦,你能!你当然能!"他毫不犹豫地说,"我看了你最近的作品,我敢肯定,你的写作生命还在开始阶段,你最大的财富,是你的年轻!我保证,你会有源源不断的作品问世!"

他保证?他保证我可以写下去?世界上怎有像他这样的人呢?他像火车头里的煤,燃烧着、催促着火车头往前开。我不开都不行呢!于是,房子订下来了。我开始写我的新小说《船》。

过了几天,鑫涛又对我兴冲冲地说:

"你的《六个梦》,卖给电影公司拍电影,如何?他们出的版权费不高,但是,对于你,这是另一种意义,许多不看小说的人,他们看电影!"

"好还是不好呢?"我不解地问,"电影失去了文字的魅力,会不会让小说走样呢?"

"走样是一定走样的!"鑫涛说,他热爱电影,虽然他的工作忙得不得了,他仍然经常往电影院跑,"电影是另一种艺术,它会把属于平面的书籍变成立体,你可以看到你笔下的每个人物活起来,生动地、真实地演出你给他们的生命!这是太大的刺激,如果我是你,我会把每本书交给他们拍电影!"

他的兴奋立即传染到我身上,我卖了《六个梦》。电影公司选了《婉君》和《哑妻》两篇,拍成两部电影。电影推出那天,戏院门口水泄不通。我坐在电影院内,看到婉君和三兄弟纠缠不清的爱,自己深受感动。这才了解,鑫涛说"笔下人物活过来"的滋味。从此,我就迷上了把小说搬上银幕,几乎每一部著作,都改编成了电影。

写到这里,我不能不写一写我和鑫涛。

鑫涛这人,在基本上,和我的个性大不相同。我是一个标准的"梦想家",整天生活在"云里雾里"。我编织小说,编织故事,自己也生活在小说和故事里。我永远带着一份浪漫的情怀,去看我周围的事与物。我美化一切我能美化的东西,更美化感情。无论亲情、友情、爱情……我全部加以美化,而且很迷信我所美化的感情。所以,我这个人是很不实际的、浪漫的、幻想的、热情的。有时甚至是天真的、不成熟的。

鑫涛,他是个标准的"实行家"。他也有很多的梦想,他会把这些梦想一个个去实现!他很努力地工作,用很多心思去计划如何突破、如何进步、如何改善。他就像一堆燃烧的煤,是原动力。他不能忍受"停止"或"后退"。他永远在前进,每个未来、每种事业,对他都是挑战,他就一个劲儿地往前冲、冲、冲!在冲的时候,他偶尔会碰头,碰了头也没关系,他转个方向再冲、冲、冲!反正,非冲到他的目的地不可!

他这样一个人，居然会遇到我这样一个人！

他和我，建立了一个最好的合作关系。我忽然有个惊奇的发现：我尽管生活在云里雾里梦里幻里，身边却有个人，常把我这些云呀雾呀梦呀幻呀……统统接收，再一件件地把它变成"真实"。这简直像变魔术。我笔下的人物会"活过来"，我梦想的书会"出版"，我除了"写作"可以不管"家务"，我还能住我自己的"房子"，听电视里的歌星演唱我所写的"歌"……这实在奇异极了。

鑫涛，他成为我生活中相当重要的一个人。他是我的"出版人"，也是我的"经纪人"；他是我的"读者"，也是我的"评审"；他是我的"朋友"，也是我的"老板"；他是我小说的"支持者"，也是我梦想的"实现者"……我们开始受彼此的影响。我变得依赖他、信任他、顺从他。他变得也会做梦，也会糊里糊涂起来，当我在云雾里的时候，他也会陪我钻进去，去体会"我是一片云，天空是我家"的境界。

我的境界不太实际，他跟着我钻进去，居然也会像云一样飘起来。我把他带进我的每一本小说，让他接触我笔下的人物，而每个我笔下的人物，总有一部分是"我"。他对我认识得越多，就越加迷糊起来，他不知道像我这样一个人，这样带着满脑子的梦幻、完全不懂人情世故的人，怎么活过了二十多年的岁月！

"在这世界上，像你这种人，老早就应该绝种了！"他说。然后就悚然一惊地说："不行不行！如果你绝种了，我怎么办？"

当他说"我怎么办"的时候，我有些惊怔了。二十七八岁的我已不再年轻，在感情的道路上，什么大风大浪都闯过了，什么甜酸苦辣都尝过了，什么悲欢离合都挨过了。我对爱情的讯息并不陌生。自从他从台北车站送我回高雄，居然送到台中。然后带我去野柳改稿子，再用"乔野"当笔名……点点滴滴，都是信号，只是没有说破。我蓦然间心惊肉跳，再也不能让自己掉进这样的苦海里去！再也不要沉没，再也不要挣扎，再也不要矛盾和痛苦，再也不要！我想回避，想逃，想躲，想跑开……但是，这种醒觉已经来得太迟，当我们彼此都发现情况不妙时，我们已经深深陷入了。

二十、生死一线的体验

那年，小弟和麒麟双双考上了留美考试。在那个时代，出国读书是一股狂潮，几乎人人都想出国，不论生活多么贫困，仍然千方百计地要出去留学。许多父母，倾家荡产地为儿女筹措学费，送子女去读书。似乎只要能达到出国的目的，就是一种成功。事实上，国外的生存竞争非常强烈，出国的年轻人并不见得都学有所成。可是，在这股"出国热"的狂澜下，大部分的年轻人全卷了进去。

我的两个弟弟也不例外，他们念英文，考留美，申请学校，等到他们都拿到美国大学的入学许可之后，才来考虑经济问题。我身为长姐，见他们这样热衷，就开始帮他们筹备旅费和学费。

一九六六年，我先送走了麒麟，第二年，我又送走了小弟。

一连送走了两个弟弟，我颇有离愁。在生活上，难免又拮据起来。写啊写啊，写作不仅仅是兴趣，也是我唯一能仰赖的赚钱方式。这时候，我的写作已很受欢迎，许多报章杂志，纷纷前来邀稿，并出高稿酬，来争夺琼瑶稿子。而我，感激鑫涛当日的"慧眼识英雄"，更感激他给予我的鼓舞和支持力量，我始终不愿离开他的出版社，我的书，一直由他出版。大部分的小说，也都发表在《皇冠》上。那一年中，《皇冠》的销售量节节上升，由几千份跃升到几万份，鑫涛常对我说：

"《皇冠》有了你，才开始起飞了！"

其实，这话对我太恭维了。《皇冠》会一日比一日好，原因很多很多：印刷的改良、品质的提升、作家阵容的坚强，以至于编排的考究，都在其中。一本成功的杂志必须有许多成功的要件。可是，我成为《皇冠》的基本作者，却是事实，我和鑫涛，像千里马和伯乐，彼此的配合，已密不可分。

这种密不可分的合作关系，使我和鑫涛不可避免地要常常接触，接触越多，也相知日深。但是，我虽然带着叛逆的性格，基本上，我仍然有牢不可破的传统道德观，因为他有妻子儿女，我竭力和他保持距离，不肯让自己成为一个幸福家庭的破坏者。鑫涛深知我心，也尽量压抑他自己。这种压抑，像火山爆发前的隐隐震动，双方都深感危机重重。却不知如何去解决这个危机。

就在这时候，父母亲从新加坡返回中国台湾，因为师大已收回了父亲的宿舍，我就把父母接来和我同住。再次和父母生活在一起，我满心喜悦。我一直不是一个能让父母引以为荣的孩子，此时的心态，非常复杂，真希望能博得父母的欢心。

我把我家隔壁的房子买下，和我的房子打通，并成一户。这样，父亲有他的大书房，可以写他的《中华通史》。母亲也有她的大书桌，可以从事她热爱的绘画。我觉得什么都美满了，父母、我、小妹和小庆，组成一个三代同堂的家庭。麒麟虽出国，他的妻子小霞已生一子，取名小麟，也常常来和我们同住。我的"小家庭"一下子就变大了。这个"家"还有一个作用，可以把鑫涛逼得远远的！因为，我父母代表了传统道德中最正直的典范，在这股"正气"下，我和鑫涛那即将出轨的感情，必须回到轨道上来，我不能让父母再度轻视我！

一切都很好，父母又成为我无形的约束、有形的监督。我发誓要做好女儿和好母亲，和鑫涛之间的一切感情，都变成"只能意会，不能言传"了。

这样也好，不是吗？如果一切能维持下去，我和鑫涛的感情很可能就此停顿。但是，我似乎命中没有平稳的日子，似乎命中和父母犯冲，只要住在一起，总会双方痛苦。就在我觉得一切都安排得很好的时候，一件"意外"突然发生了，这一发生就惊天动地。

我前面已经写过，我的小说已成为电影界争取的对象，几乎每部小说都搬上了银幕。这搬上银幕的小说，也包括了《窗外》在内。

我并没有忘记《窗外》出版时，父母的震怒。但是，我以为时隔三年，父母和我之间已经沟通了。能把《窗外》看成我的一部著作，也能因《窗外》搬上银幕而代我高兴。错了！我的想法大错特错！我对父母的了解完全不够！《窗外》电影推出放映后的第三天，母亲和父亲就悄悄地去看了，我永远忘不了母亲看完电影回来的样子，她瞪着我看，两眼利如寒冰，直刺进我内心深处去。世界上再也没有那样的眼光，冷而锐利，是寒冰，也是利刃。她瞪了我不知多久，遽然发出一声狂叫："为什么我会有你这样的女儿？你写了书骂父母不够，还要拍成电影来骂父母！你这么有本事，为什么不把我杀了！"

我"扑通"一声，当场跪下，抓住母亲的旗袍下摆，有口难言，泪如雨下。母亲啊母亲，我一生中，想尽办法要博得你们欢心，总是功亏一篑，惊慌失措中，我求救地去看父亲。谁知，父亲的眼光同样冷峻，他盯着我，冷冷地说了一句：

"你永远会为这件事后悔的！"

我浑身战栗，在战栗的同时，心中涌起一股莫名的悲愤和自怜。我扪心自问，写《窗外》，我不悔，让父母如此难过，我不解。我无法去"后悔"我不解的事。我不悔，我告诉自己我一定不悔。但是，看到母亲生气得哭了，我就心都碎了！碎得连意识都没有了。我跪在那儿，一声又一声地重复着喊：

"我错了！我错了！我错了！我错了……"

我不知道喊了几百句我错了，母亲却充耳不闻，推开我，她把自己关进门内，再也不肯理我。父亲对我甩了甩袖子，也跟着母亲进房去了。

这一幕，因为鑫涛在场，完全看入眼内，这样激烈的场面，把他惊呆了。当我茫茫然、昏昏然、依旧跪在那儿掩面痛哭的时候，他才走过来搀扶我。我站起身来看着他，他一句话都没有说，却满眼光的怜惜和心痛，我和他的眼光一接触，就崩溃地大哭，他把我揽进了怀里，紧紧抱着我，拼命安抚地拍着我的背脊。

母亲的愤怒没有停止，第二天，她开始绝食。怎么会弄成这个局面呢？怎么会这样严重呢？我到今天也无法了解。母亲一绝食，父亲也慌了，小妹也慌了，大家轮流到母亲床边，端着食物去求她吃，去劝她吃，她就是不肯吃。三天过去，母亲依然滴水不进，我简直不知道该怎么是好。第四天，我一整天跪在母亲床前，双手捧着碗，哀求母亲吃东西，她理都不理我，闭着眼睛，不说话也不睁眼睛。第五天，全家慌乱成一团。鑫涛每天来我家，帮着我想办法，尝试着稳定我的情绪，因为经过五天五夜的折磨，我已经形容憔悴，简直人不像人了。他焦灼地看着我，不停地对我说：

"你一定要坚强起来，不能倒下去！如果伯母再不吃东西，只有送医院，医生会让她吃东西的！最主要的事……"他拉着我的手，急迫地看着我说，"停止自责吧！写书，拍电影，是自然的趋势，会引起这样的后果，不是你能预料的！何况，拍电影这件事，是我帮你做的决定，要错，也是我错！我最懊恼的事情，是在你这样无助的时候，我只能眼睁睁看着，而不能帮你！"

他已经帮了我，他使我在混乱的情绪中，理出一条线来，那天，我把小庆叫到身边，要他捧着牛奶杯，去给"奶奶"喝。小庆才六岁，几天以来，已经目睹我做的一切。他一声不响，捧着杯子，就径直地走到母亲床边，双膝一跪，把杯子凑到母亲嘴

边,他用软软的童音说:

"奶奶,你不要生妈妈的气了!我端牛奶给你喝!"

母亲眨眨眼,依然不理,小庆又说:

"奶奶!喝牛奶!奶奶不吃东西,妈妈也不吃东西,大家都不吃东西,小庆也不敢吃东西……奶奶,奶奶,奶奶……"

在小庆声声哀唤的当儿,我再也忍不住,走过去和小庆一齐跪下,我这一跪,小妹走过来,也加入我们跪下,我们大家跪着,叫妈的叫妈,叫奶奶的叫奶奶,真是叫得万般悲切。母亲此时,终于撑不住了,一面掉眼泪,一面喝了小庆捧着的那杯牛奶。看到母亲总算喝牛奶了,我这才松出一大口气来,顿时觉得四肢发软,浑身一点力气都没有了。

母亲既然喝了牛奶,就不再绝食了。我看到母亲肯吃东西了,虽然如释重负,仍感到心力交瘁。那天,我疲倦地从母亲卧室出来,一眼看到鑫涛,拿着串汽车钥匙对我说:

"我要带你到台中去!"

"到台中去做什么?"我问。

"不做什么。让你透一透气!"

"好!"我点点头,"我确实需要透透气!这几天来,我真痛苦得快死掉了!"我接过汽车钥匙,那时我刚学会开车,也刚拿到驾驶执照,"让我来开车!"

鑫涛不说什么,我们钻进汽车(是鑫涛才买了半年的一辆二手车),我刚在驾驶座上坐定,一回头,发现小妹和她的男朋友阿飞已在后座上坐好了。小妹对着我一笑说:

"不是你一个人需要透透气,我们也需要透透气!"

"是啊!"阿飞接口说,"你妈这样强烈的个性吓坏了我!小妹愁眉苦脸,我也不好过,快要憋死了!"

那时候,阿飞虽和小妹热恋,母亲从新加坡回来,见到阿飞后,并不太喜欢,正如我预料的,她认为阿飞配不上小妹。这次母亲绝食,阿飞在一边旁观,也惊怔不止。想到他和小妹的未来,就更加担心害怕了。这种心态,我能了解。我点点头,叹口气说:

"我们都需要一些新鲜空气,走吧!我们去透透气!"

我发动引擎,驶出市区。那时还没有高速公路,从台北开车到台中,大约要六小时。我一驶出市区,只觉得多日来的郁闷,急于要发泄。踩足油门,我一路开快车,开着开着,天下起大雨来,我在雨中继续冲刺,一路超车,开得惊险万状,后座的小妹阿飞叹为观止。这样,我只用了两小时,就开到了中途站新竹。

车到新竹,大雨倾盆而下。我停下车来,这才觉得筋疲力尽,自从母亲绝食,我就没有睡过觉,经过这一阵冲刺后,整个人都发软了。我让出了驾驶座,把车子交给鑫涛,我说:

"下面由你来开!我两小时开到新竹,看你会不会输给我!我赌你两小时内,开不到台中!"

我为什么要说这几句话呢?我真不明白。事后,我常想,人是逃不过命运的!命中该有的,不论是福是祸,反正逃不掉!

鑫涛接手,车子驶出了新竹市。雨越下越大,车窗外全是雨雾,鑫涛学我,把车子开得飞快。我看了看窗外景致,除了雨,几乎什么都看不到,我宣称说:

"我要睡觉了!"

说完，我把双腿蜷在椅垫上，往后一靠，就蒙蒙眬眬地睡着了。我这人一向很难入睡，但那天，却睡得十分香甜。睡梦中，忽然觉得车子急速震动，我一惊而醒，只见前面一辆十轮大卡紧急刹车，我们的车子跟着刹车，发出令人惊悚的刹车声，车速太快，已经刹不住，车子眼看要钻进大卡车的肚子里去，鑫涛飞快地转驾驶盘，于是，车子滑出公路路面，像一颗火箭般撞上路边的一棵大树。

撞车的前后，大概只有几秒钟。我眼睁睁看着自己迎向大树，然后是剧烈的撞击，碎玻璃对着我纷纷坠下……我本能地用双手护住头部，把脸埋在膝弯里。车子一阵颠簸，往前冲又往后退，终于停下。我有好一会儿，惊吓得没有意识，然后我急切地扑向鑫涛，大声问：

"你怎样？你怎样？"

鑫涛回头看我，脸色雪白。

"你怎样？你怎样？"他吼了回来。

"小妹！"我又大叫，要回头，才发现自己身上，到处都在流血，碎玻璃插在我的手上腿上。我动不了。

"我还好！"小妹呻吟着说，"阿飞……"

"我只有嘴巴破了！"阿飞嚷着。

还好！谢天谢地！我心里喊着，最起码，我们四个人都还活着。紧接着，一阵人声鼎沸，是前面那辆大卡车里的人，飞奔着过来救我们。他们把我们一个个从车子的残骸中拖出来，抱进卡车中，急速地把我们送进通霄的一家小外科医院里去。

通霄是一个地名，是个小小的镇。我们四个进了医院，这才彼此检视伤口,外表看来,我最凄惨,全身无数大小伤口,都是碎玻璃砍的,腿上有块肉已整片削去。鑫涛的右脚不能动了,只看到肌肉迅速地红肿起来。阿飞嘴唇砸破,滴着血。小妹周身没伤口,只是脸色苍白。小外科医院决定先治疗我,拿出针线,就开始帮我缝伤口,老天!他居然没有给我先上麻醉药,针线从我皮肤中拉过去,我痛得尖叫起来,小妹急急地喊:

"你们把我姐姐怎么样了?快停止!快停止!不能这样缝她呀!"

"不缝起来会有疤痕的!"医生说。

"别缝了!别缝了!"我哀求地嚷,"反正我早已遍体鳞伤,不在乎有疤没疤了!"

鑫涛坐在远远的椅子上,无法走过来,也不知道我们的情况到底如何。只是一个劲地对我们这边喊:

"你们到底怎么样?"

"我很好,"小妹说,眼泪却掉了出来,"阿飞,让他们不要动我姐姐!"

我抬头看小妹,觉得情况越来越不对,小妹的脸色白如纸。

"医生!"我大喊,"去看我的妹妹!她的脸色怎么这样白?"

医生放下我,去检查小妹,立刻,医生紧急地宣布:

"她可能是内出血,我这个小医院救不了她!我们要把她转到沙鹿的大医院去!"

"那么,快转呀!快转呀!"阿飞跳着脚大叫,"如果她会怎样,你们这些医生做什么用的?我要你们的命!"

我心中一痛。阿飞,我家妹妹福大命大,一定不会怎样的!

她会长命百岁,她会化险为夷的。我忍着痛,也不再让医生缝我,我们迅速地转向沙鹿的大医院,小妹立刻推进了手术室,经过了两小时的手术,医生才出来对我们说:

"她脾脏破裂,大量内出血,已经取掉脾脏,输了血。如果晚送进来五分钟,她就没命了!"

"现在呢?她会好起来吗?会不会有后遗症呢?"我急急地问。

"她会好起来,也不会有后遗症,"医生说,"但是,她要在医院里住一个月,不能移动!"

"我陪她!"阿飞说,看了看我和鑫涛,"你们最好包一辆车,回台北去治疗!"

我看着阿飞,阿飞对我深深点头。我的托付,他的允诺,都在不言中。直到此时,我才缓过一口气来,带着满身的伤口,我勉强撑持着身子,一跛一跛地走近鑫涛。自从撞车后,他就苍白着脸,满眼的歉意和内疚,很少开口说话。因为脚伤,也不能走动,我走近他,很恳切地对他说:

"听着,这只是一个意外!不要因为车子是你开的,你就有犯罪感!人生,意外的事件总是会有的!你用不着抱歉难过!没有任何人会怪你,所以,请你千万千万不要怪自己!还有,回到家里以后,你一定要听我的,我会告诉爸妈,车子是我开的!如果他们知道是你开的车,你了解我妈,你以后别想再踏进我家大门了!"

他一听我这几句话,竟紧紧地握着我的手,落下泪来。这是我第一次看到鑫涛落泪。

"不行!"他说,"车子是我开的,祸是我闯的,我不能撒谎！不能让你来顶罪！"

"这不是顶罪的问题，我们面对的又不是警察局，又不是车祸调查中心！是我的爸妈，你必须听我，小妹和阿飞也要和我们口径一致！"我坚定地说，看着他狼狈的脸，"万一爸妈知道开车的是你，我的日子更难过，她会说我把祸害带给小妹，我会活不成的！你会被打进地狱里去的！你相信我！"

鑫涛看着我，默然不语。后来，事情都过去以后，他对我说：

"你那几句话，真正讲进我内心深处去。只有你，在那么凄惨的状况下，还顾及我的感受，还想到后续该怎么处理。你满身是伤，却临危不乱，真是个奇怪的女人！"

那天，我们包车回台北，我进医院去缝好了浑身的伤口，鑫涛右脚骨折，必须住院观察。我狼狈地回到家里，面对爸妈。母亲看到我的状况，听到我开车出了车祸，害得小妹受伤的消息后，居然顾不得骂我。她不绝食了，也不躺在床上了，对小妹的爱，让她忘了追究一切责任。她立刻整理行李，跑去车站，直奔沙鹿去照顾小妹。

鑫涛的脚上了石膏，出院后，还拄了好久的拐杖。妹妹在沙鹿住院一个月，阿飞和母亲轮流照顾。我无法写字了，不断去医院换药、拆线，腿上的大伤口，凹下去又缝了线，拆线后变成一颗大大的"紫贝壳"，害我都不敢再穿裙子了！大家都很凄惨。一个月后，小妹康复从沙鹿回来，母亲郁闷地对父亲说：

"看样子，我家小妹只好嫁给阿飞了，因为那男孩子连尿盆都给小妹捧过了！"

就这样，阿飞竟通过了母亲这艰难的一关，和小妹顺理成章

241

地出双人对了。这大概是谁也想不到的发展。

我和鑫涛,由于这一场车祸,两人的感情就如脱缰野马,再也难于控制了。这种同生共死的刹那,这种患难之后的真情,使我们谁也无法逃避谁了。明知这会是个痛楚的深渊,我们却跳进去了。

我常想,我的故事就是由许多偶然造成的。如果我十八岁不和老师相恋,就没有后来《窗外》那本书;没有《窗外》那本书,就没有《窗外》的电影;没有电影,母亲不会绝食;母亲不绝食,我不会开车去"透气";不"透气",就不会出车祸;没有车祸,我和鑫涛的故事会不会改写呢?小妹和阿飞会不会结合呢?人生真是非常非常奇妙的。

二十一、母亲的震怒

车祸这件事,绝对让母亲对鑫涛大大地不满。其实,在车祸前,母亲早已看出鑫涛对我的感情不单纯,不止一次严厉地警告我:

"那个男人三天两头往我们家跑!你也不怕人言可畏吗?为了你的名誉,和这个人保持距离!不是我要干涉你的生活,你要知道,这个社会是残忍的,如果他追求你,社会不会指责他,会来指责你!出轨的男人都让女人来背黑锅!你现在能够独立,也会赚钱,年纪轻,根本不需要任何男人!你如果够聪明,跟他之间,公事公办!别让他占了便宜还卖乖!"

母亲这些话,当然对我有相当大的影响力。可是,母亲每次都卷入我的感情生活,确实让我有点不平衡。什么"占了便宜还卖乖",对鑫涛的人格,过分侮辱。我在车祸前,真的小心翼翼,避免和他发生"绯闻"。但是,就算我小心翼翼,还是有很多闲言闲语,在悄悄传开。在我心底,早就明白,什么"乔野",已是"明示"。送火车送到台中,家里唱机守候……种种种种,都太不寻常。很多年后,鑫涛曾经坦白告诉我:

"第一次到火车站去接你,看到你迎面走来,我没有丝毫的怀疑,立刻知道这就是你!你对我迟疑地笑了一笑,在那一瞬间,我就成了你的俘虏,再也无处可逃!"

是他无处可逃,还是我无处可逃?

话说回头,车祸之后,我不再抗拒鑫涛的爱了。人生苦短,任何一个意外,就可以夺去人们的生命。我并没有任何企图,只是想享受一下"被爱"。母亲不是可以被欺骗的人,没有多久,她就发现了我的软弱。有一天,鑫涛来找我,却被母亲拦在门外,母亲一脸寒霜地看着他问:

"你来做什么?每次你都来'催稿',我看你根本就是妨害琼瑶写稿的大祸害!你不来,她的进度会快得多!所以,你最好回去!她的稿子,我负责会准时寄到你杂志社去!"

母亲说完,就"砰"的一声,把房门关上,差点没把鑫涛的鼻子给夹在门缝里。

这样的事,我受不了,我冲上前去,在母亲面前打开了房门。这个举动,又犯了母亲的大忌,但是,那时我只想做我自己的主人,不想再让母亲操纵了!我不是十八岁了。我打开房门,问鑫涛:

"有事吗?"鑫涛看着我,不看母亲,说了一句:"给你送版税来!"

"版税!"母亲尖锐地说,"好呀!交给我!以后琼瑶的版税不需要你亲自送,打个电话来,我去帮她取!关于版税,我也很想跟你谈谈,你《皇冠》现在是不是不能没有琼瑶?你的事业是不是也不能没有琼瑶?既然如此,你认为百分之十五的版税会不会太少了……"

"妈!"我打断母亲,鑫涛站在那儿脸色发青,"不要站在大门口谈这些好不好?百分之十五是行情,我又没有抱怨!"

"伯母!"鑫涛赶紧插嘴,尽量放低身段,"这事可以商量,我们可以进去谈吗?"

"不用!"母亲紧紧盯着他问,"你就坦白回答我一句,你在'追'我女儿吗?"

鑫涛和我很快地交换了一个眼神,我背着母亲,对他悄悄挥手,要他赶快离开。因为我已经知道,风暴马上会来。可是,鑫涛没有退,他迎视着母亲,正色地说:

"伯母,是的,我在'追'她,但是她一直在'逃'!如果……"

"没有'如果'!"我母亲厉声打断,"你有什么资格来'追'我女儿?你是有妇之夫!你只是想玩弄她,欺负她心地善良!而且……"母亲加重了语气:"她还能帮你赚钱,维持你的《皇冠》!你根本就是不安好心,想要'人财两得'!"

母亲这篇话一说,鑫涛气得脸色铁青,却被母亲堵得说不出话来。我一急,就喊着说:

"妈!你别管我的事好不好?这是我的人生,你让我去面对行不行?"

"你无耻!"母亲转向了我,狠狠地盯着我,"这个人在利用你,你居然看不出来?总有一天你会栽在他手上!现在正是你的黄金时期,你怎么越活越笨,还如此没出息,被这样一个男人就骗了?只因为你开车出了车祸,你对他受伤有犯罪感,他在利用你的犯罪感……你有点头脑好不好?你……"

"伯母!"鑫涛背脊一挺,豁出去了,居然说了句,"那天的车是我开的!车祸是我出的,和琼瑶根本没关系……"

这一下不得了,我再也没办法保护鑫涛。母亲看看我又看看他,气得几乎发抖了。小妹摘除脾脏的事,她一直担心害怕,就怕有后遗症,耿耿于怀。因为我现在是家庭的经济支柱,她对我还忍让三分,现在发现真相,这还得了?她喘了口气,对鑫涛怒吼着说:

"你开的车!你居然让琼瑶来代你顶罪!你还是个男人吗?你给我滚出去!从此不许来纠缠我的女儿,如果你敢再来,我不会放过你!让我告诉你,就算现在我拿你没办法,将来我死了,会变成厉鬼,用冰冷的手来掐你的脖子!"

母亲一向是个知书达礼的女子,即使骂人,也会骂得温文尔雅。现在,竟然说得如此阴森诡异,鑫涛和我,都怔在那儿,母亲趁我们两人都在发呆时,又抛下一句:

"现在,我要跟我女儿算账,你出去!"

母亲说完,再度把大门"砰"的一声关上还锁住了门锁,拉着我的手腕就进屋里去。我没办法了,只得跟着母亲回房,一面还想帮鑫涛转圜,不住口地说:

"不是的!不是的!车子是我开的,刚刚他只是要帮我解围……"

"我不管车子是谁开的,反正你们两个都是罪魁祸首!"母亲看着我,一直拖进她的卧房,整晚,她声色俱厉,要我远离鑫涛这个"魔鬼"!

"他不会离婚的!"母亲说,"这种男人我了解,又要家庭,又要儿女,又要事业,又要风流,又要名气……他什么都要,最后,毁掉的是你!等到你才气用完了,不是'女作家'了,他不能用你来巩固他的事业了,他会再找一个比你年轻的女作家,然后把你一脚踢开!"

我整晚听着母亲的洗脑,心里真是百味杂陈。在我内心,充满了悲哀。我也知道,我和鑫涛是没有未来的,我也知道,母亲有些话是对的,最后毁掉的是我的名声。可是,我心中更大的是"排斥感"。我排斥母亲对我的控制,我排斥她对鑫涛"过度"的责备。为什么鑫涛不是真的爱上我了呢?为什么一定是"玩弄"呢?为什么他只是利用我呢?如今回忆,母亲对十八岁的我也好,对二十八岁的我也好,她那么尖锐的语言和手段,都反而帮了对方的忙。让我因排斥和抗拒,倒向她反对的那一方。

记得,那晚我很晚才睡。辗转反侧,一夜不能成眠。第二天起床后,买菜回来的女佣悄悄递给我一张纸条,打开一看,鑫涛那龙飞凤舞的笔迹,写着一行字:

"停车场等你,不见不散!"

停车场在地下室,难道他在地下室待了一夜?我大惊,赶快随便梳洗了一下,发现母亲也没起床,我就溜出门去了。我直奔地下室,在充满废气的地下室中,被鑫涛一把握住了手腕。他在灯下仔细打量我,我也仔细打量他,因为他看来又憔悴又狼狈又着急。他问:

"你挨骂了?你妈又为难你了?你一夜没睡吗?你还好吧?"

"我……"我拼命控制着情绪,讷讷地说,"只是又回到十八岁去了!"

他把我拉进了车子里,关上车门,把我紧紧地抱在怀里,在我耳边赌咒发誓地说:

"时间会证明一切!我会用我的一生,来证明我对你的爱!相信我!"

忍了很久的眼泪,立刻冲出了我的眼眶,我相信了他。虽然,心里还是充满矛盾苦恼的。

二十二、聚也不容易,散也不容易

车祸之后的第二年,母亲看我和鑫涛仍然来往,气得不得了。宣布她宁可"眼不见为净",不想跟我住在一起了。父亲也觉得我常常日夜颠倒写作,使他的生活受到影响。表示两代还是分开住比较好。这时,我已经是各大电影公司争取的对象,只要写出小说,就会卖掉电影版权,我的生活环境,一直在改善中。于是,我在北投为父母买了一幢小小的花园洋房,父母喜欢那儿的幽静,搬进去住了。

接着,麒麟把小霞和小麟都接到美国去了。再一年,小妹大学毕业,拿到最高的奖学金,出国留学了。我的"大家庭",又变成了一个单纯的"小家庭",小得只有我和小庆,以及女佣阿可。除了我们三个人以外,小家庭里的常客,就是鑫涛了。

这时,我和鑫涛的感情,简直像在狂风暴雨中,我理智用事的时候,就想和鑫涛"公私分明",要拔慧剑、斩情丝。感情用事的时候,就想什么都不管,什么传统,什么道德,什么礼教,都去他的!人,只要能爱就爱,不也很好吗?可是,我是传统教育下长大的人,我就是无法漠视自己是个"第三者"的事实。母亲那晚对我声色俱厉的训斥,也一直在我心中徘徊不去。随时会从记忆里跳出来,一再击痛我的心。

鑫涛对我,实在是用尽心机。无论人前人后,呵护备至。假若我不去想自己的处境,也不去为他的家庭着想,就单纯地去接受他的感情,日子也会很好过。他有许多小聪明,常带给我极大的惊奇与喜悦。有次他写了一封信给我,把一张很长的纸带卷起来作为信笺,在纸带上端写:

琼瑶,这是一封长信……

底下什么字都没有,我把纸带放到尾端,已放了几米长,才看到他在尾端签了个小小的名字(若干年后,他去美国办事,还真的写过一封长信给我。不知道他从哪儿,买到那样长的信卡,他从头写到底,笔迹都没有歪)。他喜欢送我礼物,每件礼物都很奇特,原来,他总在我的小说中找灵感。小说里的女主角爱穿印尼布的衣裳,他就定做一件送给我。小说里的女主角爱"紫贝壳",他送来一颗晶莹剔透的"紫贝壳"。小说里的女主角爱狗,他送来一只纯白的小北京狗,我给它取名叫"雪球",爱得不得了。小说里的女主角唱了一首歌,名叫《船》,他告诉我几月几日几时开电视,电视中有歌星唱着《船》:

有一条小小的船,
漂泊过东南西北、西北东南,
盛载了多少憧憬、多少梦幻,
来来往往无牵绊!

春去秋来,时光荏苒,
憧憬已渺,梦儿已残,
小船啊小船,
经过风暴,涉过险滩,
盛满时光,载满苦难,
何处是我避风的港湾?
何处是我停泊的边岸?

这首歌中有我自己的心声,听了会潸然泪下。他知道这歌词中有我自己的心声,急于想成为我可以"避风的港湾"。但是,他的港湾里早有船停泊,我宁可漂荡,也不肯靠岸。

一天,我终于忍无可忍,我对鑫涛说:

"以后,除了公事,请你不要再到我家里来!我妈说的,都是对的!"

他默然片刻,抬头看我:

"这些年来,我们之间,还分得开什么是公事、什么是私事吗?"

"分得开的!"我激动地说,"一定分得开的!即使分不开,你也要把它分开!"我看着他,试着要说清楚我的感觉:"让我告诉你,我脑子中一直有个画面,就是你请我回家吃饭的那个晚上,你有个很温馨的家!不要让我破坏这个家行不行?这样下去,对我是不公平的,对另一个女人,也是不公平的!你,在我心目中,是个强者,什么困难,你都有力量克服!那么,去克制你自己,不要再来找我,不要送东西给我,不要打电话给我,不要写信给我……什么都不要!请你离我远远的!否则,我会轻视你!你这么坚强的人,不要让我轻视你!千万不要!"

他怔怔地看着我,他那么坚强的人,在我说这段话的时候,整个脸色都变白了。他看了我好一会儿,执拗地说:

"不来看你,我做不到,你已经是我生活里的重心了!"

"不!"我大叫,生气极了,"我不要成为你的重心!你早就有重心了,怎么可以又去找新的重心?你太自私了!你有没有想过,你在耽误我的青春、我的前途?如果没有你这样不断地纠缠我,我说不定已经找到新的归宿和幸福了!"

"和我在一起,你不觉得幸福吗?"

"这样破碎的爱,怎样叫幸福?"我越说越气,气得不得了,"你难道不明白,我妈说过的话是真理,你根本没有资格来爱我吗?"

他震动地瞪着我,半晌,才说:

"你的意思是,要我取得资格后,再来爱你吗?"

"不!"我更气了,"我的意思是,要你退出我的生活,你有你的家,你的妻子儿女,为什么你不去守着他们!为什么你要让我这么痛苦呢?"

"我不要让你痛苦。"他苦恼地说,"自从认识你,我就一心一意想让你快乐,我做了那么多的事,都是要你快乐。如果我真的让你这么痛苦,那么,我就退出吧!"

他说做就做。有一两天,他不来找我,到了第三天,他就直闯入门:

"我做不到!"他喊着,"你说,怎么样做你才会满意?只要不分手,我什么都做!"他惨切地看着我,悲痛地说:"现在,三个孩子还太小,你愿不愿意等我几年?"

我哭了,一哭就不可止。为什么我要把自己弄到这个地步呢?我不要拆散他的家庭,我也不要委屈我自己。我真不知道该怎么办才好!我觉得,这段感情对我太不公平,因为我完全处在被动的地位。被动地等他来访,被动地等他电话,被动地接受他的殷勤,被动地和他见面……我就是这样一个"被动"的人物,没有"主权"做任何事,否则,都会伤害到另一个女人。我唯一能"主动"的事,就是和他分手。可是,就连这一点,他也不肯和我配合！我越想越委屈，越想越生气。等他几年，我为什么要等他几年？难道几年后问题就不存在了？不，我要分手，只有分手，才能让他倦鸟归巢，也才能让我自由飞翔。才能让我赢回父母的心。这时，母亲的话，又在我耳边回响：

"这种男人我了解，又要家庭，又要儿女，又要事业，又要风流，又要名气……他什么都要，最后，毁掉的是你！"

我似乎看到那个被毁掉的我，我不要！想起和母亲因《窗外》和我感情破灭，好不容易，写到《几度夕阳红》时，母亲因为欣赏我以她为蓝本写的李梦竹，才原谅了我。我们母女的亲情，眼看又要毁在鑫涛手上，我不要！

那段时间，我们整天在谈"分手"，相聚时已不再是甜蜜，而是无数的挣扎、矛盾、痛楚、和眼泪。这样，有一天，他说：

"我们开车到乌来去，乌来有高山有瀑布，让我们站在一个高敞的地方去想一想，或者面对辽阔的大地，我们会把自身的问题看得不那么严重了。"

我不认为到了乌来，就能解决我们间的问题，但是，我还是和他去了乌来。

车子在乌来的环山公路上疾驶，越驶越高，道路一边是峭壁，一边是悬崖。我们在车中继续争执，他说了几百条"无法分手"的理由，我说了几百条"必须分手"的理由，两人越说越激动，越说越僵。到后来，他忽然问：

"你一定要分手？"

"是！"

他脸色一暗，突然间一个急刹车，把车子停在窄窄的山路上，他蓦地打开车门，对我命令地说：

"那么，你下车！"

我还没反应过来，他就把我往车外推去，我四面一看，荒郊野外，一个行人都没有。心想，这人也真狠，说分手就要把我抛弃在野外，难道他以为我在野外就没办法了？下车就下车！我心一横，一句也不说，就跳下了车子，谁知，他看我下了车，就一把关上车门，然后，我只听到引擎狂鸣，再定睛一看，老天！他正在猛踩油门，车子对着悬崖就要冲下去。我这一惊，实在非同小可，车子如果冲下去，这万丈深渊，必然粉身碎骨！我一急之下，连思想的余地都没有，就合身一扑，也不知道哪儿来的力气，竟整个人扑到了引擎盖上。他看我突然扑上车盖，也大惊失色，又猛踩刹车，车子及时停在悬崖尽头。我手紧紧抓着车子的侧镜，隔着玻璃，瞪视着车内的他。他一动也不动，脸色惨白，也惊怔地瞪视着我。

我不知道我们彼此这样隔着窗玻璃，互相注视了多久，在我的意识里，那可能有一百个世纪那么长。在那一瞬间，没有天，没有地，没有世界，没有宇宙，更没有其他的人类，这世上只剩下我们两个，一个在车内，一个在车外，再有的，就是生，或死？

然后，他冲出了车子，因为我已经失去力气，身子正往车下滑，再滑几寸，我会落到悬崖下去。那时候，我什么都不在乎了。他能开车对悬崖下冲，我掉下去也没关系。可是，我没掉进悬崖，他用力一拉，我就掉进他的怀抱里去了。

那天，山上的风好大，我们站在风口，两人都发着抖，两人都不太明白,我们刚刚经历了些什么,等我的意识和思想终于缓缓明白过来,看到他车子岌岌可危地停在悬崖边上,我这一下子,蓦地痛定思痛,不禁抱头痛哭。

我这样一哭,他也落泪了。慌慌张张地,他想止住我的眼泪,他开始叽里咕噜地道歉,说他只是一刹那,万念俱灰,既然无法和我相守,不如让一切悲痛来个了断。他越说,我越哭,哭到后来,我问:

"为什么把我推出车子去?"

"因为你还有小庆呀!"他说。

他这样一说,我更加大哭不止。那个下午,我们就这样站在悬崖边上,相拥而泣。一直到天都黑了,我们才回到车上。这次,他小心翼翼地驾驶,我们在万家灯火中回到台北。

经过这样惊心动魄的一幕,我们好些日子,都惊怔在彼此的感情里,不敢对命运的安排,再有任何疑问,也不敢轻言离别。

直到如今,常有读者写信问我:

"你笔下的爱情,在真实的人生中,存在吗?那些惊天动地的爱,不是你的杜撰吗?"

我已倦于回答这些问题,每个人有自己的人生,我只是很奇怪,为什么我生命里的爱,会来得如此强烈、如此震撼,而且如此戏剧化?

二十三、浪漫与残酷

自从"乌来事件"以后,我认了。我对命运屈服了。我不再去思索各种礼教传统问题,我只是默默地接受鑫涛所给我的。我仍然坚持不伤害他的妻子,因此,我和他的家庭并存在他的生命里,有那么长一段时间,他每天来探视我,然后再回到他自己的家里去。我的心态仍然不平衡,有时感怀自伤,常常悲从中来。有时我还会为他的妻子着想,一样代她难过、代她不平。但是,这已经成为一个难解的结。有鑫涛这样一个人物,爱起来可以连生命都拼掉。但,对自己的妻室儿女,仍然有巨大的责任感,那么,就注定要有人为他受苦!

我决定顺从命运,也决定要让这段痛楚的爱,变为美好。人,爱过总比没爱过好。享受爱,而不要对命运苛求吧!于是,我放松了自己。不再轻言分手,我们珍惜在一起的每个刹那。我前面说过,只要我不太苛求,想得不要太多,日子就会很好过。

我们确实过了一段蛮好过的日子。鑫涛爱花、爱画,我们常说,我们生活里有三多,花多、书多、画多。他喜欢送我花,我喜欢大地和夕阳。有时我们去旅行,看到路边的野花,看到树上的新绿,看到小溪的潺潺,我都会惊叹!他喜欢带我旅行,因为我的惊叹而惊叹!生活里不再争吵,就变得浪漫起来。我生性喜欢夸张美好的事物,有五分浪漫,对我就变成十分。我们曾结伴去美国探望弟妹,大家在千岛区划船钓鱼,看落日缓缓西下,觉得世界真是美丽。我们也曾去欧洲,站在大片的梧桐树林里,看

落叶在地上铺成地毯,我惊讶不已,所有有关梧桐的诗词都在脑中闪过,我就站在那林内背了一下午的诗词:

> 梧桐更兼细雨,到黄昏,点点滴滴。
> 春风桃李花开日,秋雨梧桐叶落时。
> 梧桐树,三更雨,不道离情正苦,一叶叶,一声声,空阶滴到明。

从欧洲回来,他写了一本书,书名叫《苍穹下》,书中,彼此的影子都镶嵌在每章每节中。

这种生活确实浪漫,连他那"使君有妇"的身份也变成了"缺陷美"。我应该满足了,可是,心底仍然酸酸涩涩,常常陷入突然的痛楚里。还好,我还有我的写作。

在这儿,我必须写一写我的写作和鑫涛的事业。

鑫涛基本上并不喜欢旅行,他是一个"工作狂人"。他在工作上获得成功,那种快乐,是远远超过旅行或任何娱乐的,爱旅行的是我。当我的写作,影响到他的事业时,他总有办法,让我乖乖地坐到书桌前面去写作。等到我"日以继夜"地完成了一部小说,为了犒赏我,他就会带我去旅行。有时,只是开车在台湾做"一日游",我也就满意了!但是,有时我的工作实在太重,常常连续写半年一年都没休息,等到我可以休息时,他就会安排一次国外旅行,在旅行期间,还会给我各种"意外的惊喜"。

在我认识鑫涛的时候,他只有一本《皇冠》杂志。同时,出版一些《皇冠》连载过的小说,也可说附带有个"皇冠出版社"。

我前面已经写过他创业的艰难，这儿不再赘述。可是，自从我加入了《皇冠》，他的事业开始向上飞蹿，速度很快。他不讳言，我的小说支撑了《皇冠》。这时，我的小说又开始拍电影，有了电影，就需要电影主题曲。我的小说中，常常有我写的小诗小词，有的就成了主题曲。如果不适合，我会重新帮电影写歌。这些歌曲，当时是电影宣传的唯一方式。于是，我的事业成为一个包装。就是："琼瑶小说＋琼瑶电影＋琼瑶歌曲"。不知道是什么原因，我那时三项都很强。不过，都有一个前提，就是必须要先有"琼瑶小说"。有了"琼瑶小说"，鑫涛先在《皇冠》连载，同时，电影公司、唱片公司都会不请自来。鑫涛非常享受这种时光，代表我去谈电影谈歌曲，都是他与有荣焉的事，他乐此不疲。

因此，他成为我的"鞭策者"。他不能忍受我过度地放任自己。如果，我有很长一段时间不肯写作，他会用各种方式来驱使我去写作。用鼓励的（你的才华千载难逢不能浪费），用柔情的（你写作时的样子最可爱），用诱惑的（写完到欧洲去玩？），用强硬的（你再不写，《皇冠》每期销路要掉几千本！），用心机的（忽然印了我各种美丽的专用稿纸，放在我面前）……为了让我写作，他各种方法都用尽。我常常想，如果我不是碰到他，以我慵懒自由的个性，我不会写出六十七本书！（到现在二〇一八年为止，包括《雪花飘落之前》和《剪不断的乡愁》。）

总之，我和鑫涛的事业，已经密不可分。鑫涛在二〇〇四年，写了一本自传《逆流而上》，在这本书里，他写了两句话："没有琼瑶，不会有今日的《皇冠》，没有《皇冠》，琼瑶依旧是琼瑶。"这句话，很真实地写出鑫涛对我的爱和肯定。他有次对我说:"如果说,我是你的大树,你就是我的阳光和水。"很好的恭维,可是,我这个"阳光和水",却被社会批判着,被我那敏感的心,排斥着。浪漫的气息,总是会破碎。

有一天,我接到一个电话,对方是个女人,劈头就对我大骂:"你这个臭女人、烂女人、骚女人、烂货!你连婊子都不如!全天下的男人死绝了?你一定要去勾引别人的丈夫!你他妈的不要脸,王八蛋……"

这一大串话里,还夹着我写不出来的字眼,必须用××来代替的字眼。这个电话震碎了我所有的诗情画意和浪漫情怀。我呆呆地听,对方像流水般不断地骂,我挂断了电话,浑身冷战。电话刚挂断,铃声再响,我拿起来,又是那个女人,噼里啪啦,她继续大吼大叫,我再挂断电话,铃声又响……就这样,这个疯女人在一天之内,给我打了上百个电话。那时,我有一对美国朋友,白志昂夫妇和我相知甚深。白志昂在台湾学中文,常常待在我家里。他是外国人,对爱情这种事,看得非常开放。他气极了,气得对我大吼大叫:

"琼瑶!骂回去啊!她骂你什么,你骂她什么!你为什么要拿着听筒,受这种侮辱!你骂啊!你也骂啊……"

我握着听筒,想骂,却结结巴巴地一个字也骂不出。原来我从小到大,就没有受过"骂人"的教育,我骂不出口,颓然地挂上电话,泪水已落下。

鑫涛来看我时,我已哭得双目红肿,白志昂正拿着电话听筒,用他那不纯熟的中文,和那个陌生女人对骂。这真是奇怪的场面，白志昂学到了所有他在学校里学不到的"中文"，他努力地运用，仍然前言不搭后语，骂得稀奇古怪。鑫涛抢过了听筒，只听了几句话，他就一把扯断了电话线。

第二天，鑫涛让电话公司给我装了新的电话，换掉了旧的号码。那骂人电话再也打不进来了，可是，我那种诗情画意的浪漫情怀也没有了，欢乐的感觉也没有了，连"被爱"的感觉都麻木了。只觉得自己又像少女时期一样，掉进了一口冰冷的深井，说有多无助，就有多无助。我对鑫涛哀伤地说：

"保护我，让我远离伤害。要不然就放掉我，让我自生自灭！"

"没有保护好你，是我的错！"鑫涛声音都哑了，"让你受这种侮辱，是我的错！要我放掉你，那是根本不可能的事！两次撞车事件，已把我们牢牢绑住！我不会放掉你，如果我真的放掉了你，那才是我们生命中真正的大错！现在，我知道我已经走到最后一步路，我必须面对选择了！你不要再伤心，让我去做我该做的事！一件早就该做的事！"

他回去了，开始和他的妻子谈判离婚，也不等孩子长大了。鑫涛的前妻温婉贤淑、美丽高贵，有传统女性所有的美德，相夫教子，逆来顺受。就连我的存在，她也能淡然处之。她平静如一湖无波之水，鑫涛却强烈如燃烧的火炬。他们之间，不能协调的地方，大概也在这种区分上吧。这番谈判，竟谈了八年之久！在这番漫长的谈判中，我居然在朋友巧意的安排下，和鑫涛的前妻恳切地谈了一次话。这又是一项创举。

那天，我们两个女人，在一位朋友的家中密谈。朋友们好意地都避开了。我望着她，那么恬静，那么端庄，即使面对的是我,她都不愠不火,只是静静地看着我。忽然间,我对她就充满了同情。这样一个无辜的女人,为鑫涛付出了她的青春、她的爱心,又为鑫涛生了三个子女,最后却莫名其妙地被判出局!这太残忍了!在那一瞬间,我觉得自己真是千错万错,实在不该接受鑫涛的感情,实在不该卷入别人的婚姻里去!

那天,我们谈了很久,谈了很多,也谈得很深刻。如今,已无法把我们所谈过的话,一一记下。只记得,谈到最后,我很恳切、很真挚地对她说:

"如果你还爱他,不准备放弃他,就牢牢地守着他!他走到哪里,你跟到哪里,他可以来我家,你就跟着来我家。只要你不给他机会,我就不会给他机会!无论如何,你是妻子呀!发挥你妻子的力量吧!"

她看了我半天,才说了句:"谢谢你的成全。"

我蓦然间心中一痛,不禁惨然地笑了:

"这句话好像应该由我来说才对!你们是夫妻,已经'全'了,不'全'的是我呀!现在,既然你说了这句话,我也知道该怎么做了!我就'成全'你们!"

我们的谈话到此为止。

第二天鑫涛依旧来我家,我在他身前身后找寻,没有看到他妻子的身影。后来,他妻子也从未跟他一起出现在我家,看样子,她跟我的"协定",她根本做不到!既然她做不到,就只好我来做了!鑫涛,我心中不禁叹息,他一直不是我梦寐中的翩翩美男子,但他的细腻体贴,对我的无微不至,却是我一生没遇到过的,而我,我要放弃他了!彻底地放弃他了!

二十四、单飞与双飞

有一天，我很郑重地告诉鑫涛：

"我要结婚了！"

他看了我一眼，不信任地问：

"你说什么？"

"我要结婚了！"我重复了一遍。

他盯着我，好像我在说蒙古话。

"你要和谁结婚？"好半天，他才问。

"汤。"我说。汤和我相识多年，他旅居美国，家世显赫，他本人温文尔雅，很有书卷味。很多年前，他就对我下过一番功夫，因为那时我刚离婚未久，情绪正纷乱，对他并未注意。这年，他又从美国回来，依然未婚。我的闺蜜幼青最欣赏他，要为他介绍女朋友，我和幼青忙着给他做媒，他也蛮有兴趣地接受。三番五次，我和幼青陪着他见女友，他总要求我和他单独谈谈，谈清楚那位女友的身世和来龙去脉，谈着谈着，幼青不耐烦了，问：

"汤！你到底在搞些什么？"

"唉！"汤叹着气说，"你们介绍的人确实不错，可是，我爱红娘呀！"

"汤！"幼青大叫，"我是有丈夫的，不跟你开玩笑！"

"还有一位红娘呀！"汤说，微笑着，眼光深深地瞅着我。

我心中蓦地一动。总是把身边的男士当成"过客"，从来没有对任何一位动心。因为鑫涛早已把我系住。而这次，我正想抓住点新的机会,我正想了断鑫涛所有的念头,我正想给自己找个真正的归宿……汤的及时出现,让我似乎看到了一线曙光。

于是,有两个星期,我避开鑫涛,和汤做进一步的交往,当汤离台前夕,他求婚,我考虑再三后,毅然答应了。只有这样,我才可以把鑫涛还给他的妻子,退出这场残酷的游戏。

所以,鑫涛对汤已经很熟悉,当我说出汤的名字时,他的脸色就顿时惨白起来。他死死地盯着我,说:

"你不爱他。"

"可以培养的。他幽默风趣有学问,正是我喜欢的典型。"

"你离不开台湾。"

"离得开的,我照样写作,你还是我的出版人。"

"小庆不会接受他的!"

"会的!他已经带小庆出去玩过,小庆个性温和,对谁都很亲近。"

他跳了起来,把双手放在我的肩上。

"你不可能这样对待我!"他大声喊。

"可能的!"我安静地说,"我已经为你付出了许多岁月,离开你,我问心无愧!"

他呆住了。怔怔地站在那儿,仔细地看我,越看他越慌,越看他越急,越看他越失去了信心。他一把握住了我,忽然就激动起来:

"不行!你不可以和别人结婚!"

"为什么不可以?"我问。

"不行!你是这样一个不实际的女人,你这么任性又这么不理智。谁能了解你,像我了解你一样?谁能照顾你,像我照顾你一样?谁能欣赏你,像我欣赏你一样?不行,你跟任何人结婚,你都会枯萎!你还有好长一段人生,我绝不允许你枯萎!"

"我枯萎不枯萎,是我的事,"我固执地说,"用不着你来管!"

"那么,我呢?"他顿时失措起来。

"你会很坚强地活下去!"我说,想起乌来山头的一幕,不禁不寒而栗,"答应我,你要好好地活下去!"

"我不答应你!因为我答应不起!"他眼中蓦地涌上了泪,"全世界,我们一起走过;生和死,我们一起面对;事业上,我们相辅相成……现在,你要离我而去,你认为我还能照样过日子吗?即使我答应你,也是一句谎言!现在,我只要想一想,你会和别人结婚的事实,我就心慌意乱了。如果你真去了,我不会自杀,因为那太没出息了!乌来山顶上的一幕,我答应过你,再不重犯!我会守我的诺言……但是,如果你真的舍我而去,我会万念俱灰,枯萎而死!"

"胡说!"我说着,开始哭了起来,"你威胁我,这是卑鄙的!"

"我不是威胁,我是说一件事实!既然你不相信,你就去吧!所有的后果,很快都会看到的!"

我瞪着他,忽然相信了他说的每一句话。我看到一个枯萎的我,我也看到一个枯萎的他,我还看到这两个悲剧中的悲剧——他的妻儿和我的小庆——他们会跟着失去扶持,失去依靠和爱,失去经济来源,失去一切!这些年来,都是我们两个携手打拼,才让两个家庭有安定的生活。我顿时心中战栗,额上冷汗涔涔了。

"不要和别人结婚!"他恳求地说,"你已经等了我这么多年,请再给我几天,不要让我们全体都毁灭!我知道这些年来你所受的委屈,请相信我会一一补偿!请求你,不要贸然决定一切。汤是好人,但他不能给你幸福,只有我,才能给你幸福!"

我抬起泪眼看他。我知道,我又完了!汤也完了!我像一只雁子,一只我自己小说中写过的雁子。我曾为那雁子写过一首歌,歌词中有这样两句话:"雁儿在林梢,眼前白云飘,衔云衔不住,筑巢筑不了!"这几句,正是我当时的写照。其实,我这一生,在我的小说、我的歌中,都可以找到痕迹。我留下来了,没有飞走,守着我的树林,守着我残缺的梦。

那年,我想到欧洲去旅行,我一个人动身,想试试自己能不能"单飞"。当然各城市,都有朋友接我。到了香港,住在旅馆里,先办一些事情。住到第三天,鑫涛打了个长途电话给我:

"我离婚了。"他平静地说。

"哦?"我也很平静地回答。

"你一个人旅行,要处处小心,"他说,"要懂得照顾自己!"

"我知道。"我说。

"我这儿的事情忙得不得了……"

"我知道!"我打断他,"放心吧!雁子是候鸟,飞去一定会飞回!"

挂断了电话。第二天,我飞日本,要在日本停几天,再转往欧洲。飞机到了东京机场,我下机,出机场,鑫涛站在东京机场等我。

"让你'单飞',我还真不放心!"他微笑地说,"万一被只欧洲雁子给诱拐了,我岂不是功亏一篑?"

我们默默地站着,默默地注视着彼此,霎时间,两人眼中,都盈满了泪。我忽然想起,一九六三年,有人送我上火车去高雄,却送到台中,在落日下一南一北地分开。此时,我要单飞去欧洲,却在半路上被拦截,有人要跟我双飞去欧洲!都是那同一个男人,相差了整整十三年之久!

二十五、幸福的"声音"

一九七九年五月九日,我和鑫涛结婚了。那时,距离鑫涛离婚,又已经三年。这三年,其实我过得挺潇洒自在的,家里经常高朋满座,许多朋友,在我家聊天,可以聊上一个通宵。每个人都有故事,每个人都有爱情,大家对爱情的看法各持己见,经常辩论到面红耳赤。我的朋友分两类,一类是社会精英,像"清华大学"的毛高文夫妇、黎昌意夫妇、沈君山等。一类是作家朋友,像三毛、倪匡、古龙、赵宁等。这三年的生活,我曾有一本散文集《不曾失落的日子》,记载了一些片段。

说回我的结婚,那天,第一个给我们祝福的人,是我的儿子小庆,他已经十八岁,是个身材颀长的青年了!

我没有披婚纱,也没有穿结婚礼服,只在胸襟上别了一朵兰花。我们没有举行任何仪式,请了好友毛高文夫妇,在我们的结婚证书上盖了个章。再请了二十几位最好的朋友去餐厅吃饭,这些朋友,也是经常在我家畅谈终宵的人。大家一直到吃饭时,都不知道那天下午,我们才完成了结婚手续。吃到一半,有位朋友恍然大悟,跳起来说:

"什么!这是结婚喜宴吗?太意外了!你们居然结婚了!"

他奔出去,买了一大盆鲜花来,作为祝福。

那晚,大家在我们家,仍然畅谈终宵,有位女士一向对我很佩服,这时对我大大摇头说:

"我以为,一个像你这样的女人,是根本不会结婚的!连你都结婚了,我对'现代女性'完全失望了!"

"是啊!"另一位接口,"你从离婚到现在,十几年都过去了,你的日子不是挺潇洒的吗?为什么要用一张婚约,又把自己拘束起来?"

"对啊!"再一个说,"你们两个'单身贵族',为什么不好好享受单身的自由和乐趣?怎么想到去结婚呢?"

"说说看!你们到底为什么要结婚?"大家把我围起来"公审","你们享受爱情的浪漫,却不必负担婚姻的责任,不是很好吗?怎么忽然结起婚来?"

哈哈。我这些朋友都是"怪胎",一个比一个"新潮",一个比一个"现代"。人家结婚,他们不道贺,反而提出"质询"。我想了半天,终于笑着说:

"我并不像你们想象的那么自在潇洒,这么多年来,我是条漂荡的船,一直想找一个安全的港湾,好好地停泊下来。在基本上，我从没有反对过婚姻，我认为人与人之间，即使谈恋爱，也要负责任。不负责任的恋爱是逢场作戏，在生命里留下不很深的痕迹，两个人如果爱到想对彼此负责的时候，就该结婚了。尽管，婚姻很容易老化，很容易变调……但是，如果人连结婚的勇气都没有，就未免太可悲了。"我看着我的朋友们，觉得还应该补充一些，我又认真地说了几句，"我想，在我的身体和思想里，一直有两个不同的我。一个我充满了叛逆性，一个我充满了传统性。叛逆的那个我，热情奔放，浪漫幻想。传统的那个我，保守矜持，尊重礼教。今天的我，大概是传统的那个我吧！"

"哦，才不！"朋友们大笑着说，"像你这种'即兴'式的结婚，仍然相当'反传统'！仍然相当'浪漫'！仍然相当'潇洒'！"

"是吗？"我和鑫涛也大笑了。我说："或者，我们就在'传统'中，去找寻'反传统'的'浪漫'与'潇洒'，不让生活变得千篇一律！反正，人生没有十全十美的境界，每个人要过怎样的生活，只有自己去追寻，自己去定位！"

是的，我和鑫涛，已经用了大半辈子的时间来"追寻"，总该给自己"定位"了！

结婚第二年，我的传播公司拍了几部脍炙人口的连续剧，我们买了一幢四层楼的花园洋房，这房子占地四五百平方米，有许多房间，和大大的客厅、大大的地下室。我们给它取名叫"可园"。我们两个，都是从最贫穷的环境中挣扎出来的，都是从一无所有中白手起家。我们都经过人生的风浪、事业的挑战、感情的挣扎……我们也都不再年轻。当我们迁入可园，才终于有了属于我们两个的家。

可园在台北东区，当时等于是郊外，附近没有房子，前面是芭蕉田，再前面就是火车轨道，每天火车经过，整栋房子都会跟着震动。鑫涛完全照我的"梦想"，将可园重新装修。搬进去一个月后，我第一次在可园中记日记，写下了这么一段：

> 从小，就喜欢看电影，喜欢看小说。每当电影小说里出现一幢大房子时，总引起我的惊叹！有时也会梦想，有个属于自己的大房子，有个属于自己的花园。或者，童年的苦难，在心中已深刻下太多痛苦的痕迹，成长的过程，又付出了太多的代价，总觉得这个梦太虚幻了，太遥远了，是永不可及、永不可得的……但是，今天，鑫涛和我完成了这个梦——我们的可园。
>
> 可园，这不只是一幢房子、一个花园，更是我心灵休憩、不再流浪的保证。搬来一个月了，虽然在混乱的装修工程中，在人来人往的嘈杂里，在小庆将考大学的压力下……我仍然心怀欣喜。每晚，躲在鑫涛为我精心设计的卧室中，看电影的录影带（录影带这项发明实在太伟大了，可以躲在卧室里看电影，真是奇妙！鑫涛这个爱电影如痴的人，怎能不看个够？可是，每次看到一半，他就睡着了），鑫涛睡着后，我静静地躺着，听他的打呼声，听小雪球的鼾声，听录影机中播放的对白声，听窗外火车飞驰而过的辘辘声……这一切加起来的声音，十分"震耳"，我就对自己说：

这一切，就是"幸福"的声音了！

是的，这幸福的声音，得来可真不容易！

二十六、用文字堆砌出来的传奇

从这本书第二部起，在前面各个章节里，我都大略谈到了我和鑫涛的事业。但是，都是片片段段地提起。其实，我们的事业，也相当传奇。鑫涛是个出版家，我是个作者，我们都没料到，我们可以用文字创造出许多奇迹。

一九六三年，鑫涛出版了我的《窗外》。接着，我的书就一部部出版，一九六三年以前在《皇冠》发表过的短篇中篇小说，或是我在各报章副刊发表的小说，也在鑫涛"打铁趁热"的心情下，结集出版。第二年，我的小说就被电影公司看中，当时许多电影公司都来洽购我的电影摄制权。我急需钱用，鑫涛帮我一一处理，到了一九六五年，我原著的电影就在一年内，播映了四部。分别是《婉君表妹》《菟丝花》《烟雨蒙蒙》《哑女情深》。从那年的八月起，一直演到十二月，简直有点疯狂。一九六六年，我又有三部电影上演，很多都根据我的短篇小说改编，因为我无论如何也写不出那么多长篇小说。实在有点奇怪，我这些电影，都有不错的票房。因而，到了一九六七年，根据我的小说，改编播出的电影有五部。一九六八年，改编的电影更有七部之多。简直整年都在播映我的原著电影。

卖出电影版权，带给我很多收入，这时，我的收入已经超过了鑫涛。但是，他可以先连载我的小说，再出版我的小说，当电影宣传时，我的小说带给《皇冠》的利润更是惊人。在这种情形下，我们就是"双赢"的局面。我可以买房子，送两个弟弟出国念书。他可以让儿女享受优渥的童年，受最好的教育。《皇冠》也开始拓展，把旁边的土地买下来。这样，到了一九七六年，因为我的电影越演越盛，鑫涛见猎心喜，我们成立了属于我们自己的"巨星电影公司"。当时有四个合伙人，我和鑫涛各占一股，拍摄了林青霞、秦汉、秦祥林主演的《我是一片云》。这部电影，卖座疯狂，当时的林青霞，已经因为我的一部《窗外》一片成名。等到《我是一片云》放映，三位主角，都红透半边天。

有时，我会想，假若当初我没有写《窗外》，没有遇见鑫涛，很多人的命运都会和现在完全不一样。我或者不会成名，即使我会被别的出版社赏识，我也不会像碰到鑫涛那样，成为"夜以继日，不眠不休"的作者。我不可能写出那么多作品，更不可能拍出那么多电影。就是这样一场"相遇"、一场"相知"，我们改变了很多演员的命运，甚至，我们也创造出那段"台湾电影最繁荣"的时代。因为这时代的牵丝攀藤，还有多少不同的人，改变着他们的命运。这世界有"蝴蝶效应"，任何事，都是"牵一发而动全身"的！

《我是一片云》成功后，鑫涛又催着我赶快去写小说，我写了《月朦胧鸟朦胧》，又马不停蹄地编剧，然后拍电影。接着，就没完没了了，我们的巨星，拍到第三部，四个合伙人，分家了。巨星成为我和鑫涛两人的公司。这时拍戏已经不需要成本，因为我的书名一出来，就可以卖台湾地区以外的版权，收到的订金加上台湾电影院预付的订金，就可以拍摄一部电影。电影播放完，鑫涛总是很高兴地赞美我，让我飘飘欲仙。然后，我们平分我们的利润。我们的拍摄班底，也在刘姐的带领下，成了固定的班底。拍电影唯一需要的，就是，必须有一部琼瑶小说！鑫涛的工作，就是让这部小说顺利诞生！就这样，我成了书房里的痴人！

巨星公司连续拍摄了十三部电影，在每部都赚钱的情形下，鑫涛的皇冠大楼开始建造，他的儿女，都纷纷进入公司，主持各部门的工作。《皇冠》变成了"皇冠文化集团"，一九八四年，皇冠大楼完工，七层楼的建筑豪华巨大，里面有出版部、编辑部、发行部、业务部……还有一个舞蹈工作室，因为二女儿是学舞蹈的。还有一个"小剧场"，专门演出各种戏剧和舞蹈。皇冠，不再是一家苦苦经营的小杂志，它成了一座城堡。鑫涛很欣慰，他每天去城堡里上班，可以看到三个儿女，监督整个皇冠事业，一切都蒸蒸日上。

一九八三年，我厌倦了拍电影，也厌倦了那种拍电影的生活。我不顾鑫涛的反对，毅然结束了我们的巨星公司。我想要自由，想要过潇洒一点的生活。我的诗意梦幻，几乎都被电影的节奏打断，我急于找回失落的自己。可是，一不小心，我又被鑫涛拖下水。那时，我们已经结婚，生活可以很平静安详。但是，鑫涛是个工作狂人，电影拍不成，他就开始拍电视剧。而且声明不要我帮忙,他自己和朋友一起干!(关于这个经过,我的《雪花飘落之前》一本书里,有详细的记录,我就不再赘述。)总之,我怎能置身事外?最后,变成我们又成立了"怡人传播公司"和"可人传播公司",为了拍摄我的电视剧!

皇冠是鑫涛和他儿女的事业,我完全不干涉,即使婚后,我也从来没有以"皇冠女主人"自居过。却依旧让皇冠出版我没有授权的每本小说!但是,"怡人"和"可人"就是我们和我儿子儿媳为主的事业(小庆和他的同班同学何琇琼,在一九九一年结婚了)。这也是因为小庆和琇琼都是大众传播系科班出身的关系,没有刻意去分配,就是自然而然成了这样。

我再也想不到,我的电视剧生涯,竟然成为我事业中的另一场高峰!《几度夕阳红》是我们的第一部连续剧,立刻引起不小的回响。《烟雨蒙蒙》更是轰动,到了《庭院深深》,刷新了台湾所有戏剧的收视率纪录,我就这样欲罢不能,一部一部地做了下去。

一九八八年,我回到大陆,才知道我的小说,早已在大陆风行。我的电影和电视剧,大陆也在没有授权的情形下,拍摄了好几部。我的一趟大陆行,改变了我以后做戏的方针。我爱上了祖国河山,掉进了乡愁里。一九八九年四月,我又回到大陆,去湖南祭祖,也去张家界勘景,还在颐和园里住了三天。祖国的景致,让我叹为观止!回到台湾,立刻计划回大陆拍戏,九月,我和鑫涛就带着小庆、刘姐,开拔到大陆拍戏了。拍的第一部是《六个梦》,因为拍摄时间不够的关系,只拍了其中三个故事,就回到台湾。这三部电视剧在两岸都播出了，不论收视还是口碑，双双告捷！这是两岸文化交流的开始。我们又打了漂亮的一仗！

这样，我在大陆和湖南台合作，陆续拍了好多连续剧，像《梅花烙》《青青河边草》《鬼丈夫》《烟锁重楼》《水云间》……不胜枚举。到了一九九七年，我心血来潮，忽然改变风格，写了一部以清朝为背景的连续剧《还珠格格》，一九九八年才拍摄完毕，在两岸播映。我完全没料到，这部戏居然刷新了我自己创造的所有纪录，成为当年最火的连续剧，两岸几乎为这部戏疯狂。鑫涛那"打铁趁热"之说又来了！积极地要我赶快写第二部，第二部拍完了，又拍了第三部。十年后，还拍了《新还珠格格》。这《还珠格格》的威力，一直影响到今天，就在我补写这部《我的故事》时（二〇一八年二月），《还珠格格》正在湖南卫视十六度重播，从早上八点开始播，依旧跑了一个日间第一名！

关于《还珠格格》，它真是一个传奇！演出这部戏的男女主角，都是新人，全部因这部戏而红到今天，几乎参加演出的演员，没有一个不功成名就！一首主题曲《当》，所有综艺节目都会演唱，历久不衰。关于那部戏，我还写过一篇文章《点点滴滴话还珠》。我把那篇文章重新整理，发表在这本书里，因为，要了解我的编剧艰难，要知道我的拍戏真相，这篇文字是最好的记录。同时，也让还珠迷们，一起重温还珠时代。

二十七、点点滴滴话还珠

今年三月十八日,台湾中视第三度重播《还珠格格》第一部,接着,在四月二十一日,紧接着播出《还珠格格》第二部,一共七十二集,足足播了三个月。这是我从事电视剧以来,最长的一部连续剧,也是反应最强烈的一部连续剧。观众的热情、来信的踊跃、网站的林立、收视率的一再破纪录……都带给我一次又一次的惊喜。真的没有想到,有这么多的人,喜爱《还珠格格》。这才觉得,两年来的全心投入,不眠不休的工作,夜以继日地编剧……没有白费心机。

六月二十五日,《还珠格格》第二部即将播出完结篇。有很多的观众写信给我,说是每天等八点档,已经是生活的重心,如果《还珠格格》播完了,不知道日子要怎么过?这种来信,真是对我最大的恭维。我在感动之余,也开始预支"曲终人散"的惆怅了。两年以来,《还珠格格》占据了我的思想,充满了我的生活,等到播完,我和许多观众一样,有着离愁别绪,若有所失。

好在,台湾中视应观众的热烈要求,立刻安排了六月二十八日九点重播第二部,让没有看到的观众,再有一次机会,也让看过的观众,能够重温旧梦。

《还珠格格2》的后制工作,终于告一段落。我看着已经完成的一大排播出带,不禁想起许多拍戏时的阻力和困难,也想起很多拍戏的趣事,真是点点滴滴在心头!趁我最近比较闲暇,写下来和所有还珠迷共享!

换角风波

《还珠格格》第一部，真是一部多灾多难的连续剧。从开工第一天，就非常不顺利。其中最严重的一件事，是心如这个角色，差点被换掉。

为了怕伤害心如，两年来，我对这件事守口如瓶。不料，心如已经坦荡荡地把它公开了。好吧，让我们细说重头！

当初，《还珠格格》的演员名单里，本来没有心如。第一次我们内定的演员，是赵薇演紫薇，演小燕子的女演员，我希望她本身有一点拳脚功夫，免得用替身穿帮，所以定了一个有打戏经验的新人。谁知，这位新人在《还珠格格》开拍前一周，接了一部电影，通知我们她要"延期报到"，我们没有办法接受这样的事情，临时决定重新安排角色。这时，我想到公司里的新人林心如。觉得她长相甜美，清纯可人，但是拍戏经验不多，怕她不能担当小燕子这个角色，就安排她演出紫薇一角，把比较灵活的赵薇调去演小燕子。

角色定了，由我的媳妇琇琼带队，大队人马出发，到了承德，租下"避暑山庄"，重新置景，工程浩大地开拍了《还珠格格》第一部。那是一九九七年八月，承德热浪袭人。大家拍得十分辛苦，都说，那不是"避暑山庄"，是"中暑山庄"。

刚刚开拍，不知怎的，演员一直出问题，剧组每天都在换演员。首先，饰演纪晓岚的大陆演员，拍了两天戏，因故被换了下来。接着，饰演容嬷嬷的演员，因为身体违和，又换了李明启老师。每换一次演员，就表示前面拍的戏都作废了。我在台北，只要接到长途电话,都会心惊肉跳。

好不容易,演员该换的都换了,我以为可以安安稳稳地拍下去了,却发生了心如的事。

心如在接拍《还珠格格》以前,是个有机会就不能放过的新人,所以,接了不少半大不小的角色。等到《还珠格格1》开拍之后,就那么巧,她演出的一部时装戏,在友台播出。收视率惨败不说,她在戏中的表现也不太好。因为完全没有化妆,又是赶工出来的,扮相也不出色。这部戏一播出,我就接到电视台关切的电话,问我:

"林心如真的能胜任紫薇这个角色吗?我们尊重你的眼光,但是,你能不能看一看她的戏?"

我当天就看了那部戏,而且把它录下来,一看再看。看得我胆战心惊,冷汗直冒。说实话,心如在那部戏里,确实表现不佳。在那时,我对心如也失去了信心。我火速打电话到承德,要导演暂停拍摄心如的戏,同时,要琇琼赶紧把心如拍好的带子,立刻拿回台北,让我评估她是不是可以胜任这个角色。但是,我千叮咛,万嘱咐,不可让心如感觉到我们要换她,等我看过带子再说。

对正在拍戏的队伍来说,已经连换了两个角色,现在,又可能更换女主角,真是一件天崩地裂的大事!琇琼不敢耽误,立刻赶回台北。当时,心如拍的戏,总共只有三场,我们连夜把三场戏都剪出来。我看了,觉得心如的扮相还不错,只是口白比较弱,没有抑扬顿挫。尤其和话剧演员出身的周杰一起配戏,周杰的口白太好,就显得心如有些稚嫩。于是,我们又把那三场戏,送去配音，配好音，再仔细研究。

我们在台湾做各种安排，远在承德的摄制队伍，已经有风声传出。心如一连好多天，化好妆不拍戏，心里也有些感觉了。她的经纪人Amy得到消息，更是伤心欲绝，后悔死了以前接的那部戏，整天以泪洗面。我面临了一个大问题，不顾一切拍下去，还是换角。这件事困扰了我足足一个星期，想到林心如年纪轻轻，要受到这么大的打击，我实在于心不忍。但是，不换角，我要背负起所有成败的责任，我的压力也实在很大。最后，有一天，我和Amy谈到换角后，心如将何去何从？Amy说，心如从此就毁了。我想想，不过是一部戏嘛，就算赌输了，不过是输掉一部戏，总比毁掉一个心如好。我终于下了决心，说："算了！她演下去，后果我来扛吧！"

心如就这样留下来了。琇琼带着好消息回到承德，告诉心如。当晚，心如打电话给我，哭着说：

"阿姨，我会拼命努力，不会让你失望！"

心如并不知道，她虽然留了下来，每天，我都和导演通长途电话，对于心如的内心戏，如何塑造，如何把握，我们几乎天天研讨。至于心如的化妆，我也特别交代化妆师，作若干改善。我发现心如比较适合穿红色的衣服，马上让服装师给她赶紧添置红色的衣服。总之，为了她这个角色，我付出了比任何演员都多的心血。

当《还珠格格1》播出以后，很多太入戏的观众，为了心如的戏份和赵薇的戏份争执不已，说我偏心赵薇，不爱心如。其实剧本早就写完，什么偏心不偏心？还有观众对于心如用配音不满意，写信问我：

"心如不是中国人吗？不会说中文吗？为什么要给她配音？"

我看了，总是叹口气，什么都不说。假若不是那么在乎心如，今天，还有心如诠释的紫薇吗？

《还珠格格》红透了海峡两岸，紫薇这个角色已经深入人心。但是，有谁知道，她能够演出这个角色，实在是一波三折，得来非易！

周杰不"窝心"，导演不"开心"

周杰演出深情尔康，现在已经征服了好多观众的心。事实上，当初拍第一部的时候，周杰的问题，还真不少。

我们的主要演员，都很年轻，每个人都有不同的个性和脾气。大家来自海峡两岸，生活习性都不相同，第一次合作，难免有磕磕碰碰的时候。导演曾说，他在"带一群娃娃兵"。周杰是这群娃娃里，年纪最大的，也是个性最强的。

周杰拍戏的第二天，就和导演发生了冲突，原因是我的一句台词："让皇上听了，好窝心，好得意！"周杰认为，北京人的"窝心"另有解释，和我们的"窝心"意义不同。当时，就从现场打电话问我，可不可以改词？我认为无关紧要，就建议改成"开心"。于是，周杰把台词背得滚瓜烂熟："皇上听了，好开心，好得意！"谁知，正式一拍，导演立刻喊NG，坚持要周杰念成"窝心"。周杰脾气直，不会拐弯，振振有词地说："琼瑶阿姨说可以改！"导演一听更怒，他居然越过导演，直接问我，显然有轻视导演的嫌疑。于是,导演坚持要念成"窝心",不许"开心"!哪里知道,周杰已经把本子背得太熟了,只要一拍,就自然而然念成"开心",怎么都改不过来。一直 NG 了二十几次,到了最后,周杰已经演僵了,管他"窝心"还是"开心",只要念到这两个字,就顿住了。眼看一个工作天,都被他的"窝心"给耽误了,导演生气,他也心急,居然把剧本一扔,说:"这是什么烂本子嘛!"导演听了大怒,认为他既不尊敬导演,也不尊敬编剧,恨不得要揍他,戏也拍不下去了。

当晚,我就知道了整个事件的始末,不免叹气,一面打电话安慰导演,一面打电话安慰周杰,劝他们不要生气。早知一个"窝心"会引起这么大的麻烦,这个"好窝心"三个字,不说又怎样?当然,第二天,周杰就向导演道歉,规规矩矩地说了"好窝心"。但是,那一场戏,我认为是周杰演得最不好的一场戏!如果观众还有录影带,调出来就可以看出他的不自然。好在,那只是一场短短的"过场"戏。

"窝心"事件过去没几天,周杰又有一句台词,里面有"为了她,我功名利禄、前程爵位,什么都抛!"我们的周小生,又认为"前程"两个字,念不顺口,要把它改成"前途",再度从片场打电话问我可以不可以。我说:"我无所谓,但是,你如果又要为这两个字 NG,我会生气!"

周杰居然让历史重演,弃"前程"而"前途"。导演也固执依旧,要"前程"而舍"前途"。两人为了这"前程"二字,再度左 NG 一次,右 NG 一次。

我们的进度,就为了这些大问题、小问题,严重滞后。

所以，当我们决定拍摄第二部的时候，我会先飞北京，和周杰沟通。总算，在第二部里，周杰不再改词了。不过，我以后，也不敢用"窝心"两个字了。

将相不和，工作落后

第一部拍摄进度非常缓慢，为了换角，为了演员和导演的彼此适应，每天都只能拍摄一点点。拍到第三个星期，导演组和摄影组为了取镜的观念问题，又有歧见。彼此都非常坚持，常常闹得不欢而散。在电视剧的制作上，导演和摄影是最重要的两环，这样重量级的两个人物不和，使《还珠格格1》真是多灾多难。我在台北，只要接到承德的长途电话，就会心惊胆战，不知道又发生了什么事。一会儿是导演叫停，一会儿是摄影师叫停。

带队的琇琼，已经弄得疲于奔命，很严重地告诉我，要不然换导演，要不然换摄影师，否则，这部二十四集的戏，可能要拍一年。

我才刚刚从换心如的阴影中走出来，居然要面对换导演和摄影师的问题，这比换角还严重！我只好左一个电话，右一个电话，打给导演，希望双方尽量沟通。这种越洋电话，常常讲得我舌敝唇焦。总算，让双方都暂时稳住，继续勉勉强强地合作下去。

周杰摔马，雪上加霜

第四个星期，我们的外景队，要赶在秋天之前，去内蒙古拍摄"乾隆狩猎"那场大戏。内蒙古的草原,俗称"坝上",就是乾隆当年的"木兰围场",我们是用实景拍摄。但是,大队人马开拔到内蒙古,不是一件小事,准备工作就做了好几天。到了内蒙古,要安排大家的吃住,要调动几百匹马,要调动上千位临时演员,还要给这些临时演员剃头梳辫子化装穿戏服,真是每个镜头,都是用钱和血汗堆积而成。

因为动不动就是几百人和几百匹马的镜头,只要换一个角度,就要调配好半天,我们的"狩猎",拍得又是辛苦,又是缓慢。第一天,周杰就从马背上摔下来,幸好没有大碍。拍到第三天,却惊传周杰第二次落马受伤,不能拍戏了。内蒙古的医院太简陋,我们的工作人员,连夜把周杰送回北京,彻底检查。

这对我来说,真是晴天霹雳。一来担心周杰的伤势,二来担心进度。周杰的脸擦破了,嘴唇也破了,因为害怕"破相",他的心情当然跌落谷底。我们的导演、制片组、摄影组、其他演员和工作人员,每个人的情绪也都跌落到谷底。

男主角受伤,这部戏要怎么办?大队人马在内蒙古,狩猎的戏还没拍完,要不要继续?我一天接到十几通电话,等我做决定。我一方面要人照顾周杰,一方面和导演研究,只好把周杰的部分,能够改戏的改戏,能够用替身的用替身,先把"坝上"的戏拍完,等到周杰恢复,再补拍周杰的镜头。

内蒙古的戏,就在没有周杰、非常勉强的情况下拍完了。剩下许多周杰的镜头,等着周杰补戏。但是,在北京休养的周杰,是个很情绪化的人,虽然伤口愈合了,却余悸犹存,身体和心理,都受到创伤,一直没有恢复。听说还要上马,他就裹足不前，迟迟不肯归队。他这一休息，居然休息了二十几天。

心灰意冷，我毅然叫停

《还珠格格1》拍到这个时候，只能用一个"惨"字来形容。大队人马从坝上回到承德，在没有男主角的情形下，拍得断断续续，进度依旧缓慢。这时，导演组和摄影组的战争又起，闹得水火不容。许多演员，也不耐这种进度，怨言四起。有的演员，干脆离队，也去"休息"了。

我在台北，整天被他们吓来吓去，已经快要崩溃。鑫涛看看进度，不得不承认，这部戏会拍一年，再拍下去，我们大概会破产。于是，有一天，我问鑫涛，如果这部戏停拍，我们到底要赔多少？赔得起还是赔不起？他说，赔得起。我叹口气说："停止吧！不要拍了，把队伍撤回台北，好歹剧本还在，以后重整人马再拍！"

我和鑫涛，用了好几天来讨论，最后，决定壮士断腕，停拍！我一个电话打给承德，把这个惊人的决定，告诉了琇琼和导演。要大家结束工作，尽快回台北。

我们的这个决定，把远在承德的外景队，从浑浑噩噩中惊醒。所有的人都惊动了，谁也没有料到我会做这样决定。在大陆一直合作的湖南经济台，首先检讨他们的工作人员，有没有缺失。台长欧阳常林认为停拍损失太大，力劝我打消停拍的念头。导演、演员、摄影组和工作人员，都被我的决定吓住了。

就像小燕子的语言："蜘蛛死了还会活"（置之死地而后生）。

我们的外景队，看到我停拍的意志坚决，他们反而激起了一股斗志。导演当晚就和我通了一个很长的电话，安慰我，鼓励我，要我信任他，他一定克服各种困难，完成这部戏。接着，琇琼、演员们、经济台的工作同仁……纷纷打电话来，表示所有的不顺利，到此为止，以后，大家会勠力同心，"化力气为糨糊"，消除各种成见，完成这部戏。

于是，《还珠格格1》继续拍下去了。没多久，周杰也归位了。导演组和摄影组也讲和了，演员也越来越有责任感和默契了。周杰也克服了心理障碍，重新上马补镜头了。

这样，才有了大家喜爱的《还珠格格1》。有了《还珠格格1》，才有接下来的《还珠格格2》！

拍摄第二部，鲜事一大堆

去年五月，我看到《还珠格格1》的轰动情形，感动得不得了。在台湾中视的力邀之下，决定拍摄《还珠格格2》。我是一个急脾气，想到什么就会立刻去做。鑫涛更是积极，要我"打铁趁热"。拍戏对我来说，最沉重的工作是剧本，我就先去写剧本，看看后续的情节，是不是可以做下去？这剧本一写，就写出了兴趣。写了三集，想想不对，万一拍摄起来，像第一部那样状况不断，我岂不是"作茧自缚"？于是，我停下剧本，和鑫涛飞北京，去探视我的"还珠家族"。

当时，我们曾经犹豫，是不是要换掉一两个主要演员。因为《还珠格格1》大陆演员太多，被台湾新闻局裁定是"大陆戏"，要我们"逐集送审",带给我们太多的困扰。谁知,可能换角演出的消息走漏,各种猜测四起,观众的反应竟然强烈到让我招架不住,台湾中视和各个新闻媒体,都收到来信,要求"原班人马"演出。我的书桌上,更是堆满了来信,为每个演员请命。既然不能换演员,我必须在写剧本以前,把演员敲定。

六月初,我在北京首次和我的"还珠家族"见面,我带去了大批的观众来信,大家传阅着,个个兴高采烈(当时,大陆还没有播出《还珠格格1》,演员们还没有感受到大陆也疯狂的热度)。我在北京停留了一个星期,签订了重要演员。这样,我的心定了,回到台北,就夜以继日地钻进编剧工作里。

大概有了第一部的信心,第二部的剧本,我写得很顺利。许多喜悦的情节,我写得嘻嘻哈哈,常常自己觉得很好笑,也不知道别人看了好不好笑。我顺着我的灵感走,也不管拍摄有没有困难,越写越高兴。所以,第二部里,有许多高难度的戏。什么鹦鹉飞飞飞、蝴蝶飞飞飞、蜜蜂飞飞飞……都写进了剧本,拍摄和制作起来,却比我想象中难了千倍万倍!

在拍摄上,和第一部的拍拍停停比起来,第二部顺利了很多。主要是演员和导演,都有了默契,不像当初那样格格不入了。演员们也有了信心,知道自己在拍摄什么样的戏,比当初敬业多了。再加上分两组拍摄,孙树培导演主拍外景,李平导演主拍内景,两位导演合作无间。这部长达四十八集的第二部,在五个月中如期完成。

但是,那些拍摄过程的艰苦,那些应变能力的考验,那些意料之外的发生……仍然是层出不穷。我就在这儿,随便举例谈谈吧!

含香引蝴蝶，一秒钟三万元

当初，决定加入香妃这个角色，我就想给香妃创造一点新奇的点子。香妃既然"天赋异禀"，生来就有"奇香"，如何用画面去表现这种"异禀"呢？我灵机一动，何不让她和蝴蝶一起翩翩起舞？于是，先去打听"蝴蝶起舞"的制作，有没有困难？当时，有好几家动画公司，都表示只要摄制时有准备，动画加上蝴蝶不是问题。于是，我也放胆去写了。写了童年时的含香引蝴蝶，又写了长大时的含香引蝴蝶，写了进宫后的含香，和小燕子、紫薇一起引蝴蝶，又写了含香临终，蝴蝶成群飞来告别。写了蝴蝶还不够，还写了小燕子引蝴蝶不成，引来了一群蜜蜂，螫了满头包。写得我不亦乐乎。

戏完全照我要求的拍摄完成了。演员们假装有蝴蝶，和蝴蝶也玩得不亦乐乎。然后，就是后期制作的工作了，要在没有蝴蝶的画面上，用动画画上飞舞的蝴蝶。这时，我们面对问题了，好几家动画公司，看了我们的成品，发现要画那么多蝴蝶，还要只只飞舞，就摇头不敢承担。并且，告诉我们，制作的过程非常慢，要先画蝴蝶，再计算振翅的频率，再计算蝴蝶的动线，一只只画好了再让它们飞舞，然后还要和我们的画面合成……蜜蜂的制作方法一样，只是画起来比较容易而已。我们这么多场戏，大概要画几个月！天啊！几个月？我们已经奉命四月上档，哪有几个月的时间？

这一下，大家都慌了。先想克难的办法，画几只蝴蝶意思意思算了。等到第一次画了样品来，我一看，差点哭了。我说：

"这是我们的出品吗？为什么国外做得到？我们做不到？如果给观众看到的是这样的效果，未免太辜负我写剧本的一片心了！"

鑫涛看我真的伤心了，马上命令交给广告公司去试试看，并且许下"不计成本"的诺言。结果，为了赶时间，这几场戏是分别由好几家公司制作的。你们知道制作费是多少吗？一秒钟三万元！当大家看到蝴蝶绕着含香飞舞，有谁帮我们计算过时间？几场戏加起来，到底有多久？一秒钟三万元！算算我们为了这些蝴蝶，花了多少钱？有时想想，我写剧本，确实带点傻气，不玩花样，让演员耍耍嘴皮子，不是最容易拍吗？

鹦鹉大闹御花园，飞走了八只鹦鹉

同样，也是剧本惹的祸！我居然写了一场"鹦鹉大闹御花园"的戏。

写剧本的时候，我就知道这场戏不大容易拍摄。所以，我在剧本上加了一行注解："如果拍摄有困难，请简化拍摄。"谁知，导演孙树培，是绝对不会"简化"的人，也是不肯"认输"的人。他不但要拍鹦鹉，还要拍摄鹦鹉飞起来的时候，小燕子、永琪、尔康也同时飞起来抓鹦鹉，要带到鹦鹉也带到人。这一下麻烦了。鹦鹉不是演员，鹦鹉听不懂人话，鹦鹉不能 NG，最糟糕的，是鹦鹉有翅膀！

负责道具的工作人员，准备了三只鹦鹉，以为一定够用了。谁知，这些鹦鹉只要卸下脚环，扑扑翅膀，就飞向自由了。导演面对过各种不听话的演员，有时，大声一吼，可以威震八方。这次,全部派不上用场。不只导演被这几只鹦鹉弄得疲于奔命,摄影师更是可怜,上树上房,爬高爬低,好不容易镜头对准了我们那位"超级大牌",呼吸都不敢大声,刚刚按下快门,鹦鹉却扑棱棱一声飞了。至于演员们,为了配合这位超级大牌,更是苦不堪言。第一天,没有拍到几个镜头,三只鹦鹉就全飞走了。

这场戏足足拍了五天。一共飞走了八只鹦鹉。最后,导演在鹦鹉脚上绑了绳子,这样才不至于拍一只飞一只。但是,戏里却不允许看到绳子。今天,大家看到"鹦鹉大闹御花园",不过是十来分钟的戏。有谁研究过,这场戏到底是怎样完成的?

狼狗追蒙丹,场面大失控

动物演员,实在不好惹!

在《还珠格格2》第五集中,有一场蒙丹和含香在沙漠里私奔,骆驼罢工,赖地不走,阿里和卓却带了狼狗,来追捕两人的戏。

这场戏在北京近郊的"天漠"拍摄,"天漠"距离北京有两个多小时的车程,所以,外景队在凌晨四点钟就出发了。当地是一片真实的沙漠,风大沙大,拍起来十分艰苦。

拍戏那天,又是骆驼,又是临时演员,又是狼狗,真是热闹极了,工程浩大。导演知道狼狗不好拍,雇用了狼狗的主人,拉着狼狗,充当临时演员和替身。这场戏又要打,又要逃,又要追,又要滚……无论是演员还是工作人员,都被折腾得很惨,最惨的还是"狗咬蒙丹"那个镜头。

为了怕出状况，狗主人自告奋勇，充当蒙丹的替身。导演要拍一个狗扑上去，咬住蒙丹手臂的特写。这种戏也无法排演，只能抢拍，拍到几分就几分。摄影师架好了机器，导演一声"五、四、三、二、一！"替身开始跑，成群的狼狗就放开了链子，狂吠着往前冲去。

摄影师把握机会，赶紧摄影，只见一群完全不受控制的狗，飞奔四窜。说时迟，那时快，摄影师眼前一黑，什么都看不见了。原来有一只狼狗，扑向摄影机，张开大口，一口咬住了我们那全新的、名贵的摄影镜头！天哪！摄影师惊得目瞪口呆，想也来不及想，就全力和狼狗抢机器。所有工作人员喊的喊，叫的叫，乱成一团。就在这惊险时刻，另一边传来一声惨叫，大家再一看，原来饰演蒙丹替身的那位狗主人，竟然真的被他的狗儿咬住了手腕，还咬得鲜血淋漓！这么逼真的画面，我们居然没有拍到，因为，我们的摄影机在狗嘴里！

别提那天有多么狼狈了。

一天折腾下来，没有拍到几个镜头，替身受伤了。饰演蒙丹的牟凤彬，也被地上的沙子磨破了手指甲，血流不止。摄影机不只被狗咬伤了，还进了沙子。所有的工作人员和演员，在风大沙大的"天漠"追追喊喊，个个精疲力竭。他们说，都是我那首歌写得不好，什么"你是风儿我是沙"，他们个个都成了"你是风儿我是沙"！

这一场戏，我们也拍了好几天才完成。至于受伤的机器，至今没有修复。

伟大的道具师，居然发明"墨汁鸡"

谈完了蝴蝶、蜜蜂、鹦鹉、狼狗，我要谈谈我们戏里一个最特别的动物演员——墨汁鸡。

在剧本中，有一段戏，是小燕子在流亡生涯中，苦中作乐，和五阿哥去看斗鸡。小燕子不只斗了鸡，赌了钱，打了架，还买下一只斗鸡，带回客栈，准备带着这只斗鸡一起逃难。

坦白说，写这段戏的时候，我并不知道斗鸡长得什么样。我们的工作人员，居然没有一个人知道斗鸡的长相。在大陆，只有河南，目前还有斗鸡。所以，我们必须通过斗鸡学会，路远迢迢地把真的斗鸡和斗鸡主人请到北京来，拍摄这场斗鸡的戏。因为公文往返，交涉费时，斗鸡迟迟不来。大家就决定先拍小燕子带着斗鸡回客栈的戏。我们拍戏的时候，是跳着拍摄的。也就是说，许多后面的戏，可能先拍，前面的戏，可能后拍。完全看怎么方便怎么做。

这时候，问题来了。我的剧本中，写的是一只"黑色斗鸡"，小燕子给它取名字叫"黑毛"。导演就叫道具师去准备一只"黑色的公鸡"。谁知，北京的养鸡场，迷信养黑鸡不吉利，道具师找遍了北京近郊，就是找不到一只黑色的公鸡。找了好几天，黑鸡还没有影子，戏已经非拍不可了。导演对道具师说："一只黑色公鸡都找不到，你还算道具师吗？"

那位道具师没办法了，就想起拍第一部的时候，曾经把松鼠的尾巴毛剃掉，染成黑色，充当老鼠。现在，不妨故技重施。于是，抓来一只白色大公鸡，要给它染色。谁知，鸡的羽毛很难着色，染来染去染不上。这位道具师也真天才，竟然找来几瓶墨汁，把这只白鸡硬给染成"墨汁鸡"！

第二天，大家赶进度，道具师抱来"墨汁鸡"。但见那只鸡"不灰不黑也不白"，模样儿实在"够奇够怪也够鲜"。但是，进度已经落后，不能再为一只鸡耽误时间了，导演就下令照拍！于是，小燕子抱着"墨汁鸡"说说笑笑，"墨汁鸡"又扇翅膀又伸脖子，还挺抢镜头。只是，翅膀一张，翅膀下染色不匀，原形毕露！

等到真的斗鸡一来，大家全傻眼了。原来斗鸡黑得油亮，鸡冠是从小就剪掉了的，和普通公鸡长相完全不同，更遑论和那只"墨汁鸡"的差别了。但是，戏已经拍了，也没时间重拍。

等到我看到这只伟大的"墨汁鸡"时，已经是剪接到斗鸡这场戏的时候了。我一看到这只"奇特"的"墨汁鸡"，差点没有昏倒。天啊，这怎么连戏？我的第一个念头是，把"墨汁鸡"的镜头全部剪掉！但是，剪来剪去，都会伤戏，偏偏这只鸡还要连戏，晚上，还在小燕子床上踱方步。最后，我只好妥协了，保存了若干剪不掉的镜头。

所以，观众们如果看到了这只不连戏的"墨汁鸡"，请原谅！这都是我编剧的错，为什么要写"黑鸡"？为什么不写"白鸡"？我怎么也想不到，蝴蝶可以拍，蜜蜂可以拍，鹦鹉可以拍，狼狗可以拍……却奈何不了一只黑鸡！

小燕子偷柿子，一个柿子值多少

在我的剧本里，为小燕子设计了两场"柿子林"的戏。我想，观众们一定还记得，在第一部里的小燕子，本来是个混江湖的"女飞贼"，出场就是半夜上房，要偷梁府的新娘家，结果救了新娘。接着就大闹婚礼，偷空了新房里的细软。在写第二部的时候，我觉得小燕子这个人物，应该要维持她原有的个性，不能改变太多，如果她不再是"小燕子"，变成一个知书达礼的"格格"，这部戏剧就会原味尽失。可是，小燕子经过了宫中一年的调教，经过皇阿玛和五阿哥的熏陶，她的江湖气，也应该收敛不少。所以，直到她重回江湖之后，她才发表"小小的偷，不算偷"的高见。第一次，为了医治自己和含香的"离愁"，去柿子林偷柿子。第二次，为了和永琪"怄气"，知道永琪不喜欢她偷柿子，而故意偷柿子。两次偷柿子，都发生很离谱的状况。一次被狗追，摔进了河里。一次被柿子林里的孤儿寡妇，哭得呼天抢地，闹得手忙脚乱。

写这两场戏以前，我先要确定北京近郊有没有柿子林？等到确定有柿子林以后，又要确定柿子的成熟季节，能不能赶上我们拍戏的时候？结果，答案都是肯定的。于是，我就大胆地写了"柿子林"。

我们的外景队，九月十五日在北京开镜，必须在冬天来临之前，先把一些外景抢掉。尤其是御花园的戏，如果花不开，树不绿，柳条儿不再飘呀飘……御花园的感觉就会不对。再加上香妃入宫，蒙丹劫美的戏，也需要先拍。一时之间，大家忙着抢拍必须先拍的戏，顾不得"柿子林"。我在台湾，想想不对，万一柿子没有了，怎么办？于是，每天打长途电话到北京，提醒大家："别忘了还要拍柿子林！"

导演第一次去柿子林勘景，见到柿子都是绿的，就交代道具师和置景师，等柿子红了再拍。谁知，柿子是要在绿色的时候采下来，再慢慢放着，等它变红，这样才好吃，不能等到红了才采收。所以，农人们才不管我们要"红柿子"拍戏，到了时候，就把柿子采收一空。我们预定的柿子林，等到我们要拍戏的时候，居然一个柿子都没有了！

这下道具师慌了，赶快再找柿子林，好不容易，找到一个柿子晚熟的柿子林，柿子还没有采收，道具师赶紧和导演商量，就拍"绿柿子"吧！导演立即反对，那怎么行？绿色的柿子，在树上看都看不出来，怎么拍？执意要拍"红柿子"。道具师就和柿子林的主人商量，请他不要采收，柿子林的主人说："那我留两棵柿子树不采好了。"导演听了，又说："那怎么行？总要一片柿子林才好看！"

北京的外景队，赶快打电话给我，问我能不能和导演沟通一下？就用"绿柿子"将就将就。我想了想，问："如果我们把那整片柿子林包下来，要多少钱？"

结果，我们包下了那片柿子林的所有果实，主人算多少就是多少。硬是等到柿子红了，这才去拍那两场柿子林的戏。据说，当初张艺谋拍摄电影《红高粱》，种了一年的高粱才拍摄。我们拍摄电视剧，为了两场戏，包下一片柿子林，也算"大手笔"了。不过，后来我看到"墨汁鸡"之后，这才惊觉，这笔钱用得真是值得！想想，万一柿子都没有了，我们那伟大的道具师，说不定会"制造出"一种"染色柿子"来，那可就啼笑皆非了。好险！

油漆桶当头泼下，演员全部跑光光

不知道大家还记得不记得？在《还珠格格2》第一集里，有一场大家在会宾楼帮柳青装潢，小燕子提着油漆桶"耍帅"，从架子上跳下地，不料油漆桶翻落，大家全都"有福同享，有难同当，有油漆同脏"的戏？

这场戏拍摄的时候，所有的演员，都对那桶油漆"视为畏途"。我们戏里的阿哥、格格们都知道，这桶油漆如果真的淋得一头一脸，那可是一种灾难。于是，在拍摄以前，几个人就私下研究，如何能让"伤害减到最低程度"？周杰对心如说："到时候，我只要看到油漆桶一翻，拉着你就跑，地上的油漆很滑，真摔一跤就惨了！"五阿哥和柳青，听到尔康这样说，看看娇弱的柳红和金锁，立刻"有志一同"，准备"英雄救美"。几个人都有了默契，大家就虎视眈眈地看着那桶油漆。

导演不知道几个演员，已经"严阵以待""胸有成竹"。油漆桶准备翻落的同时，导演开始喊："五、四、三、二……"接着，油漆桶翻落，油漆漂亮地"从天飞洒"。然后，导演只觉得眼前一花，油漆桶翻得确实漂亮，但是下面的演员，像闪电一样全部不见了。原来，我们这些演员，练了一年的功夫，也有一些心得了，"闪"得还真快，全部"身手敏捷""行动如飞"（这一会儿，也不需要替身了）。摄影师倒带一看，银幕上哪儿有演员，只拍到一桶油漆空洒的镜头。导演大骂说："你们也跑得太快了吧？都是兔子吗？重来！"几个演员，你看我，我看你，又是笑，又是怕。

再拍一次，大家仍然默契十足，只要油漆一洒，又个个都不见了！当然，只好再 NG！但是，大家对油漆的恐惧，实在严重，每拍一次，都本能地逃开。拍了好多次都没 OK，导演忍无可忍，和化妆师低声嘀咕，只见化妆师走上前来，拿了几瓶颜料，对着那一群爱漂亮的演员，一阵没头没脸地喷洒，大家还来不及反应，已经是"有油漆同脏"了。

大家拿着镜子一看，又叹气，又摇头，真是人算不如导演算，在劫难逃，个个都成了"五彩大花猫"！

清朝街道不好找，招牌处处穿帮

每次拍摄古装戏，所有的编剧，都会奉命少写街道。因为，现在这个时代，要找一条复古的街道，真是千难万难。以前，在大陆，还有一些古意盎然的街道可用。但是，这几年，已是大厦林立，霓虹灯满街闪烁。就算小乡小镇，屋顶上也耸立着天线，街头的电线杆、街灯、招牌……处处会穿帮。所以，一般制作人，碰到街道景，就找一块空地，随便搭上几个摊贩，拍大特写，再放很多烟，管他合理不合理，遮丑避穿帮为第一要件。

《还珠格格2》里，街道的戏特别多。斩格格，香妃进京，会宾楼前，马车出入，随时都有街道。等到格格、阿哥们浪迹天涯时，一会儿在街上斗鸡，一会儿在街头救小鸽子，一会儿在街上卖艺,一会儿参加聚贤大会……街道景,不可避免地左一场、右一场。这可把我们的道具师和置景师忙惨了。

《还珠格格2》的外景,有一部分,是在北京城外的昌平区拍摄。昌平区有一群古建筑叫"老北京",是当地政府依照旧时北京城的景观,搭建出来吸引游客的地方。有旧时的建筑,有楼台亭阁,有街道,有部分的商店景观。这个地方的原始构想很好,但是,昌平距离北京市区太远,北京城里,真实的名胜古迹又太多,谁会舍弃真北京,而来游览假北京呢?这个"老北京"因此游客不多,生意萧条。我们的外景队,发现这个地方,不禁大喜,正好租下来拍戏(后来《还珠格格1》在大陆红了,学生和影迷听说我们在这儿拍戏,全部拥到现场争睹,"老北京"卖门票,居然收到从建造以来,最高的收入)。

我们的街道景,有的就利用"老北京"的街道,改改招牌,加些摊贩,凑合着拍摄。有的只好去借北影场,或其他影视基地的街道来用。北京附近,能够利用的街道景,全都给我们拍完了,就算这样,仍然不够用。所以,常有一景两用的时候。到这种时候,置景师和道具师的责任就很重,要把"街道甲"成功地变成"街道乙"。这两条街道,还常常分别在两个城市里。

"老北京"这个地方,基本上是依照民国时期的北京建造的,不是"清朝北京"。因此,在建筑的墙上,常常有各式各样的大字,什么"万金油""蝴蝶霜""花露水"……应有尽有。我们拍戏时,想避掉这些招牌,实在难上加难。

我在台北,只能凭剧照或是剪接出来的带子,来了解拍戏的情形。每当发现有问题时,戏早已拍过了,挽救都来不及。有天，我看到一张剧照，是永琪和小燕子、箫剑等人在街头卖艺，被李大人发现踪迹那一场。我看到剧照中，个个演出精彩，但是，看来看去就有一些不对劲。再仔细一看，永琪身后，赫然有块直立的布招牌，迎风飘飞，上面写着斗大的三个字："照相馆"。

乾隆时期有照相馆？我快要昏了，赶快打电话到北京，问怎么可能发生这样的事？导演愕然地说：

"那个招牌上面写了'照相馆'啊？我没注意！本来，那儿有一个招牌，写着'花露水'还是什么的，我说穿帮了！让场务找个招牌来挡一挡，他就搬了这块招牌来。我急着拍戏，没有细看，真的是'照相馆'吗？"

哎呀，这真是从何说起？这块招牌居然是为了"掩饰穿帮"而搬来，再"造成穿帮"的？我听了，真是哭笑不得。这场戏又有武打，又有临时演员，又有替身，拍了两天才拍完。现场这么多人，没有人发现穿帮，还要我在台北的人来发现，这不是"天下奇闻"吗？但是，错误已经造成，怎么办呢？导演说，如果有时间就重拍，如果不能重拍，只好利用剪接来弥补。后来，我们为了要赶在过年前，让离乡背井的大伙回家过年，毕竟没有时间补拍这场戏。于是，我们剪接时，大费工夫，一个镜头一个镜头地修剪，修到只有隐隐约约的镜头。当然，由于这个疏忽，修修剪剪，这场戏难免比原先的设计，大打折扣。

同样也是招牌惹的祸，我发现道具几乎在每条街上，都挂上一个布制的招牌，上面写着"萃华阁"三个字。在北京有"萃华阁"，在洛阳有"萃华阁"，到了小镇，有"萃华阁"，到了南阳，还有"萃华阁"。为了这个"萃华阁"，我们也是修修剪剪，到处补洞。即使如此，仍然有修不掉的地方，我只好叹气说："萃华阁是乾隆时期的7-11，到处有分店！"

在会宾楼前，有好几条大道。当会宾楼重新开张，在"火炬舞"中，乾隆带着福伦，驾着马车前来参加。马车在夜色中，在火炬舞的腾欢中来到，乾隆步下马车，惊喜地看着这一切。这个马车驶到会宾楼前的整组镜头，都被我们剪掉了，只保留了乾隆下马车的特写，因为，马车后面的墙上，有三个大字，写着"银行牌"。

拍戏，每个工作人员都很重要，只要有一个人出错，就会造成很大的遗憾。但是，想要人人不出错，实在是难啊难！

拍摄格格大婚，李导演晕倒片场

《还珠格格2》分为两组拍摄，演员非常辛苦，两位导演也"劳苦功高"。李平导演，是个"苦干型"，宠演员也宠工作人员，自己却经常"咬紧牙关，任劳任怨"。我们拍到十二月底，天气变得非常寒冷，北京流行性感冒盛行，我们的演员和工作人员，一个个被传染，现场这个咳嗽，那个发烧。每天晚上收工，医生穿梭在每个房间，给大家看病，总有一半的人需要打点滴，第二天再抱病拍戏。那种情况，真是凄惨。有时，我想到一部戏是这样完成的，就会满心不忍，甚至没有勇气再从事这一行。

我们的演员里，苏有朋、林心如、周杰、陆诗雨……都先后病倒，心如咳到痰中带血，依旧抱病拍戏。周杰烧到三十九摄氏度，仍然演出"舅公舅婆做伪证"那场重头戏。有朋咳嗽咳了一个月才好。陆诗雨发烧那天，正好我去探班，他裹了一身好厚的衣服，发了一身的汗。我开玩笑说："你好好保护自己，不可以生病，因为我奉导演之命，如果有演员体力不支，不能停工，只能删戏。"陆诗雨听了急忙点头，一迭声地说："我已经好了，以后不敢生病，绝对不敢生病！千万别删我的戏！"（我觉得我好残忍哦！）

演员们生病之外，两位导演，也不能幸免。孙树培导演首先病倒，住进医院。李导演见孙导演倒了，一人挑起导演工作，奋不顾身。谁都不知道，李导演那时已经在发烧，却咬牙不说。有天，我打长途电话给李导演，问他身体好不好？他才轻描淡写地说："没事！每天早上发烧，好在只有三十八摄氏度。这儿感冒药应有尽有，吃它一大把，就压下去了！"我觉得不对，要他休息两天，他马上说了几百个"不"，坚决地说："我没事，没事，没事……"又说了几百个"没事"。

然后，我们开始拍漱芳斋里，两位格格大婚那场"大戏"。那场戏几乎是"演员全部到齐"，院子里，又是花轿，又是吹鼓手，大厅里，除了主要演员外，还有许多宫女、太监和临时演员，场面非常热闹。

这场戏事先筹备了很久，因为动员的演员太多，都希望能够尽快拍完。那天，漱芳斋里红烛高烧，灯火通明，挤了一屋子的人，再加上打光，室内的空气很不好。几万瓦灯光一照，李导演就脸色苍白，满头冷汗。他依旧咬牙撑着，继续拍戏。拍着拍着，大家就听到砰然一声，李导演直挺挺地晕倒在地。这一下，大家才知道他病得不轻。

李导演被送进了医院,我在台北,立即得到消息,真是忧心如焚,急忙打电话到医院去问情况。一位工作人员接了我的电话,说是李导演刚刚醒来,我在电话里,就听到李导演在那儿气急败坏地交代:"我跟你们讲,灯光不要撤,演员不要散,请大家等我两小时,我打完点滴就没事了,今天还要拍下去!"

天啊!演戏的是疯子,导戏的也是疯子!

当然,那天,我们没有让李导演"拍下去",还是把灯光、演员都撤了。可是,第二天一早,李导演就不顾一切地"逃出医院",坚持抱病导完了那场戏。如今,大家看到两位格格苦尽甘来,风风光光上花轿,皆大欢喜。有谁知道,幕后的种种辛劳呢?

我偏爱的几场戏

《还珠格格2》在台湾已经播完了,在大陆才刚刚开始播放。大陆地广人多,一个地区一个地区轮流播放,大概还要几个月才能轮完。有时,想到大陆有十三亿的人口,看电视的人口大概有几亿,真是惊人。想着想着,就会让我惶恐起来。因为,对编剧的我来说,连续剧推出时好像在面对考试,希望得到大家的认同。但是,我一个脑袋里装的思想,如何去满足几亿个不同的脑袋?何况,大家生长的环境不同、思想不同,观念也会不同。例如,台湾的观众,对于尔康和紫薇那个"世纪之吻"念之盼之,津津乐道。北京的观众却说:"清朝的人,会有那么亲热的举动吗?"这种反应,实在让我愕然。

其实,《还珠格格2》里,有好多场戏,是我自己非常喜欢的。写下来和大家谈谈,不知道大家是不是也喜欢?

小燕子的"如人饮水"论

小燕子在《还珠格格2》里,有种种状况,大祸小祸闯了一堆,这些,都不难写,难写的是一些"文戏"。

小燕子做文章,这种"点子",基本上就很"大胆",我犹豫了好久要不要写。只要写得不好,就会"沉闷"。试看所有的连续剧,几部戏里,敢用"做文章"这种点子?可是,我就逃不开写这场戏的"诱惑",觉得它应该很好玩。那篇"喝水"论,害我想破了脑袋。它不靠动作取胜,不靠剧情的张力,纯粹是文字的趣味。写的时候,必须考虑到小燕子的个性和程度,还要为后面的戏作呼应。我写了这篇"喝水论",虽然句句都是废话,也句句都是至理名言,写完这场戏,我还拼命问看过剧本的人:"好笑不好笑?好笑不好笑?"

直到看到拍摄好的带子,我才对这场戏有了把握。看到小燕子清清嗓子,一本正经地念出:"人都要喝水,早上要喝水,下午要喝水,晚上要喝水……"我就笑了。到了小燕子把"冷暖自知"听成"冷了蜘蛛",乾隆举起手来说:"冷了蜘蛛,还烫了蜻蜓呢?朕打你一百大板!"乾隆那夸张的表情和动作,让我又笑了(只怕我自己觉得好笑,观众觉得不好笑,那就是我"自我陶醉"了)。

皮肤受罪

小燕子学香妃，被蜜蜂叮得满头包。那场被蜜蜂螫的戏还好，回到漱芳斋，埋怨这个，埋怨那个，怪罪永琪不该说"皮肤无罪"（匹夫无罪），害得她"皮肤受罪，皮肤好痛，皮肤有包！"

如果你是小燕子，发生了这样意料之外的事，一来是委屈，二来是撒娇，三来是"痛"，你会不会怪东怪西，迁怒于人？我想一定会。就在这种分析下，我写了这场戏。赵薇演得真好，把这些感觉都演出来了。等到乾隆来了，小燕子要躲却躲不了，拉开蒙脸的衣服，露出满头包，乾隆发现这个"东施效颦"的结果，惊愕之下，大笑不已。这场戏，也是我深爱的，看到剪接好的片子，我就跟着乾隆笑不停。

小燕子拍马屁

紫薇失明，小燕子弄丢了紫薇，一心赎罪，听箫剑说，马尾可以做琴弦，立刻跑到马房去和马儿商量，要跟马儿要几根毛。于是，又"拍马屁"，又"摸马头"，对那匹马儿说了一车子好话。还念念有词："马儿好，马儿妙，马儿呱呱叫，给我几根毛，做个好宝宝！"然后一掀马尾，一根毛也没有拔到，却给马儿踹了一脚，踢翻在地。不服输的小燕子，开始倒骑着马，千方百计要拔马尾……这场戏，也是我自己很喜欢的，因为这种点子，别的戏肯定没有拍过。小燕子有"小聪明"，却没有"大头脑"的个性，也在这场戏里交代得很清楚。我常说，小燕子这个人物，是我的挑战,她那"不会拐弯的思维模式",也是我最大的挑战。

小燕子掉斧头

和前面一场类似,小燕子和永琪吵架讲和,一定也是"与众不同"的。小燕子生气以后,就想"用体力",这是她的本能。所以,才会在皇阿玛要她"化戾气为祥和"时,她会大惊地反弹:"我如果'化力气为糨糊',我就升天了!"小燕子说这种话,我不只想表示她对成语的曲解,更想写出她的个性。这次,和永琪闹了别扭,不能打架,不能采柿子,那么,只好背着斧头上山砍柴去。她的思维模式,不是胡闹,而是"见了山就上,见了柴就砍",把体力消耗掉,把"气"也消耗掉,是一种"消气"的办法。

但是,尔康、紫薇和永琪不能让她这么"任性",劝的劝,拉的拉。于是,有了第一次掉斧头,砸到永琪的脚,小燕子一慌,忘了生气,扑过去问东问西。等到永琪抱住她,她又"矫情"起来,但是,看到永琪手腕流血,她再也忍不住了,丢下斧头冲过去,这才有第二次掉斧头,砸到自己的情节。这场戏,在两次掉斧头的笑闹中,写一对"欢喜冤家"的"真情流露",我觉得比只用对白来"讲和",更有趣味性。

看戏很容易,但是,对编剧来说,"点点滴滴",都是千思万想才能写出来的,实在不是"很容易"。

乾隆亲赴南阳接儿女,大家落泪

除了好笑的戏以外,我对《还珠格格2》里的一些感情戏,都曾花过很多心思,去细细地写。像尔康在紫薇病床前的深情细诉。紫薇失明,尔康疯狂点蜡烛。小燕子把紫薇弄丢了,尔康的痛不欲生。紫薇找回来之后,小燕子的歉意,紫薇的宽容,和大家的讲和。但是,其中我自己最喜欢的一场,却是乾隆亲自到南阳,要把几个儿女接回家的那场戏。

那场戏,完全靠对白来"动之以情"。乾隆是皇帝,无论心里多么柔软,身段气度,还是皇帝。几个小辈,在乾隆说心情、拿点心……之后,个个感动得无以复加,小燕子和紫薇,更是哭得稀里哗啦。乾隆在这场戏里,说了很多话,其中一段,是这样说的:"漱芳斋里面,火炉准备好了,棉袄准备好了,厚厚的棉被都准备好了,明月、彩霞、小邓子、小卓子都在等你们……还有那只鹦鹉,整天在窗户下面喊:格格吉祥,格格吉祥!"乾隆这段话一说,几个孩子,就全部崩溃了。

当初,"鹦鹉大闹御花园"的伏笔,到这时才派上用场。如果乾隆不是常常去漱芳斋追念几个孩子,不是常常对着鹦鹉思前想后,这番话是说不出来的。

晴儿和萧剑

晴儿和萧剑这两个人物,确实是我很用心塑造的。宫里的晴儿,宫外的萧剑,两个不可能见面,也不可能有故事的人物。一个在宫里，成为紫薇、小燕子、永琪、尔康的"贵人"。一个在宫外，成为大家的"生死之交"。晴儿的"外表清冷孤傲，内在热血奔腾"。箫剑的智勇双全，热情潇洒。两人的心灵世界，是非常接近的。但是，两人的生存世界，是非常遥远的。在没有交集中，我分别写出两人的特质。却在最后的婚礼中，让两人有了相遇的机会。留下许多未完的、隐藏的故事，让观众去遐想。

当台湾播完《还珠格格2》之后，我接到一大堆观众的来信，都殷殷询问：

"阿姨，到底箫剑和晴儿怎样了？请你快告诉我们吧！那么好的箫剑，那么好的晴儿，只在婚礼上见了一面，我们看不够啊！"

看不够，留点想象空间，不是也很好吗？每个观众，都可以在心里，为他们继续编写故事。

编剧，是一件很难很难的工作，尤其是这么长的一部戏。我承认许多地方力不从心，总觉得写得不好。我从事编剧以来，早就体会到一件事，戏剧不能太"写实"。真实的人生，实在乏善可陈。日子是千篇一律的，不断地重复、重复、重复。白天过了是黑夜，黑夜过了又是白天。春、夏、秋、冬，不断地更迭。连人类的感情，也是重复的，亲情、爱情、友情。每个人面对的问题，都是重复的。学生重复地上课下课，重复地面对考试升学的压力。进了社会，重复地上班、下班、拼业绩、回家。连吃饭、上厕所、睡觉都是重复的。至于生、老、病、死这种大事，也是重复的。在这么重复的生命里，想写一点"不一样"的东西，有时，是一种"能力"以外的事。就像人类不能像鸟类那样飞，不能像鱼类那样游。超过了"能力范围",你就只有"做不到"。《还珠格格》虽然让我绞尽脑汁,仍然逃不出人类重复的"喜怒哀乐"。至于我因为"做不到"而没有"做好"的部分,请大家原谅。

我特别把这篇《点点滴滴话还珠》收录到《我的故事》里,因为只要看了这篇文章,就了解我的电视剧生涯。鑫涛在二〇〇四年出版过一本他的自传,在那本书里,他对于我拍戏时的求好心切,有这么一段描写:

> 写作,由她自己控制,可以尽量做到完美,拍戏就不同了!导演、演员、工作人员都会影响品质,不是琼瑶所能把握,她就全程掌握拍摄过程的各种细节,从毛片、初剪、配音、配字幕,琐琐碎碎,她都不厌其烦地把缺点调整到最低,一部电视剧所花的心力,比她自己写小说多过十倍、百倍。

这就是我在电视剧时代的工作情形。由鑫涛笔下写来,看得更加清楚。当然,我的电视剧不只《还珠格格》,我后来又拍摄了《情深深雨蒙蒙》《又见一帘幽梦》……直到二〇一三年的《花非花雾非雾》为止,我一共拍摄了二十五部电视剧,真是不可思议的工作量!

二十八、沧海桑田，物换星移

现在，是二〇一八年二月，距离《我的故事》初版完稿，已经二十九年，在这二十九年中，我的生活，忙忙碌碌，风风雨雨，到了晚年，还面对了一场"生与死"的大风暴。为了让这本书完整，我必须把这本书里的人物，都交代一下。

一九九一年，小庆和他的同班同学何琇琼结婚了。这是一场爱情长跑，他们是辅仁大学大众传播系班对，大一时两人还只是同学关系，大二就进入了恋爱阶段，结婚时两人已经交往十年了。琇琼的父母都是很有学问和爱心的人，有六个子女，琇琼是最小的一个。我常常说，琇琼是何家的掌上明珠，居然被我儿子追到，所以，我总是喊她"何珠"。当他们大学还没毕业，因为"怡人""可人"的成立，他们两个，就常常到传播公司来帮忙了。因此，我早期的电视剧里，经常可以看到小庆和何珠，在里面充当各种"临时演员"。有一次，导演找不到临时演员，居然让小庆去客串一位神父，小庆天生娃娃脸，如此年轻的"神父"，怎么看怎么不像，让我看到就大笑不已，简直是"喜剧效果"。至于何珠，丫头、女学生、女工……什么都客串过。

一九九二年，我的孙女儿可柔就报到了！可柔的来到，带给我非常巨大的欣喜。四年后，第二个孙女儿可嘉也报到了！我们一家六口，终于到齐。因为孩子们都跟着我姓陈，有时，我觉得鑫涛不是平家人，而是陈家人。他也宠爱两个孙女，宠得无以复加。连他的个性,也被我同化。因为小庆和何琇,常常带队去大陆拍戏,两个孙女,就跟着我们长大。我忙着写作编剧,还要隔海监督拍戏,应付随时要改剧本的种种问题。鑫涛会带着她们去逛玩具反斗城(大型玩具店),每次都带回满车子的玩具。我抗议可柔、可嘉太浪费,可柔才说:

"不是我们要买的,都是爷爷买的!"

保姆在一边频频点头做证。鑫涛就带着一脸笑,振振有词地说:

"去反斗城,不买玩具要做什么?"

怎能想到,在我补充这本书的今天,当初那两个黄毛丫头,现在一个已经从伦敦留学归来,开始工作了!另外一个,疯狂地爱上了猫,也爱上了画猫,取了个笔名"猫疯子",她的第一本绘本,也即将出版了!

庆筠和我离婚以后,没有几年,就再度结婚了。听说婚姻很幸福,生了两个儿子。还听说,他不再赌博,也放弃了写作。我不得不相信,婚姻一定要碰到对的人,才会走上对的路。庆筠婚前,偶尔还会来我家,带小庆出门玩,那时小庆也不过四五岁。等到他婚后,就再也没有出现。这样,日升日落,年复一年。大家都各自过着自己的新生活。

小庆婚后,有一天出门,晚上回家后对我说:"我今天去医院陪了我爸!"

"你爸?"我问,一时间都不知道他在说谁,鑫涛不是整天在家吗?后来才知道是庆筠。原来,庆筠出了车祸,在医院里忽然想起这个从小就没有接近的儿子，打了个电话到怡人传播公司，找到了我儿子。小庆听说他车祸在住院，二话不说，就直奔医院，甚至没有告诉我。到了医院，才发现伤势不重，他的妻子要上班，儿子要上课，没人陪他。小庆就坐在床前，陪他聊天，照顾了他一会儿。那时，我这本《我的故事》（注：一九八九年版）已经出版，他也看过了。当儿子离开医院时，他笑着对我儿子说："告诉你妈，她在后记里有一段写错了，他说我放弃了写作，我没有！现在我真的退休了，可以好好开始写作了！"

我愕然地听着，然后笑了。庆筠还是庆筠，到了老年，还在想他那部未开始的作品！

鑫涛的前妻，在离婚以前，就开始学画。等到我和鑫涛结婚后，她也嫁给了这位教她画画的艺术家。这应该是另一场"师生恋"吧！总之，她有了很好的归宿，我和鑫涛，都非常代她庆幸。人，总会犯错，我一直认为，鑫涛爱上我，追求我长达十六年，是他的过错，我没逃掉，是我的过错。可是，我也很不解，人，为什么有离婚制度？不就是要挽救那些在婚姻上犯错的人吗？如果嫁错了，还要错一生吗？娶错了，也要错一生吗？错误的婚姻不能纠正吗？离婚有时是喜剧而不是悲剧。勉强维持一个没有爱的婚姻才是悲剧！当鑫涛前妻再婚，而且嫁给她的老师，我才惊觉，我的"命运"论是存在的，一切可能上苍老早就安排好了，才让我当初"退无可退"！我还记得母亲痛骂鑫涛的那晚，还记得鑫涛在停车场拉住我，说的那句话：

"时间会证明一切！我会用我的一生，来证明我对你的爱！

相信我！"

时间，是的，时间才是关键。他确实用他的一生，来证实了他的爱。在我补写《我的故事》的此时此刻，他已经依赖插管维生两年了！事实上，在两年前，或者更早，在他重度失智时，他这"一生"，已经走到了尽头。从他对我说那句话到今天，早已超过了半个世纪！我们两个用这么长的时间，来证明什么是"碰到对的人"，什么是"碰到不对的人"，这是真实的人生！在世俗的眼光里，在道德的眼光里，或者有错！但是，在用正能量追逐生命真谛的原则下，我们付出了努力，也付出了代价！不但共同打拼，让双方的子女衣食无忧，还留给他们可以继承的事业。就算我们有错，谁受到了伤害？谁又得到了益处？在错的时间，碰到对的那个人，放弃和争取，哪一项才是"正确做法"？谁能回答我呢？

我的母亲和父亲，一直住在我为他们买的北投小屋里。可是，母亲个性倔强，常常和父亲一言不合，就离家出走。走到哪儿去呢？当然是我家。我在可园里，一直为父母保有一个房间，因为父母亲会轮流住进来，不是母亲出走，就是父亲被母亲锁在门外，回不去了。那时，我帮母亲请了不少女佣，都被她赶走。可园以前那栋四层楼的小洋房，不堪岁月摧残，火车震动，风吹雨打，和几次的大地震，终于退休。我们把它拆了，重建了现在的可园（这新可园也已经快三十年了），不管是旧可园，还是新可园，那时父母都常常和我住在一起。

母亲，一直是我心中永远的痛。我们母女之间，只要住在一起,就会摩擦起火,分开两地,又会牵肠挂肚。鑫涛对我母亲,一直是戒慎恐惧的,即使我们已经结婚,母亲也没把鑫涛放在眼里。有时,甚至会认为鑫涛是个掠夺者,从她身边,抢走了她的女儿。我夹在中间,左也不是,右也不是。那时,我认为母亲的脾气太难控制,对我和父亲,都是极大的压力。现在回忆起来,母亲一定很早就害了忧郁症。只是那时大家对忧郁症都不了解,认为她只是个性因素,造成她偏激的言辞和举动。长期疏忽,延误了治疗的时机。

等到母亲病情日益严重,有了被害妄想的症状,认为我们兄弟姐妹都是她的仇人,全世界的人都要害她,我们才急忙请医生诊治。母亲脾气刚烈,拒绝任何治疗。我们兄弟姐妹和父亲,都束手无策。这时,母亲的眼睛又因为白内障,渐渐看不见了。失去视力的她更加恐惧,却坚决不肯动手术,认为医生也要害她。这时,对于母亲的病,各大医院都不肯收,至于动手术治眼疾,更是天方夜谭,没有医生肯对一位情绪不稳的病人动刀。

有一天,我在报纸上读到一篇文章,是访问一位治疗白内障的名医。我立刻打电话给报社,要来这位名医的电话。然后,我恳求这位名医帮我母亲治疗,那位医生三天后就将出国,告诉我不可能。我失望已极,一天打了好几通电话给那位医生请示我该怎么做。最后,他被我感动了,同意在出国前诊治一下母亲。那天,我和弟妹,把母亲用轮椅推到医院给医生检查。奇怪的是,母亲并没反抗,竟然让医生做了检查。然后,医生对我说:

"琼瑶,我被你感动了!为了你的坚持,我就冒险帮你母亲动手术,她的精神状况,使这手术必须全身麻醉,两个眼睛一起做，手术后不能乱动，那就是你们家属的事了！"

我拼命点头，和弟妹商量，让母亲住院，请了特别护士，我们要二十四小时按住母亲，让她的手术成功！

这样，母亲动了白内障的手术，医生开完母亲的刀就出国了，介绍了另外的医生做术后的治疗。开刀后，我们硬是守着母亲，抓着她的手，不让她去掀开眼罩。果然，母亲麻醉苏醒后，非常恐惧，又喊又叫地闹了很久。可是，当术后治疗的医生，揭开母亲的眼罩时，母亲呆住了！她看向我，看向弟妹，看向窗外……那是华灯初上的时候，医院对面的大楼上，有很大的霓虹灯广告，母亲无法置信地对我说：

"我看到了！那儿有霓虹灯，是S——O——N——Y！"

听到母亲清楚念出那几个英文字母，我知道手术成功了！立刻抱住母亲，弟妹们也加入我，在那一瞬间，我和弟妹都哭了。

母亲恢复视力以后，只活了两年。这两年，她又患了"失智症"，医生说，是她多年的忧郁症造成的。我和弟妹研究之后，我在附近的永吉路上一座十四层大楼里，买下一个单元给他们住。因为我的两个弟弟的家，都在永吉路附近，这样，我们三家都可以随时去照顾他们。当然，我还是请了二十四小时的护工，陪伴照料着他们。母亲害了失智症后，刚开始很暴躁，我和弟弟都会随时奔去应付各种突发状况。然后，她很快就忘记了父亲是谁，忘记了我们的名字。但是，她平静下来了，变得很依赖父亲，对我们兄弟姐妹，都不再仇视。我想，在她生命中的最后一年，她终于"忘记了恐惧"，"忘记了爱恨情仇"，"忘记了过去"……甚至忘记了她活着的这个世界。她的"失智"没有到末期，她一直可以行动，还没到"失能"阶段，却因为突然而来的一场"败血症"，在二十四小时之内，离开了人世。当我们送她去医院时，我很庆幸，我们全家一致，都没有再为母亲插管，她几乎是在睡着的情况下走了！那是一九九○年十月！母亲享年七十四岁。

我的父亲，在母亲去世后，挨过一段悲伤的时光。然后，闲暇时作作诗，到棋社下下围棋。二○○二年，他已经九十四岁，身体才开始衰弱。有四个月，他无法进食，吃什么都吐。可是医生却诊断不出任何病症，告诉我，他是"老化"，胃壁的皱褶已经磨平，无法消化吃进去的食物。我又束手无策了！医生可以治病，却无法治老。这时我才体会到"老"比"病"更可怕！

这样，有一天，父亲摔倒了！我们立刻把他送进医院，到了医院，他就没有再醒过来。同样，我和弟妹们，放弃开颅治疗，也放弃插管和多余的急救。二○○二年七月三十日，他得到"善终"，永远地离开了我们。父亲一生钻研中国历史，留给了我们六百多万字的著作。有《秦汉史话》《三国史话》《什么是中国人》《中华通史》等。其中《中华通史》一书，更于一九八一年，荣获台湾图书金鼎奖。他一生颠沛流离，又因母亲的长期生病，饱受折磨。但是，他却一直是个幽默风趣的人，永远活在我们兄弟姐妹的心中。

我的双胞胎弟弟麒麟在美国获得硕士学位，曾留在美国八年，当工程师。然后回台湾发展，弃学从商，办了一家贸易公司，专营小五金的进出口贸易。和小霞育有一子一女。子女们也早就有了儿女，也是三代的大家庭了。麒麟近年来身体状况较差，把公司转给了儿女经营。可是，侄儿在美国的事业依旧很成功，只能两边跑。

小弟在美国念了一年书，就回台湾了。他天性洒脱，不喜拘束，完全是艺术家的作风。回台湾后就专心从事艺术生涯。婚后有一儿一女，儿子现在是检察官，非常优秀。女儿在美国，嫁给了一位大陆留学生，真正做到"两岸一家亲"，也有一儿一女。

小弟对于祖父为了期望抗战胜利，给他取的名字"兆胜"实在不喜欢，学画后，自己又取了一个艺名"陈怀谷"，他的老师是欧豪年大师，欧大师常常说一句话：

"我的学生里，最得到我真传的，就是陈怀谷！"

小弟经常开画展，每次到场买画的，总有我这个爱画的姐姐！

小妹和阿飞在美国结婚，双双取得博士学位，留在美国发展事业，一帆风顺。先在美国太空总署工作，后来自组一家顾问公司，有职员数百人，每个职员都是博士学位。优秀的小妹，毕竟是优秀的！他们夫妇，到了五十几岁以后，就把公司合并给别人了，退休享受自由自在的生活。最关心的不是美国未来怎样，而是"台湾大选"怎样。父亲去世之后，他们很少回来，但是，每当"台湾大选"，他们一定飞回来，投下他们神圣的一票！

这，就是我身边人的故事！然后，回到我自己身上。

二十九、乱石崩云，惊涛裂岸，卷起千堆雪

二〇〇二年七月，我的父亲去世了。当年的九月，鑫涛生病了！

鑫涛的病名，是"带状疱疹"，开始只是嘴唇内长了一颗痘痘，因为连续五六家医院都误诊，住院后又被庸医耽误，后来竟然变成不可收拾的大病。这场病，让鑫涛的面部神经麻痹，整个右脸都垮了下来，让他的右眼合不拢，还让他面部溃烂，几乎毁容。我从那时起，就遵照医生的指示，整天帮他的面部清创，成了他贴身的"特别护士"。关于鑫涛生病的种种，我曾出版了一本《雪花飘落之前》，在那本书里，我有详细的叙述。我的读者们，如果关心我的晚年生活，那是一本不可不看的书。在这儿，我就不再赘述。

鑫涛那年的病，在我悉心照顾之下，总算逐渐康复。但是，他的健康，就此走了下坡路。那场病留下很多后遗症，包括永远不停的"神经疼痛"和面部的麻痹。各种小病接连而来，一直不断。二〇〇七年，他的体重开始下降，我惊觉到不能再忽视他的健康。年终，我毅然关闭了我所有的网站，把全部精力放在他的健康上。二〇〇八年，鑫涛的体重从六十五公斤一路下降到五十一公斤，已经骨瘦如柴，他常常半夜胸口痛，痛到我们全家慌慌张张送他去挂急诊。二〇〇八年年底，医生告诉我，他必须做一个很大的"开胸"手术，因为他的胃已经整个移位到横膈膜

上方，压迫到心脏和肺。假若不拉回原位，他将面对"生死"的问题。

鑫涛是个热爱生命的人，面对疾病的时候，比我坚强积极，完全是个生命的斗士。他立刻决定动手术，他的儿女也全部赞成。十二月，他住进医院，我开始签署各种手术"同意书"，每签一张，我都胆战心惊。我的担心、害怕、恐惧、脆弱都不能让他知道。每天在医院，笑着为他打气，告诉他绝对没危险。晚上回到家里，房间是黑暗的，迎接我的，是冬日冰冷的空气，我一个人坐在房里，痛楚兜心而来，泪水就不禁决堤。

手术因为许多突发状况，一再延期，最后定在十二月二十五日，刚好是圣诞节。二十四日晚间，我陪着他，他忽然拉着我的手，郑重地对我说：

"万一我没能撑过去，答应我，你会好好地活下去！"

我咬紧牙关，咽住泪水，生气地说：

"说什么废话？如果你没能撑下去，你还管得了我吗？你什么都管不了！所以，你最好撑过去！"

二十五日一早，鑫涛动了手术，我和他的儿子，我的儿子、媳妇一起在手术室外等待，手术动了四个多小时，终于完毕。在推进加护病房前，他先进了恢复室，医生允许我进去看他，他仍然在麻醉中，身上插满了各种管子。医生笑着对我说：

"我送了你一个圣诞大礼！手术很成功，现在就看恢复和复健的情形了！"

我知道后面还有漫漫长路要走，但是，总算第一关是过关了！接着，是一连串治疗和复健的日子，他撑过来了！当他出院后，我又开始像二〇〇二年那样，全心全力地照顾着他，即使请了二十四小时的护士，我依旧陪着他复健，每天和营养师研究他的饮食，不断地调整又调整。我的生活里，没有我的小说、我的戏剧，只有医生、医院、营养师……和他的体重！因为，只有他的体重上升，才能证明病情都控制好了！这样，到了二〇〇九年四月，他的体重已经上升到五十八公斤，他依旧每周三次去医院，每天持续复健。但是，他痊愈了！

他痊愈后，还鼓励我回去工作，不要整天牵挂着他。这样，我带着编剧助理素媛，还写了一部电视剧《新还珠格格》，根据原来的小说《还珠格格》改编，长达九十八集。我的生活，变成鑫涛健康第一，写电视剧和拍摄电视剧，成为调剂护士生涯的业余工作。我不只写了《新还珠格格》，二〇一二年，我还写了《花非花，雾非雾》，二〇一三年播出。然后，鑫涛的健康，又占据了我的整个生活。到了二〇一五年，鑫涛确诊为"血管型失智症"，从此，我就掉进最深最深的深渊里去了！上苍造人，实在造得不好，为什么在必定会来临的"死亡"之前，要有一段生病痛苦的日子呢？为什么不能时间到了，就一睡不醒呢？从二〇〇二年起，鑫涛的健康，就成为我生命里的主题！照顾他，爱护他，保护他……如果说，他曾经是我的大树，这段时间，我却是他的大树！他信任我，依赖我，仰仗我……最后，却完全遗忘了我！

二〇一六年二月二十九日，鑫涛在重度失智的情形下，躺在床上（那时也已失能）就忽然意识完全不清，喉中发出啊啊的声音。三月一日，再度住进医院，从此，他再也没有醒过来，也没有离开过医院。在荣总，经过各种检查，证实发生了"大中风"。脑中有$11\times8\times3\mathrm{cm}$那样的大面积血管栓塞，医生告诉我："这是不可逆的病，他不会好了，也不会再醒来了！他没有意识，已经不在我们的世界里面！"我哭着问："那么，我们该怎么办？"医生说："如果插上鼻胃管，他可能可以'活'很多年，只是一个什么都不会的'卧床老人'，如果不插管，就会慢慢地走了！"

鑫涛，他在二〇一四年，就交代过他的后事，也写下他的意愿，亲手交给他的儿女，再三叮嘱，不能在他身上插管维生，我和小庆、琇琼，都早有共识。我这样一路陪伴着他，太了解他的"强人个性"，我不舍，却深知"爱，必须学会放手"！我一直哭，然后点头，表示不插管，我能为他做的最后一件事，应该是让他"善终"！他那篇写给儿女的遗嘱，因为当时他已经写不清楚文字，写得乱七八糟，是我帮他打字完成的。他要我帮他打印三份，分别给他的三个儿女，我说，一份就可以了！给三个儿女嘛！他说：

"不行！我不知道三个儿女会不会有一个不听话，必须三份，每人一份，以示慎重！"

那张遗嘱，我附录在下面。这张是签名给他儿子平云的，当医生表示想看看病人的想法，我请平云带到医院，拷贝了几份给医院存底，我也留了一份。全文如下：

> 親愛的兒女們：
>
> 看了蔡金川寫給兒女們的一封公開信，覺得我也應該寫這封信給你們，這是一封很重要的信。你們也可以把蔡金川的信找出來參考，因為他是個醫生，知道什麼有意義，什麼沒意義。
>
> 一、當我病危的時候，請你們不要把我送進加護病房。我不要任何管子和醫療器具來維持我的生命。更不要死在冰冷的加護病房裡。
> 二、所以，無論是氣切、電擊、插管、鼻胃管、導尿管……通通不要，讓我走得清清爽爽。
> 三、我走後，請不要登訃文，不要公祭，不要任何追悼儀式，不要收奠儀，不要做七。我沒有宗教信仰，千萬不要用宗教儀式來追悼我，讓我瀟瀟灑灑的離去。
> 四、請將我在最短期間火化，要連骨頭燒成灰。然後，用灑葬的方式，把我的骨灰灑到任何山明水秀的山林裡。萬一不能灑葬，就用樹葬。但以灑葬為優先。
> 五、不要為我設靈堂，我生前不願麻煩別人，身後也是一樣。
> 六、不要為我燒紙錢、紙汽車、洋房這種東西，我深信我去的地方，再也用不著人世的一切，更何況是虛偽的物質品。地球一直在暖化，希望大家多愛地球一點，為子孫而環保。
> 七、不要在任何地方，為我建立墓園或紀念館。愛我的人，自然會在心裡記住我，不愛我的人，那些對他們毫無意義。
> 八、死亡是人生必經之路，我的生命一直活得多采多姿，喜怒哀樂也比別人強烈，沒有白走這一趟。活到老年，我的死亡是件喜事，切勿悲傷。
> 九、不要怕外人說你們把我的喪事辦得簡單是不孝，孝順就是聽我的安排。重要重要！
> 十、我對你們的愛，是我沒有帶走的東西！永遠留給你們！
>
> 　　　　　　　　　　　　　　　　　　你們的父親
> 　　　　　　　　　　　　　　　　　　平鑫濤
> 　　　　　　　　　　　　　　　　　　2018.10.11

这短短的叮嘱，也就是后来我发表在脸书、收录在《雪花飘落之前》中那封《给儿子儿媳的一封公开信》的原始蓝本。不过我写得更加详细、更加深入，不是这样寥寥数语。这封鑫涛"签名"的文件，也是我在医院里第一次看到。可怜的他，签名的手，一定战抖得很厉害，才签得如此歪歪斜斜，字不成字。这是他专程去《皇冠》大楼，亲自在儿女面前签署的。回来还跟我说，儿女都会照办。当医生看了这文件，更加力劝我们尊重病人的自主权，不要再做只会让病人身体持续痛苦的延命治疗了。

但是，当面临插管问题时，他的儿女完全不愿接受父亲的叮嘱，坚持父亲还有"奇迹"，只要插管，一定会好！我太了解鑫涛了，半个多世纪，多少挣扎，多少痛苦，多少甜蜜，多少幸福，多少风波……我们真正地度过了丰富的一生！还创造了很多的纪录！我不能让他面对"死亡"一关时，成为一个"被豢养"的生命体。这太残忍！我和他的子女试着沟通，三个儿女深爱着父亲，就是"不要他死""不忍他死"！只要活着，他们认为就有希望！我们在医院里产生了很大的歧见，坚持到十天以后，我已心力交瘁，筋疲力尽，而且快要窒息了……最后在强大的压力下，和鑫涛日渐衰弱的状态下，我支持不住，崩溃地投降了。鑫涛插了鼻胃管，我把他转进一家医院长期住院，开始了他自己最痛恨的"生不如死"的日子！这家医院不是长照医院，是私立正式医院，收费昂贵。我宁愿每月付出高额的住院医疗费用，也不愿送他去长照医院。（这是二〇一六年三月十五日的事）

如果我不这么在乎鑫涛，事情到了这个地步，我责任已了！我可以出国去走走，我已经为了他，十几年没有出国了！但是，我却生活在自我煎熬中，我走不出我违背他"善终权"的阴影，我依然在医院和家里两边跑，痛苦把我包围得透不过气来。我一天一天地数着他住院的日子，觉得每个日子，都是我带给他的"酷刑"！他爱了我超过半个世纪，我却这样报答他！这种折磨的日子，足足过了一年。那时，我会每天把他的手脚面部拍照，为了去请示更专业的医生，看看还能有"奇迹"吗。在我内心，也深深盼望着有奇迹呀！二〇一七年，我拍到的照片，他的手脚都已严重变形。本来,我在这儿加上了两张照片,代替我的文字。有时,照片比文字能够表达得更多。但是,照片下载后(尽管我插入的,只是不太惊悚的)我却被我贴上去的照片吓到了。当时,我陪着他,每天看着他的变化,因为是一点点进展的,我还没像这次再看照片时的战栗!那只僵硬的右手,每个关节都肿成球形,四根手指并在一起,无法分开。手指抵着床单,整只手完全不像手。左手却像一只鸡爪,手指全部弯曲到手心,再也伸不直。这双手,还是人类的"手"吗?至于双脚,更加惨不忍睹,腿细瘦如竹竿,脚的大拇指外翻,所有脚趾也都并拢在一起……我无法用文字来描写这样的畸形。写到这儿,除了心痛,还是心痛!不忍你们看到这样的照片,我把照片删除了。

我的读者们,永远不要用这种方式,来爱你们的父母!我一直相信人间有爱,但是,"有爱"还不够,还要"懂爱","懂爱"还不够,还要"会爱"!真爱不是占有,不是自己希望怎样,而是"无我"地为对方去想。那个禁锢在自己还会痛的躯壳里,什么都不知道、不能做的"卧床老人"(这是台湾对这种老人的专门用语)会愿意这样无止境地等待永远不会来临的"奇迹"吗?

你们不能想象我那段生活,当我看到他每天的变化,手脚身体的变形……或看到医生拿着大大的唧筒,来给他灌肠,我胆战心惊呀!真是心痛如绞。人,在生命的最后,不应该像这样走向死亡,这实在太残忍!这是慢慢凌迟呀!我对于那个向他儿女妥协的我,简直恨之入骨!

二〇一七年三月十二日,我开始把《雪花飘落之前》的第一篇文章,贴在脸书上。我决定了,我要把我遭遇的"生死问题",

告诉这个社会的大众。当时,因为我经常跑医院,已经看到很多和我有类似经验的人。我想让更多和我一样痛苦的家属,把他们遭遇的问题也写出来,然后,说不定我们大家的故事,可以结集成书,唤醒很多同样观念的子女,救救那些已经无法为自己发声的病患!

没想到,我的贴文引起很大的回响,我片片段段地写,也把脸友的故事一起讨论。这样,在我写到五月初的时候,一场风暴使我停止了写书,我必须面对排山倒海而来的各种报道,这事当时对我造成了毁灭性打击。发起这场风暴的,正是鑫涛的三个儿女。他们指责我写的不是事实,说他们的父亲还能走还能说话,只是失智了,不会天天对我说"我爱你",我就不想照顾他,不愿他插管求生而要他去死!并且把五十几年前,因为我的介入,让他们的母亲受尽委屈,一并批判;最后还说,如果我不想照顾他们的父亲,就把"父亲还给他们吧!",因为他们不在乎父亲会不会说"我爱你",都会深深爱着父亲。

这是一个炸弹性的"大新闻",我的世界一夕之间,完全变色了!我的书在写"善终权",讨论的是:面对人生最后一站,怎样的爱,才是正确的爱?这是一个严肃的课题,却被有意地引导到五十几年前的八卦上去。所有谈话节目都只听片面之言,对我指指点点。鑫涛已经不能为他自己发言了,我也不能代他发言了,眼看事态扩大,无人关怀我的主题"善终权",大家要知道的是五十几年前的往事!我立即像是被卷进强烈台风中的一片落叶,一任风吹雨打。如果我把鑫涛当时的照片发布,可能所有的谣言都会不攻自破!可是,那时他还躺在医院里,我怎么忍心让他如此不堪的样子曝光?(今日补写这段,他已经去世五年了,我依旧没有发布那些照片。虽然有照片才有真相。)

当时,我的书写不下去了,我心灰意冷,并有一了百了的想法。我对脸书上爱我的朋友说"珍重再见,后会无期!",关闭了留言板。

这段痛楚的日子,正像苏轼《念奴娇》中的句子:

乱石崩云,惊涛裂岸,卷起千堆雪!

鑫涛数年的生病,开刀、失智、失能、急救、住院、出院、再住院、再出院……对我来说,早就把我的生活弄成"乱石崩云";鑫涛大中风,我不得已同意插管,使他生不如死时,正是"惊涛裂岸"(还真有一个"涛"字)!等到我写书被阻,成为媒体疯狂报道的目标,就是"卷起千堆雪"的时候。火花已灭,雪花在天空飘飘欲坠。我不想活了,也没有活下去的理由。可是,当我关闭脸书留言板,就有许多爱我的朋友看穿了我,用各种方法鼓励包围我。有几位朋友,通过私信,对我喊话,最长的一封信,长达三千字!第一句话就是:"你不能倒!"

我不能倒?我已经倒了,而且不想醒来。那夜,我在恍恍惚惚中,又梦到鑫涛了。他对我很诚恳地说:

"对不起，我处理得不好，让你面对这样的委屈和打击，千错万错，都是我的错！我真怕你过不了这个关。听着！你正在写的书，将会影响整个华人社会，非常重要，不能放弃！你要勇敢一点，无论阻止你的是什么人，不能屈服！无论打击有多大，你要写下去！不能停止！这是你的使命！"

鑫涛的话才说完，我就惊醒了！发现我正躺在可园的床上，我躺了片刻，就起身走到窗前，天色早已大亮。我站在窗前，拉开窗帘，呆呆地看着窗外。窗外那棵巨大的火焰木，开了一整年的花，现在终于休养生息，没有花了，却有一对八哥鸟，忙着在树叶茂密处筑巢。我下意识地看着那对鸟儿，我的耳边，还响着鑫涛的声音（或者是我内心的声音）：

"你正在写的书，将会影响整个华人社会，非常重要，不能放弃！你要勇敢一点，无论阻止你的是什么人，不能屈服！无论打击有多大，你要写下去！不能停止！"

这句话在我脑中不停地回响。我转身徘徊在我们两人的房间内，认真地思索，我想起他曾经入梦，要我"写"！我沉思又沉思，想到我和鑫涛这场"世纪之爱"，想到他一直是我写作的"推手"。想到他最怕的，是他走后，我会追随而去。想到他生不如死的处境和我不生不死的处境，想到我自己常说的话："生时愿如火花，燃烧至生命最后一刻，死时愿如雪花，飘然落地，化为尘土！"

于是，我听到自己的声音，在坚定地说：

"脸书上的贴文可以停，我生命里最重要的这本书，绝不能停！"

我立刻走到书桌前，打开了电脑。

三十、《雪花飘落之前》及《琼瑶经典全集》

二〇一七年八月一日,《雪花飘落之前》这本书出版了！我生平第一本著作,不是鑫涛出版的！出版当天,有一个盛大的"新书发布会",我第一次走进人群,面对所有的媒体,回答各种问题,谈论什么是"真爱",什么是"断、舍、离",什么是"善终权",什么是从爱中学会"放手"。台湾各电视台,全程直播。我写了一辈子的"小说",从来没有面对这么大的阵仗。我从书房走进了社会,走进了我的议题中,接下来一段时间,我都在为"善终权"呼吁和努力！参加一场又一场的访问,还开了"新书座谈会",重量级的人权医生,制定"病人自主权"的台湾地区"民意代表"杨玉欣都参加了,还有很多我这本书的读者,和很多的媒体。

在新书出版那天,我也重启我的脸书留言板,面对我"正能量"的人生！也面对那些爱我、关心我、鼓励我和体恤我的朋友们。我在脸书上一一回答他们的问题,知无不言,言无不尽。

第二天,我拿着《雪花飘落之前》到医院去看鑫涛,我把书直立着放在他的面前,虽然他连眼睛都没睁开,我却含泪对他说:

"鑫涛,我做到了！你明白的,我一生不相信鬼神,不相信灵魂。可是,面对你的生死,我的写书,好像你一直都在我身边驱使我写,或者,灵魂真的存在。以前,我只有一个出版人,就是你！这次,虽然没有你,我依旧在最短的时间内,出版了这本书！"

我正说着,医院的护理长和护士们都来了,拿着我的书,要我签名。她们好多都是我的粉丝。事实上,当鑫涛刚刚转进这家医院的时候(二〇一六年),护理长为了买书要我签名,对我说:

"你知道你的书都绝版了吗?"

"不可能!"我说,"我有六十五本书呢!"

"现在不到十本!"

我愣住了,这才回忆起来,大概在二〇一一年,鑫涛曾经告诉我:

"时代不一样了!你以前的书,都出版得太简陋,出版社决定要为你重新出版全集,取名叫'典藏琼瑶'!要设计全新的封面和版面,让年轻族群也能认识你!我们要扩大宣传你的书,今年定为琼瑶年,你赶快选十本书,我们先出十本'典藏版',然后再把六十五本,一本一本地出齐!"

"哎呀!"我高兴得轻飘飘,那些年忙着鑫涛的健康,都没有管我的书。"你们对我这样好!要重新出全集呀!"

"是呀!你快选十本出来!"

我选了十本,鑫涛还亲自为这十本书写了序。可是,后来这十本出版得非常缓慢,至于其他五十五本,似乎没有进一步的音讯。我这才恍然大悟,其他五十五本,大概早就停止出版了。我看着在病床上人事不知的鑫涛,想着当初,他怎样千方百计,要诱出我每部新作来!那些书,都是在他的鞭策鼓励下,一本一本完成的。我看着他,喃喃地说:

"还好,你现在什么都不知道了!否则,你大概比我更难过吧!"

从医院回到家里,我想着,《雪花飘落之前》已经出版,我的心愿已了。我以后的人生,应该怎样度过呢?我是眼看着鑫涛怎样从老年,走到多病,走到失智,走到"求生不得,求死不能"的今天!我呢?我也要重复这条路吗?虽然全世界都知道我的愿望,可是,万一事到临头,小庆和琇琼舍不得我,不能执行我的愿望呢?想着想着,我心头戚戚,怅然若失。忽然,我似乎听到鑫涛的声音,不知从何处隐隐传来:"先把六十五本书解决吧!当初从来没有跟你签约,你一直是自由的,我不再能保护你,你还有很大的天空,飞吧!用力地飞吧!"

我觉得从内心涌起一股热流,是啊,我的六十五本书,是我的一生,我不能让这些书莫名其妙地消失,虽然我已经八十岁,我还没变成雪花,还没落地,我依然是"火花"!我对自己说:"飞吧!我应该重新开始了!开始就是新生,开始就是勇敢,开始就是正能量!"于是,我飞了!飞进城邦集团的"春光出版"!繁花盛开日,春光灿烂时!

二〇一八年二月初,我的《经典作品全集》第一辑十二本书,精致完美地出版了!"春光出版"和台北故宫博物院合作,用了宫廷画师郎世宁的工笔花卉作为典藏书盒,简直美不胜收。我捧着如此豪华精致高雅的第一辑书,眼泪在眼眶中打转。我曾经对每个朋友和家人都发誓:"二〇一八年,我只会笑,不会哭!"我要收起眼泪,活得像一簇燃烧的火花,直到上苍把我变成雪花为止。所以，我没有让眼泪掉下来。只是到医院里，对着鑫涛诚挚地说了一句：

"真正的琼瑶典藏版，已经隆重地出版了！你，也对我放心吧！"

自从二〇一七年五月，我面对风暴开始，到我出版了全集第一辑为止，这段时间，我几乎忙得喘不过气来，很多事情，也无法深思。或者，我用忙碌来避免我去思考一些"问题"，和一些"谜团"。可是，我的很多老朋友，目睹我和鑫涛一路走来的经过，看到我现在的处境，都纷纷为我不平。有人直接骂我"愚爱一生"！有人说我："难道你生命里只有爱吗？你甘心一生当爱的俘虏吗？"有人说："有这么一个人，对你无微不至，长达五十几年，你就被爱冲昏了头！"还有人，持怀疑态度，问我写了一辈子的恋爱小说，走到今天，还相信爱情吗？还有位老友，对鑫涛有很多不满，质问我："一切值得吗？你还爱他吗？相信他吗？"

三十一、相信爱情

公元二〇〇〇年是千禧年，那一年五月三日，有个计算机病毒，名叫"情书"，使五十万台电脑瘫痪，造成天下大乱。被病毒感染的人，都快要崩溃了，许多企业都停摆了。这"情书"病毒，利用三个字"我爱你"进行传播，并且迅速扩散。当时，这是一件大事！在这事发生的时候，鑫涛七十三岁，他写了一封信给我，虽然我们早就是"老夫老妻"，时时刻刻都在一起，他还是喜欢写信给我。那封信里有些错字，信的内容如下：

亲爱的老婆

"情书"瘫痪了全球数千万台计算机！计算机本来就有好多防毒措施，但"我爱你"三个字，却轻而易举地攻破了一切的防御。

这三个字，最有威力的一种力量，不论古今中外，无坚不摧！

计算机被瘫痪了，So what！人类活了几千万年，没有计算机还不是活过来了，现在被瘫痪了数千万台，又怎样呢？大家还不是活得好好的。

再说，有了计算机网络，虽说是科学的极大进步，但带来了多少负面的影响，甚至可说是灾难。

网络四通八达，可以放肆的和陌生人谈情说爱，但实际上，却使人与人真正的关系，愈来愈淡漠。如果全面瘫痪了，说不定因祸得福。

至于这三个字，如果不再存在，人类还可能怎样生存下去？绝大多数的小说、戏剧、音乐、以至"历史"都将不再存在。

大学时代有位同学很喜欢我，我也有点喜欢她，但到离别那一天，始终没有说过这样的话。

但,"自从有了你",我用各种方式表达了这三个字。

也因为这三个字,改变了我的生活、人生。假使这是一种"病毒",我欣然接受。

谢谢你

老公

2000、5、7 5:30

当然希望感冒的病毒,早日离你而去!

他的原信:

鑫涛,他的细腻浪漫,到底从何而来?这也是他锁住我的原因。我想起,多年前,他出版了我的第一本书《窗外》,多年前,他带我到野柳修改《烟雨蒙蒙》,多年前,他闪电推出我差点放弃的《几度夕阳红》……我每一本书,都有个关于他的幕后故事!在我想放弃一切时,他会出现在我思绪里,才让我完成了《雪花飘落之前》!鑫涛,他的"打铁趁热"哲学,造就了我!他在我生命中,占据了五十几年。他和我的相遇,是我逃不掉的命运,尽管他失智忘了我,大中风又因插管问题,引起我和他子女的风波。但是,他和我共同创造了神奇,他也主宰了我的喜怒哀乐!

记得,我刚认识他的时候,称呼他"平先生",我不喜欢直呼他的名字,就是觉得别扭。有一天,我陪着儿子看卡通影片,发现里面有只北极熊,可爱无比又胖乎乎的,和鑫涛竟然有几分神似。从此,我给鑫涛取了个绰号"阿熊"。尽管有点不敬,他却沾沾自喜。我们结婚后,我的弟弟妹妹、弟媳妹夫,还是这样喊他,改了好久才改正过来。对于我,鑫涛一直充满了歉意。他认为我跟他这一段感情,让我受到很多不公平的批判,都是他的过错!我们婚后第三年,出国旅行,到了酒店,我就收到一束只有三朵花的花束,和他写的一张卡片。

三朵花代表结婚三年,以后,我们又过了三十几年,每年我都会收到他类似的卡片和鲜花。我不知道世间有几个人,能够做到像他这样?

我在十几岁的时候,曾经问我母亲一个笨问题,那时我看了很多爱情小说,对爱情却完全懵懵懂懂。我问:

"妈!如果有两个男人喜欢我,第一个爱我不深,却非常会表现,随时都能让我快乐。第二个爱我很深,却不会表现,总是弄巧成拙。我应该选择哪一个?"

我母亲连考虑都没有,就立刻回答我:

"当然选择第一个!"

"为什么?"我不解地问,"他没有第二个爱我呀!"

"爱是什么?"母亲问我,"爱是要你感觉自己被爱,第一个就算是假装爱你,假装到你一生都感到被爱,那么,假的就是真的!第二个就算爱你到刻骨铭心,你感觉不到他的爱,那么,真的就是假的!"

母亲这番充满智慧的话,我到很多年后才体会出来。爱,没有真和假,只有你能体会多少,被爱多久。爱到让你一生都觉得他爱你,这份爱,就是"真情不渝"!我还相信爱情吗?我想着那个到了七十几岁,还会不断给我写情书的鑫涛;想着每次离别,都会给我写"长信"的鑫涛;想着我的生日,挖空心思想花招的鑫涛;想着用双钩的英文字,告诉我他的爱有多长的鑫涛。是的,我依然相信爱情!我们曾经携手走遍世界各地,他一向很严肃,只要和我在一起,就会开怀大笑,玩到疯狂!我们也曾像我写的歌："让我们红尘作伴，活得潇潇洒洒！驾着骆驼，共享人世繁华！"（改了字）为了我爱旅行，我们在四处留下我们"爱的行踪"。凡走过必留下痕迹！我们曾有过的幸福时光，永远定格在那儿。爱，是在丝丝缕缕的感觉中，是在绵绵密密的回忆中，是在内心的深处。写到这儿，已是黄昏，窗外的细雨打着树叶，发出簌簌声响。我忽然想起苏东坡的词《定风波》：

莫听穿林打叶声，何妨吟啸且徐行，
竹杖芒鞋轻胜马，谁怕？一蓑烟雨任平生。
料峭春风吹酒醒，微冷，山头斜照却相迎。
回首向来萧瑟处，归去，也无风雨也无晴。

这阕词，好像是苏东坡为我而写的。在我的生命里，一直充满了"穿林打叶声"。很巧，"一蓑烟雨任平生"，我还真是"烟雨蒙蒙任平生"，就这样信任了那个姓平的人！遭受打击的我，正是："料峭春风吹酒醒，微冷，山头斜照却相迎。"至于我的一生，还真是："回首向来萧瑟处，归去，也无风雨也无晴。"

总有一天，我的故事会随着生命的消失而"归去"，那时，也无风雨也无晴！至于现在呢？我挺直了背脊，在计算机上打下："莫听穿林打叶声，何妨吟啸且徐行！"没有什么需要我在乎的事了！没有什么需要我赶路的事了！没有什么需要我打铁趁热的事了！慢慢走吧！看看风景，迎着细雨，唱首歌吧！因为，我相信爱情，这种"相信"，是任何人都抢不走的信念！我是为爱而生的！

三十二、鑫涛之死

二〇一九年五月二十三日，鑫涛在宏恩医院的加护病房里，咽下了最后一口气。他，还是没有逃过进入加护病房的命运。自从平云在网络上公开喊话，要我把他们的父亲"还给他们"，我想到这事也有理，几十年来，鑫涛都跟我住在一起，跟他儿女共处的时间太少，两代之间才有这么大的思想差距。或者，在他生命的最后时间，也希望跟儿女多多相处吧！至于"照顾"，那时，鑫涛在我安排的医院里，还有我请的外籍看护哈达二十四小时看护，我和他们子女，都是"探视"的人，不是"照顾"的人了！**他需要照顾的时间，是在插鼻胃管之前。插管在医院长住之后，就是医院和苍天的事**。想通了这些道理，我就把他们的父亲，"还给"他们了！因为不放心，我把他需要的药品和应该注意的事项，都一一写下，告诉了他们。

所以他们接手了。所谓接手，就是依旧让他住在我安排的医院里，连病房都没换。我仍然时时去探望他，每天了解病情，也跟护理长交谈，跟医生联络，和没"还给"他们前，没有什么差别。只是，这时的我，不再让自己困守在他的病情里，生死有命，我尽量不去纠结。同时，我让自己陷进忙碌的工作里，《琼瑶经典全集》六十五本，在一年多的日子里，全部出齐。我又开始把以前写了一半的剧本，因为被于正抄袭，打起官司的《梅花烙传奇》重写成小说，改名为《梅花英雄梦》。不只这样，梦里英雄和梦外英雄也同时存在。《梅花英雄梦》长达八十万字，就在那段时间里完成，并且郑重出版。这分散了我对鑫涛的注意力，让我那千疮百孔的心，有了其他的寄托。

二〇一九年五月二十三日，医院打电话告诉我他快要走了，我正在吃晚餐，放下碗筷，就和家人们火速赶到医院的加护病房，我赶去时，看到他罩着一个"人工苏醒球及面罩"，两位护士小姐正在用手轮番捏着那球，把我不知道是什么的气体，挤压到他的口鼻中。旁边的监视器上，他的心跳、呼吸、血压等数字不规则地跳动着。我看到那透明的面罩下，他张大着嘴，紧闭着眼睛，看不出什么生命的迹象。我知道他终于要离去了。他不要的插管维生，终将结束了！刹那间，各种心情齐涌我的心头：是喜？是悲？是痛？是爱？是解脱？是不舍？……我不知道。一位好心的护士，让我坐在他的床头，把我的手塞进棉被里，去握住他还有余温却变形的手。我就这样握着，一直握了三个小时。终于家人们都到齐了，主治医生也来了，我才惊觉地问医生，是这"人工苏醒球"在维持他最后一口气吗？医生说："是的，为了等家人到齐。"我看看平家人，轻声说了一句："我们让他安息吧！"大家都无异议，我就对医生示意，护士停止了挤压，**我握着的手立刻失去了温度，监视器上跳跃的数字也瞬间归零，他终于走了！**真是："千古艰难唯一死。"

二〇一九年六月四日，我带着我的儿孙，跟他的儿孙，依照他生前的指示，把他用花葬的方式，葬在阳明山"臻善园"。（因为树葬已经满额，没有位置了。）我事先去看过，本来选了较低的地方，视野很美。可是，当他的儿孙都到了，却希望葬在比较高的地方，所以，我们就往高处走，直到走到第二层，葬仪社的人说，没有更好的位置了。

我在事先，就准备了一大篮的花瓣，和一束"文心兰"。我想象中的"花冢"，是粉红色的花瓣堆满，再用文心兰铺上。选择"文心兰"，并不是为了它的颜色。而是为了它的名字。我和他，我以"文"相识，他对我，以"心"相交。所以我选择了"文心兰"，作为最后的"隐喻"。谁知到了现场，才发现放骨灰的位置很小。当我和平云，一起握着那盛着骨灰的封袋，将骨灰撒入墓穴后，葬仪社立刻用一层黑色的土壤掩盖，再铺上白色的小石子就完成了。那不是我心目中的"花冢"，相信也不是他心目中的"花冢"。所以，我固执地弯下腰，开始撒花瓣，先撒玫瑰花瓣，再撒牡丹花瓣，中维怕我跌倒，在后面扶着我的腰。平家诸人，默默地看着我撒花瓣，没有任何一个人来帮我。我撒着撒着，一阵风来，撒好的花瓣纷纷飞去，依旧是一堆黑土白石子。我这才知道，我犯了一个"严重的浪漫错误"。人都化为灰了，花瓣还有什么意义？美感，是给活着的人看的。是"给我"看的！我叹了口气，把篮子里所有花瓣，都一起洒在"花冢"上，再把最后那束"文心兰"郑重地放在上面。此时，我已汗流浃背而且站不住了。

我站起身来，大家都准备各自回去了。我看着平家的小辈，我五十几年来，眼看着他们长大，和他们的父亲共同努力去壮大出版社，让儿孙衣食无忧还有事业继承。我自己，却从来没有插足"他们的出版社"，连版税都随便他们给不给。自从他们父亲常常生病，每到过年过节或父亲过生日，他们都到"我家"来相聚。是的，我家！可园是用我传播公司的钱建造的，因为以前我赚的钱，都交给鑫涛处理，皇冠大楼老早就造好了，我的钱不够，晚了好多年才建造可园。在预算下，不可能用很好的建材，他又坚持要建大房子，不肯接受我"小巧别致"大花园的意见，这栋可园，建造得虽然不是我理想中的，却是他理想中的。其中还包括了我们传播公司的办公室。当我的连续剧迁到大陆去拍摄，办公室没用了，就成为他杂志社的办公室。皇冠大楼，是出版社的办公室。他在可园里办公，每天在杂志社里喝着咖啡，和四个女编辑谈论杂志内容，经常笑得嘻嘻哈哈。可园，我儿子媳妇在这儿结婚，我的柔柔嘉嘉在这儿出世。**我常常觉得，他是个幸福的男人，在我们陈家三代爱的包围下，每日笑容可掬，满足得像个国王。**

那些年，他的儿孙，也在我家和他团聚或办公，笑语喧哗，多么美好的时光！我在墓地，忽然心中愀然，一个冲动，我居然忘了他们怎么对我，怎样编造故事诬蔑我。我诚挚地看着他们说：

"我们的反目，都为了爱你们的爸爸，现在他走了，我们把所有的不快，都放下吧！"

说完，我面对着他们，知道我又犯了第二个错误：以为他们是我想象中的人！他们不是。他们没有一个人理我，平云急着用手机发新闻，原来新闻早就准备好了？里面有提到我吗？他都走了，我还在乎什么！平大小姐顾左右而言他，对二小姐叽咕着墓地对面的亭子，不知会不会影响了风水。**我愣了愣才想，他们现在不懂，总有一天，他们会明白过来的！爱包括"将心比心"和"知恩感恩"！**

我和平云共同将鑫涛骨灰撒进墓穴。扶着我的是我儿子中维。平云旁边是他的儿子，后面拿手机的是平云的妻子。

一切都结束了！死亡解脱了他。以后，他再也不会痛了！我转身和我的家人向停车场走去，回头再看一眼那"花冢"，心里，浮起苏轼的《水龙吟》，我小改成我的句子："三分离恨，二分尘土，一分流水。细看来，花落花飞，点点都是离人泪。"

那天，我在我的脸书上，写了一篇文字《悼鑫涛》，其中，有这样几句：

鑫涛，你解脱了！我，也放下了。从今以后，我要活得快乐，帮你把过去三年多的痛苦一起活回来。你若有知，也会含笑于九泉吧？！至于那些对我们不了解的人，编出的各种故事，我也希望随着你的去世，烟消云散！让我们用有爱的心，把过去一切的不快，都化为祥和。

安心地去吧！我相信你去的地方，是没有病痛、没有纷争、没有爱恨、没有折磨、没有矛盾、没有报复、没有贪婪、没有嫉妒、没有谎言……没有一切贪嗔痴的地方！奔向那片美好的净土吧！你九十二年的生命里，也曾经有过很灿烂美好的日子。如果人有灵魂，让那些美好陪着你，不好的，都随着你的离去而消失。

你会永远活在我记忆中……你若有灵，保佑我在有生之年，只有笑，没有泪，活得像火花。行吗？好吗？永别了！我爱！

这，就是鑫涛和我这一生交集的最后一章。葬礼后的第三天，他的儿女送来一张他的"手写遗嘱"，如下：

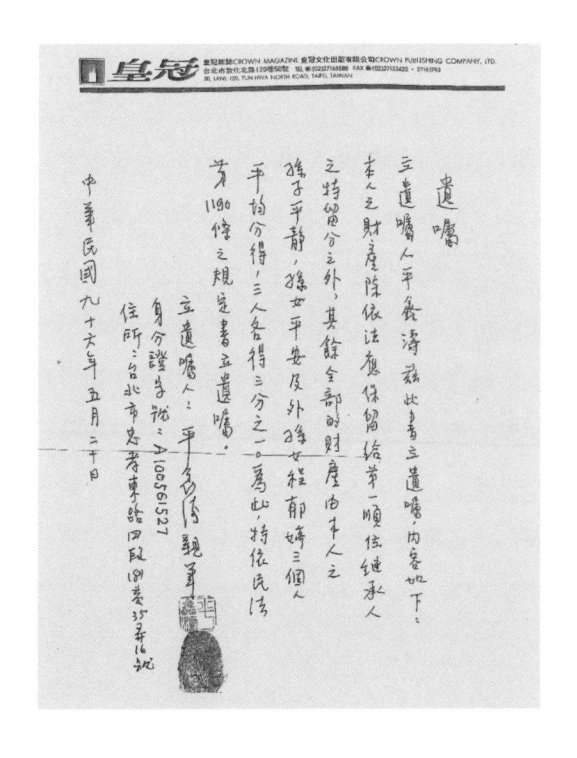

> **遺囑**
>
> 立遺囑人平鑫濤茲此書立遺囑內容如下：
> 本人之財產除依法應保留給第一順位繼承人
> 之特留分之外，其餘全部的財產由本人之
> 孫子平靜，孫女平安及外孫女程郁婷三個人
> 平均分得，三人各得三分之一。為此，特依民法
> 第1190條之規定書立遺囑。
>
> 立遺囑人：平鑫濤
> 身分證字號：A100561527
> 住所：台北市忠孝東路四段179巷35弄16號
>
> 中華民國九十六年五月二十日

收到这张意外的遗嘱，我有点纳闷。一直以来，我和他都是"夫妻财产共有制"，当我们逐渐老去时，我觉得我们的财产都是他管，糊里糊涂分不清。曾经提议去改为"夫妻财产分有制"，免得将来儿孙有争执。他总是笑而不谈。原来他已经这样清清楚楚地写明白了。算算时间，是在二〇〇七年写的，正是他害"带状疱疹"还在神经痛，他的体重又开始下降时。他把他所有的遗产，都遗留给他的儿孙，这张"手写遗嘱"，取代了政府规定的"夫妻财产共有制"的遗产条文。所以，我只有政府保留给"第一顺位继承人"的"特留分"。当时他的财产已经陆续转移给儿孙了！这"特留分"只有皇冠大楼前面空地的八分之一！因为是

339

与其他七人持分，我完全不能运用。至于他，没有给我任何金钱、房屋、公司。（外传有别墅、公司、×亿×千万都是以讹传讹。）我想想，这就是鑫涛吧！他把所有的爱都给了我，把所有的钱都给儿孙，在他内心，可能认为这样是公平的。只是，没有事先和我讨论，让我在他去世后才知道，也未免太用心机了！

两年后，我在可园里，依旧苦苦思念他，走不出来。想到墓地的一切，想到当我和平云一起拿着他的骨灰，撒进那小小的墓穴时，心里多么难过，他这一生要强好胜，精打细算，岂止三个大梦？只有我知道，他最大的一个梦，始终未圆。最后，就是这样一撮骨灰，什么都带不走，也完成不了！那天我心里很痛，还为他写了一首小诗：

　　花冢

　花冢初撒玫瑰瓣
　二度撒下粉牡丹
　知君生前爱花切
　殷勤再放文心兰

　一别音容两渺茫
　几番思念空断肠
　三个大梦随君去
　独留花冢向斜阳

三十三、从"可园"到"双映楼"

可园，是包括"旧可园"和"新可园"的两栋房子，前者，是为了建造后者而拆除的。因为要用旧可园的地。我建造"新可园"的时候，资金并不丰富。从一九八〇年起，我写的书，都会在后面加上"完稿于可园"的字样，从年代推算，前面的是"旧可园"，后面的是"新可园"。我这一生，故事很多，可能犯过很多错。但是，我最骄傲的事，就是不管我买房子，或是买土地，都是用我自己赚的钱。（新旧可园都是如此。）在我结婚后，鑫涛都住在"我家"，朋友们称呼我琼瑶，称呼他平先生。直到他去世，都是如此！我是个外柔内刚的人，"太太"两个字，像"附属品"，我不喜欢，何况，他前面已经有过"太太"，就让我做单纯的"琼瑶"吧！

我的"旧可园"，是一栋三层楼的小楼，有个小得只有几坪大的小花园，我喜欢极了，开始在我的著作上，留下"可园"的名字。但是，那"旧可园"是二手屋，我住进去，就发现处处漏水，修了这边，那边又漏！我只好不停地修理它，在里面住到第八年，旧可园的四楼有间加盖出来的小房间，我儿子坚持住在那儿。有一天，这房间忽然冒出水来，滚滚如长江黄河，一泻千里，从楼梯上奔流而下，把我整栋房子都吞噬了！我这才知道李白的"君不见，黄河之水天上来"的意思，也明白我的旧可园买错了，我必须搬家。

我和鑫涛商量，他说我的传播公司有钱，再加上向银行贷款，应该可以盖一栋"坚固"的房子。反正我的钱都交给他管。我的传播公司属于我，他最初占了五分之一的股份，我们陈家人是大股东。后来，他自己也知道，传播公司都是在拍我的戏，我写小说我编剧我选演员，我组班子，决定导演，我和我的儿子媳妇制作。有时，他会陪我去探班，我在剧组忙得团团转，解决各种疑难杂症。他却无所事事，什么都插不上手。于是，当公司必须改组时，他退出了我的公司。可是，他是很在乎面子的人，我每部戏都给他挂名，出品人、制作人、发行人都挂过。我自己，只挂一个"编剧"，还是电视公司坚持我一定要挂的！

我最后一部戏是《花非花雾非雾》，因为没有小说，他也在多病的时刻，几乎没有过问。播出时，电视公司限制挂名的人数，必须挂名的人又太多。我就没有挂他的名字。他知道之后，竟然和我儿媳琇琼大发脾气，吓得琇琼赶紧把他挂上。**我写这件事，是说明我和他虽然相爱相处半个多世纪，基本上，两人的境界并不相同。我心底一直是明白的，但是，因为爱，我包容了那些"不同"！**

在可园，我们的生活，如果不是他那多病之身，几乎是"甜蜜"的。他总有千方百计来逗我开心。我，享受着被爱的生活，就一切"知足常乐"。直到他去世，我被迫要面对他的"手写遗嘱"，和后来陆续冒出来的他在银行里还有两个秘密保险箱。我从来不知道，钥匙一直在他儿女手里。他对金钱的重视，使我到此时才明白，他虽然爱我，却更爱他的儿女。这也是应该的吧！他去世后，我在可园又住了两年多，整栋房子里，处处都有他的影子，我触景伤情，心里充满疑惑。往往呆呆站在他空下的病床前，久久不能自已。我的心情，正像我小说引用过的句子："心似双丝网，中有千千结。"

可园有大大的花园，里面有我的火焰木，和我的凤凰木！其他，桂花、紫荆花种了好多。三十年来，长得又高又大。若干年前，一次大台风，把可园外墙的二丁卦都吹了下来，差点打伤了路人。接着，漏水的问题又来了！我又花了一笔钱修理它。挨到这两年，它真的不行了！琇琼告诉我，可园已经不再美好，我们趁着政府推出的"危老建筑更新"计划，和建筑公司合作，拆掉可园搬家吧！

将捷建设集团，一次次来商量改建的事宜。当他们答应移植照顾我的树木，我才点头了。点头就不能后悔，我在二〇二一年，就开始为"搬家"而努力。太多的东西要整理，断舍离此时才逼上眉梢，许多书信照片档案文件都被我从各处挖了出来，每件都要看看是什么。喔！真是"才下眉头，却上心头"！

这样一看，好多遗忘（或故意要遗忘）的回忆都来到眼前。当初要出版《雪花飘落之前》，天下文化出版社要我提供照片，我一张都找不到，此时，全部都在眼前。我看着我和他的各种合照，真是"聚也依依，散也依依"！那些最后在可园的日子，我是非常不快乐的。为了振作我自己，我去拍摄《诗情花意》，为了让我忙碌一点，我还为我收集的小瓷人，拍摄《小瓷人之歌》。后来又修修改改为《我的心灵密码》，这些心声，有小小一部分发表在我脸书上。我自己虽然不快乐，为了让我的粉丝和读者放心，我每次都把我笑容满面的照片，发给他们！我是"火花"，我要带给大家"正能量"！

二〇二二年三月三日，我离开了可园，搬进了我在淡水的新家。我有一位知情的朋友听说我选择了这天离开可园，打电话对我说："三月三日，是删去删去吗？你把过去都删了吗？删得彻底吗？"我笑而未答。心底，还是酸酸的。

搬进我的新家后，是完全不同的景观！

这栋大楼建立在水边，从我的窗外，可以看见淡水出海口，和对面的观音山。我迁居的第一天，就在阳台上拍下了鲜红的落日，还拍到我卧室窗子反映出两个太阳的照片。就因为这"两个太阳"，我的新居，取名"双映楼"。我顿时陷在欣喜里，尽管离开可园时，心中还飘过一丝惆怅。这惆怅也被窗外那浩瀚的天空，和"两个落日"的奇景给赶走了！我一生都在别人的要求下生活。现在，没有人能要求我了，终于，我可以为自己享受余生！

于是，我站在双映楼的阳台上，眺望着落日彩霞大山大海，成为我最新的生活。"山映斜阳天接水"，几乎是每天可见的画面。如果下雨，就绝对可以看到"山在虚无缥缈间"的情景。这样的风景，一定是上苍给我最后的恩赐。因为，我爱的诗情画意，每天都在我眼前上演，我觉得，此时此刻的我，宛若神仙！是的，删去删去！人生，到了最后，是减法而不是加法。我现在最关心的问题，是"我一定要为我的死亡做主！"我相信，上苍会给我一个"有尊严的死亡"。在那一天来临之前，我每天的任务，就是找寻快乐！活得像一朵灿烂的"火花"！

下面，是双映楼拍到的落日，和我的小诗《双映楼》。

双映楼

落日灿烂又纯圆

彩霞红炽艳无边

盈盈相映如天眼

闪闪注视这人间

人间世事多变幻
也曾无语问苍天
问遍斜阳终不悔
赢得眼前一片天

往事功过皆尘土
今生成败亦飞烟
双映楼上人慵懒
碧海青山伴我眠

——全书完——

一九八九年二月十四日原始版本完稿于台北可园
一九八九年五月十一日原始版本修正于长沙华天酒店
二〇一八年二月二十八日增订完整版本完稿于台北可园
二〇一八年三月十五日增订完整版修正于台北可园
二〇二四年五月十六日最后增订完整版于淡水双映楼

后记

就像我在《缘起》中所写的，这本书，原来是一九八八年，我第一次回到大陆，看到坊间有无数报道我的书，把我的一生，写得牵强附会，因而，让我兴起写一本"真实"自传的念头。所以，这本《我的故事》原始版本，是在一九八九年完成的，那个版本，写到我和鑫涛结婚，就结束了。我完全没有料到，从结婚到今天，又过去了四十五年，这四十五年等于是我的后半生，发生的故事更多，我面对的喜怒哀乐也更强烈。我更没料到，在我八十六岁的今天，在时势所趋之下，我会重新整理我全部的作品，出版一套《世纪典藏全集》。这套全集里，如果缺少这本《我的故事》，等于不是全集。如果要包括这本书，我却不能不把我的后半生补足，即使是大略地写，也该有个交代。

以前，我就说过，真实的故事很不好写，因为要牵涉很多真实的人物。人类是很奇怪的动物，发明了"文字"，发明了"衣服"，发明了"科学"，发明了"医学"，发明了太多太多的东西，这些东西，是别的动物怎样也不会发明的。所以人类是"万物之灵"。万物之灵太厉害，又发明了"法律""婚姻""政治""道德""孝道"……种种东西来"管理"人类。因为人类的头脑千变万化，人类的感情千变万化，人类的行为也千变万化……必须建立制度来管理。这样重重管理的人类，依旧复杂无比，几乎任何制度都有漏洞。因为，人类还有会说谎的嘴、会仇视报复的行为、会粉饰太平的虚伪……我在二〇一七年完成的著作《雪花飘落之前》中，写过这样一段话："真实的人生里，有太多的虚伪，你一旦写出了真实，虚伪会像一群野兽般跳出来反噬你！"

这个道理我懂，但是，如果要我亲笔写一本自传，我只能删减生命里的情节，却不能杜撰故事。所以，在一九八九年的版本里，已经有很多的情节，被我简化或删减了。那时，我对人性还没有这么深刻的认识，我的简化和删减，主要为了保护我爱的人。记得，第一版《我的故事》是在大陆完成的。那时我们住在长沙华天酒店，湖南电视台招待，整个总统套房让我和鑫涛住。那套房有好几间，我在书房中写这本《我的故事》，湖南台的副台长、秘书、公关……和若干女职员都在客厅里陪伴鑫涛。我写完之后，觉得客厅里的气氛有点诡异，我走到客厅门边悄悄一探，却看到鑫涛正在对所有招待他的人"说故事"，听故事的人，不但个个动容，还有好几位女士，在那儿频频拭泪。我仔细一听，鑫涛说的，正是我们的故事，而且，他正说到"乌来山顶，车子冲向悬崖"的一幕。听的人，全部感动得稀里哗啦。可是，

我那时的版本中,却刻意避掉了这一段,并没有写进书里。当时,我惊讶地喊:

"鑫涛!你连这个都敢说!我都不敢写!"

鑫涛回头看着我,还没从他说故事的情绪中恢复,他坦荡荡地说:

"真实的事实,你为什么不写?如果不是发生了那天的事,或者你已经嫁给别人了!"

"哦?"我惊愕地看着他问,"我可以写吗?你不避讳吗?"

"如果你要写我们的故事,只要是真正发生的事,什么都别避讳,如果你这也避讳,那也避讳,还算'真实故事'吗?"

"好!"我一转身奔回书房,"我补写这一段!"

我在酒店补写了那一段,完成了《我的故事》原始版本。(注:我先写的"乌来"是一九七〇年前的乌来,那时乌来还没有公路,只有可以双向通车的碎石子路,路一边是山壁,另一边是悬崖,悬崖旁边,每隔几步距离,有简易的水泥块相隔,作为护栏,实际错车都相当危险。)

这次,重新整理全集,我必须把这本书后面的四十五年补充起来,对我来说,这又是一件很困难的事。因为我晚年的遭遇,都写进我另外一本书《雪花飘落之前》里,再写必然重复,不写,这本书单独看,就会有遗漏。我只能尽量补充,有的情节,也在隐隐约约中交代。人生如梦,梦如人生。我不想把这本书写得很冗长,有些,就用以前曾有的文字来补述,例如我的"电视剧生涯",我用了一篇《点点滴滴话还珠》来取代。二〇一五年,

《我的故事》简体字版，曾经再度出版，我被要求补写后面的故事。当时，鑫涛已经患了失智症，我在心力交瘁的照顾下，哪有情绪继续写下去？何况，鑫涛的儿女，每次对父亲生病，都很怕外人知道，有一次，连鑫涛都生气地对我说："生病是我的错吗？生病就见不得人吗？为什么生病不能跟朋友说？"

人，就算有血缘，有时在观念上都有很大的不同。所以，在那一版中，我只增加了一篇后记，交代我身边的人物，后来的状况，没有时间，也没有情绪去真正地补足。连我当时的"水深火热"，我也避而不谈。这次，我的补充才是完整的，但是，如果读者能够和《雪花飘落之前》一起看，才是真正的完整。

《我的故事》完了吗？我不知道。因为我还没有落地成尘！每次我以为故事已经结束，都会意外地跑出新的故事来，让我无法回避地卷进故事里。经过了鑫涛插管的"生死风波"，我更加认为，人来世间，是一趟苦难之旅，如何在苦难中挺立不倒，是最大的学问。我一生中，坎坷的岁月实在不少，痛楚的体验也深，我能化险为夷，完全靠我自己的迷信，迷信人间有"爱"就是最大的原因。假如有一天，我发现世间的人，都失去了爱的本能，我相信，我的精神支柱也就会随之倒塌了。我这几年，生活里的"大风大浪"，几乎没有停止过，我仍然坚信，会发生这些风浪，也是因为"人间有爱"！"爱的冲突"有时比"恨的冲突"更加激烈！

写到这儿，我又想起当我母亲痛骂鑫涛，并且把他关在门

外,他在车上等我一夜,见到我之后,说的那句话:

"时间会证明一切!我会用我的一生,来证明我对你的爱!相信我!"

当时我相信了他,五十几年后的今天,当他终于撒手人寰,我依旧相信他!

不只相信他,我还感谢他,在我漫长的人生里,让我完成这么多本书,让我发生了这么多故事(很多都因他而起),让我知道老年才"成长",让我……始终相信爱!是的,对于人生,不能太苛求,爱,就要包容对方的缺点!这,一直是我坚持的,我仍然坚持着。因为,人生,只有"爱"这种感情,是美丽的,是快乐的,是浪漫的,也是他曾经给过我的。

今年,我已经八十六岁。在他倒下后,在没有他的帮助下,我又出版了七部新书,累积到七十二本!我还做了很多事,一度当上高雄市"爱情产业链总顾问"。我的"写作六十周年"庆,又出版了一次《窗外》。我还生平第一次,踏上了台北小巨蛋的舞台,面对来参加"琼瑶创作60周年演唱会"《当那一首歌响起》的观众,说出我对爱的信念!那晚我好兴奋呀!最后一本《琼章瑶句》出版,圆满了我的写作生涯。这趟"生命之旅"实在曲折、离奇而丰富。有悲有喜,有笑有泪。如今,我剩下最后一里路。感谢他用他的故事,启示了我,千万不要步上他的后尘。今天,写到这儿,窗外的落日,正红艳艳地对我招手!好美的天空!使我想到我迁入双映楼后,写下的另外一首小诗:

我有一片天

经常看不见

埋头书桌前

文字代替天

如今忽发现

我有一片天

时时变颜色

气象万万千

有时云缠绵

有时霞惊艳

有时乌云起

有时落日圆

我有一片天

为我当演员

即使我不看

它却演不完

往事已成烟

如今皆随缘

快乐与翩然

就在这片天

是的,活到生命的最后一段日子,我是快乐的、自由的、翩然的。从二〇一五年到今天,足足九年了,我终于走出了伤痛。"三年养伤血淋淋,过去恩爱无法断",是我在《我的心灵密码》里写过的句子。不过,《我的心灵密码》已被冷藏,我从没有让人知道我在"养伤"。伤痛在生命里是一种"淬炼",没经过伤痛淬炼的人,都是不成熟的。总算"两岸猿声啼不住,轻舟已过万重山"!我熬过来了!今天的我,很满足,因为,我有一片天!

2019 年 4 月,我被聘请为"高雄爱情产业链总顾问",在"琼瑶宴"上,与韩国瑜夫妇、琇琼、淑玲合影。

2023年8月,《当那一首歌响起》演唱会,我在后台与动力火车、殷正洋、潘越云、李翊君合影。

2024年4月20日,我八十六岁生日,在各方送来的生日花海中。拍摄于双映楼。

因为，我始终相信爱！我这个"爱"字，包含很广，国家、社会、家庭、朋友、读者、粉丝……我一直付出很多的爱，也一直收获很多的爱！这一生，值了！

琼瑶

写于淡水双映楼

二〇二四年五月十六日

二〇二四年五月三十一日深夜修正完毕

（京权）图字：01-2024-1718

图书在版编目（CIP）数据

我的故事 / 琼瑶著. -- 北京：作家出版社，2024.10
(2025.1 重印)
（琼瑶作品大合集）
ISBN 978-7-5212-2849-6

Ⅰ.①我… Ⅱ.①琼… Ⅲ.①琼瑶-自传
Ⅳ.①K825.6

中国国家版本馆 CIP 数据核字（2024）第 089032 号

版权所有 © 琼瑶

本书版权经由可人娱乐国际有限公司授权作家出版社出版简体中文版
非经书面同意，不得以任何形式任意重制、转载。

我的故事

作　　者：	琼　瑶
责任编辑：	韩　星　李　雯
装帧设计：	棱角视觉　纸方程·于文妍
出版发行：	作家出版社有限公司
社　　址：	北京农展馆南里 10 号　邮　编：100125
电话传真：	86-10-65067186（发行中心）
	86-10-65004079（总编室）
E - mail:	zuojia@zuojia.net.cn
http:	//www.zuojiachubanshe.com
印　　刷：	三河市紫恒印装有限公司
成品尺寸：	142×210
字　　数：	267 千
印　　张：	10.25
版　　次：	2024 年 10 月第 1 版
印　　次：	2025 年 1 月第 8 次印刷
ISBN	978-7-5212-2849-6
定　　价：	49.00 元

作家版图书，版权所有，侵权必究。
作家版图书，印装错误可随时退换。

品琼瑶经典
忆匆匆那年

琼瑶作品大合集

1963 《窗外》
1964 《幸运草》
1964 《六个梦》
1964 《烟雨蒙蒙》
1964 《菟丝花》
1964 《几度夕阳红》
1965 《潮声》
1965 《船》
1966 《紫贝壳》
1966 《寒烟翠》
1967 《月满西楼》
1967 《翦翦风》
1969 《彩云飞》
1969 《庭院深深》
1970 《星河》
1971 《水灵》
1971 《白狐》
1972 《海鸥飞处》
1973 《心有千千结》
1974 《一帘幽梦》
1974 《浪花》
1974 《碧云天》
1975 《女朋友》
1975 《在水一方》
1976 《秋歌》
1976 《人在天涯》
1976 《我是一片云》
1977 《月朦胧鸟朦胧》
1977 《雁儿在林梢》
1978 《一颗红豆》
1979 《彩霞满天》
1979 《金盏花》
1980 《梦的衣裳》
1980 《聚散两依依》
1981 《却上心头》
1981 《问斜阳》

1981 《燃烧吧！火鸟》
1982 《昨夜之灯》
1982 《匆匆，太匆匆》
1984 《失火的天堂》
1985 《冰儿》
1989 《我的故事》
1990 《雪珂》
1991 《望夫崖》
1992 《青青河边草》
1993 《梅花烙》
1993 《鬼丈夫》
1993 《水云间》
1994 《新月格格》
1994 《烟锁重楼》
1997 《还珠格格第一部1阴错阳差》
1997 《还珠格格第一部2水深火热》
1997 《还珠格格第一部3真相大白》
1997 《苍天有泪1无语问苍天》
1997 《苍天有泪2爱恨千千万》
1997 《苍天有泪3人间有天堂》
1999 《还珠格格第二部1风云再起》
1999 《还珠格格第二部2生死相许》
1999 《还珠格格第二部3悲喜重重》
1999 《还珠格格第二部4浪迹天涯》
1999 《还珠格格第二部5红尘作伴》
2003 《还珠格格第三部天上人间1》
2003 《还珠格格第三部天上人间2》
2003 《还珠格格第三部天上人间3》
2017 《雪花飘落之前——我生命中最后的一课》
2019 《握三下，我爱你——翩然起舞的岁月》
2020 《梅花英雄梦之乱世痴情》
2020 《梅花英雄梦之英雄有泪》
2020 《梅花英雄梦之可歌可泣》
2020 《梅花英雄梦之飞雪之盟》
2020 《梅花英雄梦之生死传奇》